MICHAEL STEINER (HG.)

WAS 113
Angst

Zuletzt erschienen:

Echt wahr?
Das Böse
wieder bieder
Auf der Flucht
Geht es auch einfach
Und es bewegt sich doch
Schöner scheitern
Unschuldsvermutung
Vorwärts – rückwärts
Brot und Spiele

MICHAEL STEINER (HG.)

Angst

Redaktion:

Meinrad Handstanger
Teresa Indjein
Stephan Leixnering
Margot Matschiner-Zollner
Norbert Mayer
Anita Mayer-Hirzberger
Katharina Steiner
Daniela Strigl
Margot Wieser
Kurt Wimmer

leykam:

Die Drucklegung dieses Bandes wurde gefördert durch:

Das Land Steiermark
Kultur, Europa, Außenbeziehungen

GRAZ

iV INDUSTRIELLENVEREINIGUNG STEIERMARK

BUNDESKANZLERAMT ÖSTERREICH

Impressum

Die Rechte für die einzelnen Beiträge verbleiben bei den Autorinnen und Autoren, für das Gesamtprojekt liegen sie bei:
© Leykam Buchverlagsgesellschaft m.b.H. Nfg. & Co KG, Graz – Wien 2020

Kein Teil des Werkes darf in irgendeiner Form (durch Fotografie, Mikrofilm oder ein anderes Verfahren) ohne schriftliche Genehmigung reproduziert oder unter Verwendung elektronischer Systeme verarbeitet, vervielfältigt oder verbreitet werden.

Coverentwurf: TASKA
Satz und Korrektorat: Mag. Elisabeth Stadler, www.zwiebelfisch.at
Zeichnungen: © Margit Krammer, Bildrecht Wien
Druck: Steiermärkische Landesdruckerei GmbH, 8020 Graz
Gesamtherstellung: Leykam Buchverlag

ISBN 978-3-7011-8163-6
www.leykamverlag.at

Inhaltsverzeichnis

Michael Steiner
Editorial 9

Margit Krammer (hier und eingestreut)
Zeichnung 18

Martin Zechner
Liebesbeziehung 19

Karl Gaulhofer
Keine Angst vor der Angst 23

Irmgard Griss
Wissen, Vertrauen, Gelassenheit.
Erfahrungsgestützte Gegenstrategien 31

Constanze Dennig
ICD: F41.1 41

Karin J. Lebersorger
Kinderängste verstehen! 49

Andreas Erfurth und Gabriele Sachs
Angststörungen 59

Christian Lagger
Klarheit kann gut sein …
Erfahrungen und Bemerkungen aus
der Sicht eines Krankenhausdirektors 77

Jörn Kleinert
Grundgefühl der Wirtschaft 89

Gertrude Tumpel-Gugerell
Neue Krisen, neue Politik 97

Marlene Hahn
**Diva der Opernbühne. Allüre, Blut
und Champagner im Scheinwerferlicht** 109

Stefan Suske
Lampenfieber 123

Elisabeth Grabner-Oprießnig
**Mit Mut und Freude auf die Bühne –
und was sich dem manchmal entgegenstellt** 129

Katrin Nussmayr
**Danke für den Schauder, liebes Kino …
… aber manche Szenen verzeih ich dir nie** 145

Markus Rogan
Der verpasste Moment der Schönheit 151

Heinz Palme
Nicht nur des Tormanns 161

Franz Voves
**Gegen eine Politik der Angst.
Rück- und vorwärtsblickende Reflexionen** 179

Alfred Stingl
Aus der Hoffnung Wirklichkeit machen! 193

Meinrad Handstanger
Machiavelli revisited 201

Franz Prettenthaler
Müssen wir uns vor dem Klimawandel fürchten? 215

Stefanie Steiner
Legal fears? 229

Katrin Weratschnig
Angst im und um den Strafvollzug 239

Valentin Weber
Der moderne Überwachungsstaat 253

Hans Winkler
**Der Weltuntergang findet in Deutschland statt.
Die geheimnisvolle Angst –
eine deutsche Gefühlslage.** 261

Günter Virt und Gerhard Jandl
Und dann das Sterben … 267

Waltraud Klasnic
**Fürchte dich nicht. Gedanken zur
Überwindung von Angst anhand von
zwei konkreten Beispielen** 281

Angela Korb
Abwehrmechanismen 289

Jan-Heiner Tück
**Gethsemane – die „Stunde der
Angst". Eine theologische Miniatur** 295

Franz Höllinger
Lehrt Not beten? 305

Kurt Wimmer
„Fürchtet euch nicht!" 317

Kathrin Röggla
Vor die Hunde 327

Editorial

Michael Steiner

WAS hat sich diesmal ein vieldimensionales menschliches Grundgefühl – Angst – zum Thema gemacht. Und lädt ein, über diese Vielfalt vor-, mit- und nachzudenken.

Die Grundformen sind bekannt: Angst vor Veränderung, vor Endgültigkeit, vorm Scheitern, vor Nähe, vor Selbstwerdung, vor mangelnder Selbstachtung.

Durch Corona haben sich diese verschärft: Angst vor dem Unbekannten, der Bedrohung der eigenen Gesundheit, der Stilllegung wirtschaftlicher und sozialer Aktivitäten. Gleichzeitig ist sie gepaart mit Disziplin und Hoffnung, mit der wir auf die neuen Zahlen von Infizierten und Todesfällen, Forschungsergebnissen und Anstrengungen im Gesundheitssystem reagiert haben.

Angst haben wir auch vor Freiheit. Erich Fromm und Karl Popper haben aus unterschiedlichen Perspektiven auf eine nicht so einfach definierbare Urangst verwiesen – die vor dem weiten Raum der Freiheit. Und hielten diese für eine anthropologische Grundkonstante. Umgekehrt gilt aber auch: Die Freiheit der Wahl und der dafür notwendige Mut zur Verantwortung sind ohne Ängste nicht zu haben.

Die Autorinnen und Autoren des Bandes erweitern die Reflexion, wie immer multiperspektivisch, vielschichtig, analytisch ergründend, erfahrungsbasiert – theatralisch, politisch, sportlich –, ebenso warnend wie ermutigend.

Wir brauchen und wir hassen sie

Angst ist ein paradoxes Phänomen. Einerseits schränkt Angst das Leben ein, andererseits ist sie überlebensnotwendig. Sie ist ein bewusster, aber vielmehr unbewusster Wegbegleiter. Wird sie pathologisch, kann sie so weit gehen, dass wir Angst vor der Angst haben. In ihr bilden sich Konstruktivismus und Dekonstruktivismus ab. Wir wollen ihr entkommen, aber gleichzeitig brauchen wir sie wie einen Bissen Brot. Sie ist Triebfeder und Hemmschuh zugleich. Der unermüdliche Humanist Viktor Frankl legt uns nahe, dass wir der Angst begegnen müssen, um sie zu bezwingen.

Dafür bekommen wir auch philosophische Hilfestellungen: „Keine Angst vor der Angst" lehren und belehren uns ein Sartre, Kierkegaard, Heidegger. Ersterer bringt uns die anstachelnde Frohbotschaft, dass wir nicht Angst vor der Freiheit haben brauchen, sondern vielmehr uns die Angst frei machen wird. Die Angst ist das Bewusstsein unserer Freiheit, das alle unsere Akte unreflektiert begleitet. Kierkegaard trug seine chronische Lebensangst wie eine Monstranz vor sich her – wer niemals Angst hat, müsse sehr „geistlos" sein. Für Heidegger sind die Helden die wenigen, die sich der Angst aussetzen und sie ausstehen. Sie ist es, die jedem Menschen seine existenzielle Lage erschließt. Außer er hat Angst davor und flieht vor seinem „eigentlichen Selbst-sein-Können". Ihr gemeinsames Plädoyer: Mut zur Angst!

Eine „Normaldosis" Angst gehört zur Grundausstattung des Menschen. Wir brauchen sie als Warnung vor Gefahren. Das Gegenteil von Angst ist Hoffnung, die eng mit Vertrauen verbunden ist. Vertrauen darauf, dass Gutes eine realistische Chance hat, Wirklichkeit zu werden. Dafür müssen wir uns selbst und anderen vertrauen. Auch den Mut haben, das Gespräch mit uns selbst und mit anderen zu führen. Je mehr an Wissen, umso einfacher gelingt beides. Dazu kommt Gelassenheit: sich selbst nicht zu wichtig nehmen, auch Ereignisse nicht unnötig dramatisieren.

Warum überhaupt?

Warum kann der Mensch krank werden, warum hat die Evolution nicht jene Gene beseitigt, die ihm Leid zufügen, warum die psychischen Phänomene Angst und Furcht nicht eliminiert? Weil sie sinnvolle und notwendige Erregungsmuster sind, sagt die moderne Forschung. Und untersucht, inwieweit diese physiologischen Mechanismen zur Erkennung von Bedrohung relevant für psychiatrische Erkrankungen sind. Dabei kommt sie zu vielfältigen Erscheinungsformen von Angststörungen, charakterisiert durch das Überzogene und Übertriebene von Angst und Furcht. Ebenso zu dem Ergebnis, dass sie in der Bevölkerung häufig vorkommen, Diagnostik und Therapie daher eine zentrale Herausforderung für die klinische Psychiatrie darstellen.

Wichtig ist dabei, die Angst als eine berechtigte Reaktion des Organismus zu verstehen. Ohne Angst hätte die Menschheit bis heute nicht überlebt. Nicht die Angst ist die Krankheit, sondern die Verselbstständigung der Symptome. Das Problem liegt dann aber in der Überforderung unseres Hirns, das nur begrenzt in der Lage ist, Reize richtig zuzuordnen, und nicht zwischen der Begegnung mit einem Säbelzahntiger und der täglichen Reizüberflutung unterscheiden kann. Bei zu viel Informationsinput kommt es zu einem „Absturz" – wie beim Computer: Der Säbelzahntiger des einundzwanzigsten Jahrhunderts ist der Stress durch das Bombardement durch die Millionen Reize unserer realen und virtuellen Welt, die Lebensgefahr vortäuschen und zu einer Überforderung unserer cerebralen Synapsensysteme werden. Dennoch: Unser Gehirn liebt die Ordnung und nicht das Chaos. Wie Ordnung schaffen: durch Medikamente, die die biologischen Gegebenheiten in Ordnung bringen, durch verhaltenstherapeutische Konfrontationstherapien. Aber auch einfacher: durch Schwitzen beim Ausdauertraining, sogar in der Sauna. Nicht zu vergessen: Urlaub von Computer und Handy!

Und dann kam Corona

Plötzlich war es auch in Österreich. Und lehrte uns durch Bilder aus dem Ausland das Fürchten: Viele Särge, erschöpfte Ärztinnen und Ärzte und Pflegerinnen und Pfleger, leergekaufte Regale. (Und lehrte auch WAS, dass man schnell reagieren muss, um die Aktualität eines lange festgelegten Themas zu unterstreichen.)

Politik und alle am Krisenmanagement Beteiligten standen vor großen Herausforderungen: Wie soll reagiert werden? Was ist jetzt wichtig? Was muss zuerst getan werden? Das Ziel der Maßnahmen bestand darin, die Ansteckungsrate weniger als 1 werden zu lassen und damit das Virus „auszuhungern".

Wie läuft das am medizinischen und organisatorischen Beispiel eines Krankenhauses? Zunächst wurde ein Krisenstab auf übergeordneter, aber auch direkt betroffener Ebene des Spitals selbst eingesetzt; viele geplante Operationen und Untersuchungen wurden abgesagt; auch die Methode der Freistellung wegen Unterbeschäftigung wurde angewendet – die Situation war „surreal", viele hatten wenig bis nichts zu tun angesichts vieler abgesagter Operationen; die große Verunsicherung und ängstliche Sorge auch beim Personal musste aufgefangen werden; möglichst schnell mussten Masken, Schutzkleidung und Desinfektionsmittel besorgt werden. Und das zu horrenden Preisen – schnell kam man darauf, dass die Gier eine Tochter ist, die gerne in Notzeiten zur Welt kommt.

Was an Leadership war notwendig? Klarheit schaffen und damit Orientierung geben. Dazu waren Ruhe und Souveränität Voraussetzung. Nicht zuletzt: physische und geistige Präsenz.

Und wie sieht das aus wirtschaftlicher Perspektive aus? Ganz plötzlich ist die Agenda – kurz davor noch geprägt von Klimawandel, Globalisierungsfolgen, sozialer Spaltung in der Gesellschaft – eine andere geworden und war und ist geprägt von den wirtschaftlichen und sozialen Folgen der Gegenmaßnahmen, der Schließung ganzer Wirtschaftszweige und Unterbrechung von Wertschöpfungsketten. Der Angriff des Virus gilt der Arbeitsteilung, der Zusammenarbeit, der Interaktion von Menschen. Ein enormer Einkommensverlust ist die Folge, mit einem schwer absehbaren Ende. Das besonders Bedrohliche liegt darin, dass man es nicht selber in der Hand hat, den Zustand zu ändern. Wie in vielen anderen Situationen in modernen Gesellschaften ist man von Entscheidungen vieler, sehr viel anderer, meist völlig unbekannter Menschen abhängig. Natürlich ruft dies Gefühle hervor. In wirtschaftlichen Zusammenhängen sind es häufig Gier und Angst. Diese können durch staatliche Aktivitäten reduziert werden: Weite Aktivitäten des Staates konzentrieren sich auf Versicherungsfunktionen. Gerade wenn Risken systemisch werden – wie durch Corona –, werden sie wichtiger. Kommt Vertrauen in die staatlichen Institutionen dazu, reduziert das das Gefühl der Angst sehr. In dieser Absicherung liegt ein Potenzial für positive Energie: Eine weiterhin funktionierende arbeitsteilige Gesellschaft braucht funktionierende Instrumente der (Ab-)Sicherung.

Theatralisch

Angst mag vieles sein, nur eines ist sie nicht: langweilig. Ohne Angst keine Spannung. Auf der Opernbühne ist sie die Diva, liebt die Abwechslung, die Maskerade, vor allem das Spiel. Und sucht sich beim Gang ins Scheinwerferlicht Verbündete, um unvorhersehbar zu infizieren, zu richten, zu töten. Und schlüpft oftmals in eines ihrer ältesten, gefürchtetsten und populärsten Gewänder: in das Kostüm der Frau. Ob als Zerstörerin wie Lulu, Kundry, Lady Macbeth, ob blutbefleckt, wassergetränkt wie Lucia di Lammermoor, Ophelia, die puritanische Elvira, die allesamt die Opernbühne nicht lebend verlassen, ob als unglücklich Verliebte, verboten Verheiratete, Kränkelnde, mutig den Freitod Wählende … Wenn die Angst die Bretter betritt, steigt unsere Angstlust sprunghaft an.

Ohne dass wir immer mitbekommen, wie viel an Lampenfieber auf der Bühne herrscht. In erträglicher Form ist es etwas durchaus Normales, eine Art Beschleuniger, der hilft, auf Touren zu kommen. In seiner starken Ausprägung ist es allerdings eine berufsverhindernde Attacke auf das Nervensystem, eine Urangst vor dem Scheitern, wo der Gedanke an ein öffentliches Auftreten zu einem Albtraum wird, wie selbst Stars wie der spanische Cellist Pablo Casals im hohen Alter zugegeben haben. Was können Künstler und Künstlerinnen aller Alters- und Erfahrungsstufen dagegen tun? Neuere Methoden gehen auf das Zusammenwirken von Denken und Fühlen, Körper und Verhalten ein mit Mischformen, die körpertherapeutische Ansätze mit kognitiven und verhaltenstherapeutischen Ansätzen verbinden. Dazu: Eine Angst zu benennen, ihr gleichsam ins Gesicht zu schauen, ist ein erster Schritt, sie zu zähmen. Gespenster sind machtvoll vor allem, solange es dunkel ist.

Nehmen wir's sportlich

Auch dort herrscht Versagensangst. Und nicht nur beim Tormann. Obwohl gerade einer der Besten, Robert Enke, zweimal Torhüter des Jahres und deutscher Teamtorhüter, an seinen Depressionen letal gescheitert ist. Auch im Sport hat Angst viele Facetten: Die eigene, hoch gesteckte Erwartungshaltung, vielleicht auch jene der Eltern, der Trainer, der Medien, und wie bei der Kunst auch die des oftmals gnadenlosen Publikums, kann zum Multiplikator und Auslöser psychischer Erkrankungen werden. Es gab auch den berühmt-berüchtigten „Happel-Angstfaktor": Ernst Happel war eine derart prägende Respektperson, dass der Begriff Angst in der Begegnung mit ihm, sei es als Mitarbeiter oder mit seinen „Spielers", wohl äußerst zutreffend ist.

Für einen Spitzensportler ist Angst ein nicht klar einzuordnender Reiz, der das sympathische Nervensystem aktiviert, das dafür zuständig ist, dass der Körper auf Belastungen und Anforderungen wie Stress und Gefahren reagieren kann. Und kann deshalb als Motivationsfaktor genutzt werden: Angst, nie der Beste der Welt gewesen zu sein, treibt an, weiter zu trainieren. Solange die Trainingsschmerzen geringer sind als die Niederlagenschmerzen, kann man problemlos weiter trainieren. Das im Bewusstsein, dass sich die Spirale weiter und schneller dreht und man realisiert, wie viel Schönheit und Freiheit durch Angst verpasst wird. Und umso erhebender ist es, zu erkennen und zu erleben, dass wir Angst kontrollieren können. Sie an sich selbst zu erkennen, sich ihr zu stellen – das kann härter und definitiv einsamer sein als ein Olympia-Finale.

Real power is ... fear

Was müssen wir politisch fürchten? Auch heute noch kann man von Machiavelli diesbezüglich lernen. Er bricht in seinem neuinterpretierten „Der Fürst" mit der philosophischen, politischen und theologischen Tradition, den Fürsten Ratschläge für eine gerechte Regierung zu geben. Neu an seiner Interpretation ist, dass er die realen Techniken des Machterwerbs und der Machterhaltung analysiert und damit zu einer empirischen Fundierung zur Entwicklung eines Konzepts erfolgreicher Herrschaft beiträgt. Er legt dabei ebenfalls eine „Angstspirale" frei: Gelebte Angst pflanzt sich fort, dauerhafte Unterdrückung lebt von Aggression und erzeugt in aller Regel Gegenaggression, womit sich Angstzufügung letztlich gegen den Zufüger richtet.

Lernen kann man auch von rück- und vorwärtsblickenden Reflexionen ehemaliger Entscheidungsträger. Jeder Mensch macht in seinem Leben Angsterfahrungen, die ihn als Individuum prägen und ihm auch – über die einzelnen Lebenssituationen hinweg – wichtige Erfahrungen für den Umgang mit Angst, aber auch für Mechanismen zu ihrer Minderung mitgeben. Entscheidungsbefugter Politiker wird man nicht von heute auf morgen: Es gibt Vorstufen, geprägt von Familie und dem „Milieu", von Schule und Studium, von Spitzensport, von beruflicher Erfahrung, die alle auch nicht angstfrei verlaufen, einen aber dann umso mehr befähigen, die gesellschaftliche Entwicklung mitzugestalten im Bewusstsein, welch große Verantwortung für „das Ganze" damit stets verbunden ist. Die großen Aufgaben in der Politik bedeuten mit Sicherheit, dass auch Politikerinnen und Politiker Ängste haben: Mache ich wohl das Richtige? Erkenne ich die Sorgen/Ängste, aber auch Wünsche der Menschen richtig? Wie gehe ich mit den Ängsten der Menschen um?

Und nicht zuletzt: Wie umgehen mit einer Politik der Angst, die für eine Demokratie das gefährlichste aller Gefühle ist? Das gilt auch für eine zukunftsorientierte Politik im Zusammenhang mit dem Klimawandel. Davor sich „fürchten müssen", wäre der falsche Begriff: Handeln aus Furcht oder Angst ist gerade das Gegenteil von dem, was wir als wohl überlegtes, rationales oder moralisches Handeln ansehen. Ein solches wird dafür notwendig sein.

Endgültig?

Angst kommt von „Enge". In Sterben und Tod wird es endgültig eng und ausweglos: Angst vor ausweglosen Schmerzen, vor Alleingelassen-Werden, anderen zur Last zu fallen, vor dem Untergang des eigenen Ich in einem jede Bedeutung zerstörenden Nichts. Sterben ist nicht Tod: Sterben gehört zum Leben, im Tod hingegen ist uns das irdische Leben endgültig entzogen. Sterben ist die letzte Phase in unserem Lebenszyklus, der uns vor spezifische „Lebensaufgaben" stellt, als Einzelnen, aber auch als Gesellschaft. Als Einzelner stirbt jeder auf eine gewisse Weise unvollendet, es gibt keine Korrektur mehr. Als Gesellschaft, die auch angesichts des Todes plural ist, geht es primär um den Schutz der Rechte und der Würde der Todkranken und Sterbenden.

Ist es eine Angst vor dem Endgültigen? Ist der Tod das Endgültige? Mit dem Ort Gethsemane ist die Erinnerung verbunden, dass Jesus die Situation des Menschen bis ins Äußerste geteilt hat, wo er der „Urerfahrung der Angst", der radikalen Erschütterung angesichts der Macht des Todes begegnet. Gleichzeitig den Zustand der sündigen Opposition und der radikalen Gottesferne erleidet. Es ist aber mehr als das: Zusammenstoß zwischen Licht und Finsternis, zwischen Tod und Leben selber – „das eigentliche Entscheidungsdrama der menschlichen Geschichte".

Angst vor der Hölle als Ort der totalen Einsamkeit und Furchtbarkeit, als eine Verlassenheit, zu der kein Du mehr reicht? Auch wenn Hölle ihre Bedeutung als Schreckensort eingebüßt hat, so zeigt sich doch, dass eine Rationalisierung des Religiösen, die Entmythologisierung, ihre Grenzen hat und dass Angst auch Nichtgläubige verfolgt. Karl Jaspers hat eine vielleicht „so noch nie dagewesene Lebensangst" als unheimlichen Begleiter des modernen Menschen konstatiert.

Fürchtet euch nicht!

Angst vor Gott? Friedrich Hölderlin beginnt seine Patmos-Hymne mit den Worten „Nah ist und schwer zu fassen der Gott", fährt aber dann fort „Wo aber Gefahr ist, wächst das Rettende auch". Eine Einladung, Ängste als überwindbar anzusehen.

Michael Steiner

Margit Krammer, Mag., geboren in Graz, Studium der Bühnengestaltung an der Kunstuniversität Graz; Bühnenarbeiten für Theater, Cabaret und Kleinkunst; Cartoons und Illustrationen für Tageszeitungen, Magazine, Verlage sowie für Projekte im kulturellen/sozialen Bereich und für Werbekampagnen; zahlreiche Ausstellungen; 2008 Auszeichnung für „Kunst für Menschen in Not".

Liebesbeziehung

Martin Zechner

Wir brauchen und wir hassen sie. Sie beschützt und zerstört uns. Der Versuch einer Annäherung.

Ein Moment der Entscheidung. Wir spüren, dass da noch etwas ist. Etwas, das uns blockiert und damit Lösung sowie Zukunft verbaut. Plötzlich gelingt Offenheit. Sie wird greifbar, wir sprechen darüber. Oft nicht direkt, aber indirekt. Jetzt zeigt sie sich, die Angst. Sie ist dieser bewusste, aber viel mehr unbewusste Wegbegleiter. Denn Unbewusstheit ist die Grundlage ihrer Macht und Dominanz. Spricht man die Angst an, verschwindet sie, aber sie ist nicht weg. Das Spiel geht weiter bis zu unserem Tod, dem finalen unausweichlichen Akt. Sie ist von Geburt an immer dabei.

Konstruktivismus und Dekonstruktivismus bilden sich in ihr ab. Sie schafft es, nicht schwarz oder weiß zu sein, sondern beides. Ihre Janusköpfigkeit manifestiert sich in den unterschiedlichen Schichten unseres Seins, deshalb hassen wir sie eigentlich. Wir nehmen die Blockade wahr, bemerken ihre stille Macht und folgern, dass wir dieses Gefühl loswerden wollen. Menschen wollen ihr entfliehen, entkommen, aber gleichzeitig brauchen wir sie wie einen Bissen Brot zum Überleben. Niemand von uns könnte ohne sie leben. In destruktiver Ausformung spielen wir mit ihr. Im Extremfall richten wir uns wegen ihr sogar gegen uns selbst.

Aber wir verstehen es nicht, was diese Angst ist und warum wir mit ihr, unserer ständigen Wegbegleiterin, nicht umgehen können. Oftmals wird sie pathologisch und kann dann so weit gehen, dass wir Angst vor der Angst haben. Sie ist ein paradoxes Phänomen, aber wir können das Blatt drehen und wenden, wie wir wollen: Ohne sie geht es nicht. Sie ist Triebfeder und Hemmschuh zugleich, sie bietet uns Schutz und führt zur Risikoabwehr. Gleichzeitig treibt sie uns genau dorthin, wo wir nicht hinwollen. Dorthin, wo es weh tut, in die Krise. Dann führt sie uns aus der Krise heraus, aber häufig wieder in die Krise hinein. „Wiederholungszwang" diagnostizierte Sigmund Freud der Menschheit.

Anne Dufouramantelle war Psychoanalytikerin und Philosophin. Sie starb bei der Überwindung ihrer Angst, als sie zwei Kinder vor dem Ertrinken rettete. Zeit ihres Lebens plädierte sie dafür, dass es uns gelingen muss, Freundschaft mit der Angst zu schließen. Die wenigsten schaffen das. Denn von Kindesbeinen an begleitet uns dieses Gefühl, das sich auch als unangenehme Form der Bedrohtheit beschreiben lässt. Schon das infantile Kleinkind erlebt die Angst, wenn auch nur für Momente die Beziehung zur Mutter unterbricht. Von Geburt an haben wir sie als unseren ständigen Reisebegleiter integriert. Die Todesangst führt zum Glauben, dass auch danach noch etwas ist, nach dem Tod.

Deswegen können wir sie auch nicht ausklammern. Wir können sie nicht abschütteln. In der reichen Gegenwartsgesellschaft wird die Angst allerdings immer größer. Sie ist omnipräsent – steigende Tendenz. Sie gewinnt an Einfluss, wird stärker. Erleben wir deshalb Menschen, die es verlernen, Mensch zu sein? Ist sie auch Mutter jener Motive, die dazu führen, dass wir uns von den anderen immer mehr abwenden? Haben wir in der Hochblüte des Finanzkapitalismus plötzlich Angst vor dem bloßen Sein?

Wir beobachten, dass mit zunehmender Vermehrung des gesellschaftlichen Vermögens das Vertrauen in uns selbst immer mehr schwindet. Denn getrieben von der Angst, unseren Wohlstand zu verlieren, haben wir es zunehmend mit einem Menschentypus zu tun, der vom Haben geblendet nicht mehr sein kann. Wir leben in einer Erfolgsgesellschaft, in der Leistung alleine nicht mehr ausreicht. Der Zweite ist bereits der erste Verlierer. Erfolg muss her.

Aus der daher ständig präsenten Angst zu verlieren, zu versagen oder zu wenig zu haben, entsteht unendliche Gier. Angst und Gier bilden zwei aneinandergekettete Teile einer Liebesbeziehung, die sich wechselseitig stützen und im System finanzkapitalistischer Prägung Entscheidungen bestimmen. Sie sind das Paar im Zentrum eines geschlossenen Kreislaufs, das dem Menschen Werte und Freiheit raubt.

Der permanent introjizierte Zwang, schneller, besser und reicher sein zu müssen, führt zur kontinuierlichen Aufgabe, ja zum Verkauf des eigenen Selbst für niedrige Motive. So ist zu erklären, dass die globalisierte Wohlstandsgesellschaft die Freiheit des Menschen sukzessive einschränkt.

Ständig bestärken wir uns darin, dass ein Funktionieren in der Erfolgsgesellschaft nur dann möglich ist, wenn wir unseren eigenen Wesenskern aufgeben. Resultat ist ein fragiles Kollektiv, das sich am Haben orientiert und das Sein in den Hintergrund drängt. Die Angst, nicht mehr genug zu sein, und der drohende Ausschluss aus dem System sind zur Triebfeder menschlichen Verhaltens geworden. Dadurch fördern wir die Entwicklung einer offenbar unstillbaren, nicht zu befriedigenden psychischen Gier des Menschen, die im Unterschied zu Hunger und Durst keine Grenzen kennt. Gesellschaftliche Resilienz kommt dadurch immer mehr abhanden.

Wir sind offenbar aus eigener Kraft nicht dazu in der Lage, diesen Zyklus zu durchbrechen, da wir – wie so oft in Momenten, in denen wir entscheiden – auf den ersten Blick unseren erbitterten Gegner nicht erkennen. So erahnen wir erst bei genauerem Hinsehen, dass wir selbst es sind, die uns bekämpfen.

Deshalb müssen wir sie sichtbar machen und uns aussöhnen mit der Angst, denn die Alternative lautet „schicksalsbestimmte Selbstzerstörung". Der unermüdliche Humanist Viktor Frankl lehrte, dass wir der Angst begegnen müssen, um sie zu bezwingen. Nur dann ist es möglich, sie schätzen zu lernen, von ihr zu profitieren. Ähnlich wie in einer Paarbeziehung kann es uns gelingen, die Angst so zu nehmen, wie sie ist. Gelingt es uns, Positives zu entdecken und Negatives zu überwinden, haben wir den Sinn erkannt. So ist Partnerschaft möglich.

Denn die bewusste Begegnung macht es uns schwerer, Angst als Vorwand einzusetzen. Nur im Moment der maskenlosen Konfrontation erkennen wir, warum wir so sind, wie wir sind. Rationalisierte Erklärungsmodelle lösen sich auf, egozentrische Haltungen gehen verloren. Auch Gier und Macht müssen sich hinten anstellen, unsere wahren Motive sind enttarnt. Selbstdistanzierung ist erfolgt. Es stellt sich das Gefühl von Freiheit ein.

Wir werden niemals frei von der Angst sein, aber sind frei zu ihr Stellung zu beziehen, lautet ein existenzphilosophisches Credo. Wenn das passiert, ist viel gelungen. Frankl sagte, dass der Mensch selbst entscheiden kann, wie er sein möchte. Wir glauben an die Entwicklungsfähigkeit des Menschen.

Martin Zechner wirkte im Rahmen seiner mehr als zwanzigjährigen Berufslaufbahn bei rund 300 nationalen wie internationalen Krisen- und Risikoprojekten sämtlicher Komplexitätsgrade mit. Der in Graz lebende Strategieberater unterstützt national sowie international agierende Unternehmen in Fragen der Kommunikationsstrategie und begleitet Führungskräfte bei der Bewältigung anspruchsvoller Themenstellungen in Veränderungsprozessen und Krisensituationen. Er ist Autor und Co-Autor von zahlreichen Publikationen zu Fragestellungen der Krisenkommunikation und zu den Entwicklungen der Informationsgesellschaft. Der Betriebswirt (California State University Eastbay) und psychosoziale Krisen- und Traumaberater (Sigmund Freud Privatuniversität) unterrichtet am Institut für Wirtschafts- und Betriebswissenschaften an der Montanuniversität Leoben.

Keine Angst vor der Angst

Karl Gaulhofer

Manchen Leuten hätte man gerne gegönnt, heute zu leben. Der Patient Søren Kierkegaard aus Kopenhagen vertraute 1836 seinem Tagebuch an: „Die ganze Wirklichkeit ängstigt mich, von der kleinsten Fliege bis zu den Geheimnissen der Inkarnation". Dem armen Mann könnte in unseren Tagen gut geholfen werden, mit einem ganzen Arsenal an chemischen Wirkstoffen. Um einen klinischen Fall handelte es sich offenbar auch bei einem gewissen Martin Heidegger. Er beschrieb, knapp hundert Jahre später, die Symptome seiner Leiden wie im Lehrbuch: Die Welt „sinkt in sich zusammen", in „völlige Unbedeutsamkeit". Sie „vermag nichts mehr zu bieten, ebenso wenig das Mitdasein anderer". Das Drohende ist in diesen Angstzuständen „so nah, dass es beengt und einem den Atem verschlägt – und doch nirgends". Ein Leckerbissen für Nervenärzte, Psychiater und vor allem die Pharmaindustrie.

Wir müssen freilich befürchten: Ins Heute versetzt und eilig eingewiesen, würden sich die beiden als nicht „compliant" erweisen, wie Ärzte zu sagen pflegen. Ja, sie würden wohl ihre Pillen sofort im Klo hinunterspülen. Der Däne trug seine chronische Lebensangst wie eine Monstranz vor sich her. Mit ihr hielt er sich seinen Zeitgenossen für überlegen, auf recht arrogante Weise: Wer niemals Angst hat, müsse „sehr geistlos" sein. Denn „nur eine prosaische Dummheit kann meinen, diese Angst sci eine Auflösungserscheinung". Vielmehr sei sie „ein Ausdruck für die Vollkommenheit der menschlichen Natur", wenn auch „nichts für Weichlinge". Und, in glorioser Selbsterhöhung: „Wer gelernt hat, sich recht zu ängstigen, der hat das Höchste gelernt."

Nicht besser der Deutsche: Für ihn war Angst eine Grundbefindlichkeit, die jedem Menschen seine existenzielle Lage erschließt – oder besser: erschließen würde, denn die meisten fliehen vor ihrem „eigentlichen Selbst-sein-Können" in das leere Gerede und Getriebe des Alltags. Die Helden sind dann jene wenigen, die sich der Angst aussetzen und sie ausstehen. Und dann gab es da noch einen französischen Gymnasiallehrer, Jean-Paul Sartre genannt, der seelisch deutlich stabiler war, aber die Lehren der beiden Angst-Apostel begierig aufsaugte und sie zur anstachelnden Frohbotschaft kompilierte: Eure Freiheit macht euch Angst? So höret doch: Die Angst wird euch frei machen!

Man hat es wohl schon bemerkt: Es handelt sich um Philosophen, und denen ist mit Befunden und Beipackzetteln nicht beizukommen. Wir müssen uns auf sie einlassen, auf schnelle Therapie verzichten, um auszuloten, was sie uns noch zu denken geben, auch wenn sie ebenso aus der Mode gekommen sind wie die schwarzen Rollkragenpullis ihrer Jünger. Erst die Existenzphilosophen haben das gemeinhin so unwillkommene Gefühl namens Angst in ihrer Zunft salonfähig gemacht – und damit die Gefühle überhaupt, die bis dahin der klaren Vernunft nur lästig im Weg zu stehen schienen. Von nun an stand eine besondere „Stimmung" unseres In-der-Welt-Seins im Mittelpunkt der Analyse, weil man sich von ihr eine Antwort auf die große Frage versprach: Was ist der Mensch?

Dabei führten die drei eine Unterscheidung ein, die unsere Alltagssprachen nicht kennen: Die „Furcht" bezieht sich auf etwas Konkretes in der Welt – eine Gefahr, eine Strafe, ein Schmerz. Die „Angst" aber bleibt völlig diffus, ohne bestimmte Bedrohung. Das Lateinische differenzierte tatsächlich zwischen „timor", der Furcht, und „angor", was Beklemmung, Bangigkeit und Melancholie bedeutet. Aber wovor, worum ängstigen wir uns? Es geht um etwas Ungreifbares, Unheimliches und Ungeheures. Um ihm auf die Spur zu kommen, dachte sich Kierkegaard so weit zurück wie möglich.

Was hat eigentlich Adam verstanden, als Gott ihn warnte, vom „Baum der Erkenntnis des Guten und Bösen" zu kosten? Der erste Mensch konnte nicht wissen, was Gut und Böse bedeutet, „da diese Unterscheidung ja erst mit dem Genuss erfolgte". Warum biss er dann in den Apfel? Die psychologische Erklärung, er sei einer Lust am Verbotenen erlegen, greift zu kurz, denn sie setzt das Böse und die Schuld schon voraus. Nein, seinem träumenden Geist schwebte ein Nichts vor, das ihm Angst machte: „die ängstigende Möglichkeit zu können". Und Adam stürzte sich in diesen Abgrund, vor dem ihm schwindelte: „Die Angst ist die Wirklichkeit der Freiheit als Möglichkeit."

Aber mit der Schuld geht es hier erst los. Kierkegaard tritt in „Der Begriff Angst" vor allem als Theologe auf den Plan, der das Dogma der Erbsünde rechtfertigen will. So nebenbei verteidigt er dabei auch noch die Folterexzesse der Inquisition, sodass dem Leser bald angst und bange wird vor den Irrwegen großer Denker. Camus machte später mit Kierkegaard kurzen Prozess: Er sei der Angst nur davongelaufen und habe sich in die Arme der Religion gerettet.

Doch das eilige Verdikt übersieht die grimmige Pointe: Beim von Kierkegaard beschworenen „Sprung" in den Glauben springe ich in einen bodenlosen Abgrund. Es bleibt ungewiss, ob ich sanft aufgefangen werde oder im Nichts zerschelle. „Alles ist mir unerklärlich", klagt Kierkegaard im Tagebuch, und „auch Gott wird mich nicht trösten." Es bleibt die Angst, „von Gott vergessen, übersehen zu sein". Auch seine Mitmenschen können ihm nicht helfen. Jeder trifft seine grundlosen, grundlegenden Wahlen für sich allein, auf seine Innerlichkeit zurückgeworfen. Der Glaubenssucher schafft sich eine schöne Seele, seine Wahl wirkt nicht zurück in die Welt. Und der religiöse Kontext begrenzt die Freiheitsgrade: Über den Sinn der Welt ist in der Bibel ein für alle Mal entschieden. Dem Menschen bleibt nur, sich für gut oder böse, für oder gegen Gott zu entscheiden.

Kein Wunder, dass Kierkegaards atheistische Nachfolger im 20. Jahrhundert sich nur vom Startpunkt seiner Spekulation inspirieren ließen. Aber weil sie den Kontext von Schuld und Sünde abwiesen, mussten sie den Status der Angst neu argumentieren: Warum sollte ausgerechnet ein so seltenes, vages Gefühl uns die verborgene Wahrheit über unser Menschsein enthüllen? Noch dazu aus dem Bauch des Denkers heraus, ohne empirische Untersuchung darüber, wer es in welchen Situationen tatsächlich wie empfindet – weshalb angelsächsische Philosophen, die sich gern als stolze Mägde der Erfahrungswissenschaften sehen, diesen ganzen „Existentialism" als wertlose „a priori psychology" verhöhnen.

Heidegger blickt einfach in die Runde: Wir alle verhalten uns so, als seien wir ständig auf der Flucht. Nicht nur, wenn wir uns vor etwas Bestimmtem fürchten, sondern generell: Wir stürzen uns in alltägliche Besorgungen, lenken uns mit Zerstreuungen aller Art ab, gehen als durchschnittliches „Man" in der Menge auf. Die Aufgabe des Philosophen ist, unsere Blickrichtung zu drehen: Wovor fliehen wir eigentlich? Vor der Angst, die uns unseren Routinen der Alltagswelt entreißen könnte. Dass dieser Affekt oft durch Chemie bedingt und mit Chemie bekämpfbar ist, räumt Heidegger ein. Aber das greife zu kurz: „Physiologische Auslösung wird nur möglich, weil das Dasein im Grunde seines Seins sich ängstigt."

Was genau aber sehen wir, wenn wir auf der Flucht innehalten und uns umdrehen? Zwar sagt auch Heidegger beiläufig: „Die Angst offenbart im Dasein die Freiheit des Sich-selbst-wählens und -ergreifens". Aber mit einer so traditionellen Frage wie der Willensfreiheit mag sich der „Fundamentalontologe" nicht aufhalten. Lieber schwelgt er in der abgründigen Vision des Nichts, in das uns die Angst „hineinhält", bis uns das „Seiende im Ganzen entgleitet". Wir suchen einen Lebenssinn und finden – nichts. Doch als Nihilist will Heidegger nicht gelten: Am Grunde der Angst, raunt er zunehmend dunkler, werden wir erst des metaphysischen Wunders gewahr, dass es überhaupt etwas gibt und nicht vielmehr nichts. So finden wir das Sein wieder, oder numinoser noch das „Seyn".

Diesen Weg muss, wie beim Gottsucher Kierkegaard, jeder allein beschreiten: Die Angst „vereinzelt", sie wirft uns zurück auf uns selbst, in die „Härte unseres Schicksals". Ein heroischer Akt, der die Nichtigkeit erschließt und uns damit entschlossen macht. Entschlossen wozu? Das konnte oder wollte das Orakel aus Meßkirch den Studenten, die an seinen Lippen hingen, nicht verraten. Voller Verachtung wandte er sich ab, wenn die Rede auf Kultur, Werte oder Ethik kam. Aus einer solch destruktiven Haltung wird nichts Gutes, fürchtete Ernst Cassirer im Davoser Disput mit seinem Kontrahenten und empfahl dem Publikum mit Schiller: „Werft die Angst des Irdischen von euch!" Es wurde auch nichts Gutes daraus: ein Rektorat zum Ruhme Hitlers, als akademische Generalmobilmachung des Ungeistes. Und bis heute streiten sich die Sekundärphilosophen, ob dieser Abweg schon in der Abgründigkeit von Heideggers leerer Lehre angelegt war.

Bleibt noch Sartre. Beim ihm wird es lebendig, konkret, voller Beispiele, in denen es von Menschen nur so wimmelt. Er macht zum Hauptmotiv, was die anderen nur anklingen lassen: Die Angst ist das Bewusstsein meiner Freiheit, das alle meine Akte unreflektiert begleitet. Ich fürchte mich vor der Gefahr, aber ich habe Angst, in der Gefahr feig zu handeln. Mir schwindelt vor dem Abgrund, weil nichts mich davon abhält, hinabzuspringen. Der Spielsüchtige hat den festen Entschluss gefasst, nie wieder zu spielen – aber vor dem Roulette-Tisch packt ihn die Angst: Spielen oder nicht spielen, beide Möglichkeiten stehen ihm offen, wie Rot oder Schwarz.

Die Flucht vor der Angst ist keine emsige Ablenkung mehr, sondern eine „mauvaise foi", eine Lüge, ein Selbstbetrug. Ich rede mir ein, ich könne gar nicht anders handeln: durch meinen Charakter, meine Prägung, meine Rolle als Vater, Österreicherin,

Kellner. Wenn der Wecker morgens klingelt, zwinge er mich zum Aufstehen – das schützt mich „vor der beängstigenden Intuition, dass ich es bin, der dem Wecker seine Forderung verleiht: ich und ich allein". Schilder, Gesetze, moralische Normen: Wenn all diese „Geländer gegen die Angst" wegbrechen, erkenne ich, dass nur die Wahl meiner Selbst „die Werte am Sein erhält".

Sartre gesteht ein: Diese „Intuition des innersten Sinns" kann den freien Willen nicht beweisen. Aber sollte der Determinismus recht haben, erfasst sich die Angst in Unkenntnis der wahren Ursachen dennoch als Freiheit. Unser ganzes Leben wäre dann eine einzige riesige Täuschung. Seltsamerweise glaubt Sartre, die Freiheit anders beweisen zu können: durch unsere Möglichkeit zu fragen, vom rein positiven Sein der Welt „nichtend" Abstand zu nehmen. Ich habe mich mit Pierre verabredet, betrete das Café, schaue herum – und statt die Besucher, Tische und Sessel wahrzunehmen, ist der Inhalt meines Bewusstseinsakts: Pierre ist *nicht* da. Aber was sagt uns das? Jedem Hund, der sein Herrl sucht, dürfte es ähnlich ergehen. Haben für Sartre auch Hunde einen freien Willen? Wohl kaum. Dann aber ist im Vermögen des Menschen die Freiheit heimlich mitgedacht, das zu Beweisende also schon vorausgesetzt.

Weit mehr gibt anderes zu denken: Wie einleuchtend Sartre in „Das Sein und das Nichts" auf über 1000 Seiten so ziemlich alles, was uns im Leben bewegt, ängstigt und antreibt, mit der Freiheitsintuition zu deuten weiß – vor allem auch die Haltungen zu den Anderen, die seine Vorgänger in ihren Angstanalysen so sträflich vernachlässigten. Liebe, Hass, Sex und Gleichgültigkeit: Alles fügt sich im phänomenologischen Puzzle zu einem Panorama der Freiheit. Damit bleibt Sartres Werk ein wirksames Gegengift in einer Zeit, die von einem autonomen Subjekt nichts mehr wissen will. Genetik und Hirnforschung, Identitätspolitik und Verhaltensökonomie: Sie erweisen sich aus seiner Perspektive als lauter trügerische „Geländer gegen die Angst".

Freilich bleibt auch bei Sartre offen, welche praktischen Lehren wir aus der Angst ziehen sollen. Wenn jeder seine Werte für sich wählen muss, wenn sich das Individuum „in der Angst als ein Sein erfasst, das gezwungen ist, über den Sinn des Seins zu entscheiden" – ist dann nicht jeder Wert und jeder Sinn radikal relativ? Mit dieser scheinbar logischen Konsequenz aus seiner Lehre hat sich Sartre, auch wenn seine Ethik Fragment geblieben ist, nie abgefunden. Die Freiheit übernehme „als Existierendes, durch das die Welt dem Sein geschieht, ihre Verantwortung". Und da „alles, was uns zustößt, nur als Chance angesehen werden kann, erfasst sich die Verantwortlichkeit" eines jeden „auf die ganze Welt als bevölkerte Welt". Das autonome Subjekt war schon für Kant ein „Zweck an sich", seine Freiheit verleiht ihm Würde, und die Moral fordert, die Würde aller zu achten. Hier schließt Sartre an: „Es hängt vom Menschen ab, ob er das Reich der Zwecke hervorbringt oder die unmittelbare Gesellschaft der Ameisen. Und unser Schicksal ist, wie immer, in unseren Händen."

Am Ende hat uns die philosophische Deutung der Angst also erstaunlich ermunternde Einsichten geliefert. Vielleicht haben Kierkegaard, Heidegger und Sartre ja recht, wenn sie das sedierte Wohlergehen in einer „Gesellschaft der Ameisen" ablehnen – und die Pillen, die es versprechen, nicht schlucken, sondern in den Abfluss werfen.

Karl Gaulhofer, geboren 1970 in Frohnleiten in der Steiermark, studierte Betriebswirtschaftslehre und Philosophie in Graz. Er arbeitete in verschiedenen Industrieunternehmen und wechselte vor zehn Jahren zum Journalismus, als Redakteur bei der Tageszeitung „Die Presse" in Wien – meist im Wirtschaftsressort, auch im Feuilleton, zwischendurch als Deutschland-Korrespondent in Berlin.

M. KRAMMER

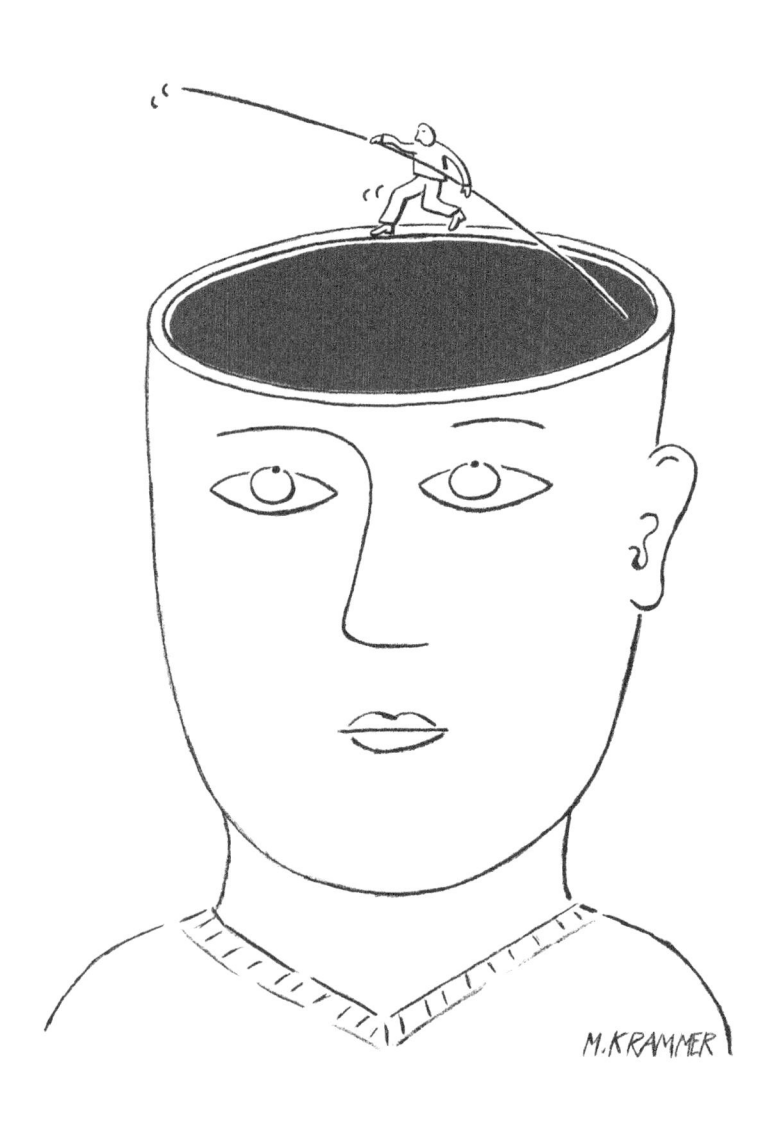

Wissen, Vertrauen, Gelassenheit. Erfahrungsgestützte Gegenstrategien

Irmgard Griss

Einleitung

Einen Text über Angst zu schreiben, ist in Corona-Zeiten fast noch schwieriger als sonst. Das klingt auf den ersten Blick paradox. Denn das – unsichtbare und auch deshalb so gefürchtete – Covid 19-Virus hat Angst buchstäblich sichtbar und greifbar gemacht. Eigentlich müsste es daher leichter sein, etwas zum Thema Angst zu sagen. Doch eine Auseinandersetzung braucht immer auch Distanz. Und die ist derzeit schwer zu wahren. Denn Angst ist allgegenwärtig und wird durch die ständigen Medienberichte immer wieder geschürt.

Ich will es dennoch versuchen. Es gibt ja kaum ein Thema, das zeitlos gültiger ist als „Angst". Unzählige Sprüche und Zitate beweisen das. „Angst fressen Seele auf", „Zu Tode gefürchtet ist auch gestorben", „Angst vor dem Leid ist schlimmer als das Leid selbst", „Angst ist für das Überleben unverzichtbar". Das ist nur eine kleine Auswahl. Schon sie zeigt die Doppelnatur von Angst. Einerseits schränkt Angst das Leben ein, andererseits ist Angst (über-)lebensnotwendig.

Ein Leben ohne Angst scheint es nicht zu geben, wobei im allgemeinen Sprachgebrauch nicht zwischen konkreter Furcht und diffuser Angst unterschieden wird. Beides sind Gefühle, mit denen die Psyche auf eine tatsächliche oder oft auch nur vorgestellte Bedrohung reagiert. Zu beiden, zu Angst und Furcht, gibt es eine Fülle an wissenschaftlicher Literatur. Es wäre vermessen, als Nicht-Expertin dem etwas hinzufügen zu wollen. Ich will daher von meinen eigenen Erfahrungen ausgehen und versuchen, auf folgende Fragen Antworten zu finden: Was ist Angst? Wie gehen wir mit ihr um? Können wir sie überwinden? Und, wenn ja, wie kann uns das gelingen? Fragen, die nicht nur in Corona-Zeiten aktuell sind.

Was ist Angst?

Was ist Angst? Wie fühlt sie sich an? Was ängstigt mich? Dabei ist schon der Ausdruck „ich ängstige mich" vielsagend. Heißt „sich ängstigen", dass wir es selber sind, die uns Angst verursachen? Durch unsere Vorstellungen, vielleicht auch Einbildungen, durch das, was wir denken und fühlen. Wann und unter welchen Umständen habe ich „mich geängstigt"?

Das erste Mal habe ich ganz bewusst Angst verspürt, als ich noch ein kleines Kind war. Ich erinnere mich noch gut an das Gefühl, unmittelbar bedroht zu sein. Was war passiert? Es war an einem 5. Dezember, am Abend, als junge Burschen als Krampusse verkleidet die Gegend unsicher machten. Meine Geschwister und ich waren allein im Haus, einem alten Bauernhaus mit einer Stube, die zugleich Küche und Aufenthaltsraum für alle war. Draußen wurde mit Ketten gerasselt, es wurde gestampft und an der Tür gerüttelt. Sie ging nicht auf, weil wir Nägel in den Türrahmen eingeschlagen und die Tür damit fixiert hatten. In unserer Not hatten wir keinen anderen Ausweg gesehen; von den Eltern deshalb ausgeschimpft zu werden, nahmen wir in Kauf. Die Angst, oder besser Furcht, vor den Krampussen war einfach zu groß.

Eine andere Art von Angst habe ich verspürt, als ich am Ende meines Studiums und vor der letzten Prüfung drei Monate als Aupair-Mädchen in London verbrachte. An einem Abend besuchte ich meine Freundin, die bei einer Familie in einem benachbarten Stadtteil untergekommen war. Es war schon spät, als ich mich auf den Heimweg machte. Ich ging zu Fuß; warum ich nicht den Bus nahm, weiß ich nicht mehr. Es war ein längerer Weg, den ich noch nie gegangen oder gefahren war. Er führte mich auf einen Platz, auf dem eine Kirche und ein Haus standen. Das wäre an sich nichts Besonderes oder gar Bedrohliches. Doch ich hatte das Gefühl, auf diesem Platz mit dieser Kirche und diesem Haus in einem Traum gewesen zu sein. Alles war mir gleichzeitig fremd und vertraut; es war mir unheimlich, und ich spürte, wie die Angst in mir aufstieg. So schnell ich konnte, setzte ich meinen Weg fort. Obwohl ich es versuchte, fand ich den Platz bei Tag nicht mehr.

Nie mehr aufgesucht habe ich einen Ort, an dem ich zum ersten und einzigen Mal in meinem Leben Todesangst verspürte. Es war 1983, ich arbeitete damals noch in Wien, und der Sommer war besonders heiß. Jeden Tag fuhr ich um 5:00 Uhr früh an das Entlastungsgerinne, um zu schwimmen. Das war die beste Zeit. Es gab so gut wie keinen Verkehr, und auch am und im Wasser war ich allein. Eines Morgens, als der Sommer dem Ende zuging, es noch dunkel und das Wasser schon ziemlich kühl war, wollte ich, wie immer, das Entlastungsgerinne mehrmals durchschwimmen. Auf halber Strecke merkte ich plötzlich, wie ich immer schwerer Luft bekam, wie sich meine Arme und Beine verkrampften. Ich überlegte, ob ich ans andere Ufer schwimmen oder umkehren solle. Zum Glück habe ich mich fürs Umkehren entschieden. Nur mit Müh und Not habe ich es geschafft, zum Steg zu schwimmen, von dem aus ich ins Wasser gegangen war. Ich habe mich buchstäblich auf die Bretter gerettet, bin einige Zeit schwer atmend liegen geblieben, bevor ich aufstehen, zum Auto gehen und zurückfahren konnte. Es dauerte einige Zeit, bis ich ohne größere Überwindung wieder in einem

See schwimmen konnte. Weit hinaus schwimme ich seither nicht mehr; ich schwimme, ob im Meer oder in einem See, immer parallel zum Ufer.

Was haben die drei Erlebnisse gemeinsam? Zu einer echten oder auch, wie im zweiten Fall, nur vorgestellten Bedrohung ist immer das Gefühl gekommen, ihr hilflos ausgeliefert zu sein. Beim ersten Fall kam vielleicht auch noch ein Lustgefühl dazu. Eine Art von „Angstlust", weil ja auch schon kleine Kinder gewisse Zweifel haben, ob der Krampus wirklich direkt aus der Hölle kommt.

Wie gehen wir mit Angst um?

Angst lähmt, wenn wir uns davon beherrschen lassen und keinen Ausweg sehen. Doch Angst kann auch Kräfte mobilisieren und unser Verhalten zum Guten hin ändern. Nicht nur, aber vor allem dann, wenn wir uns existenziell bedroht fühlen. In der Corona-Krise erleben wir das tagtäglich. Die Angst vor dem Virus stärkt das Gemeinschaftsgefühl. Wer sich bisher gescheut hat, seinen betagten Nachbarn Hilfe anzubieten, tut dies nun aus einem Gefühl der Solidarität heraus. Angst in einer gemeinsam erlebten Gefahr kann verbinden und Hemmungen abbauen.

Denn Angst ist ein starkes Gefühl, das wie kein anderes unser Verhalten bestimmt. Warum ist das so? Wenn wir geboren werden, sind wir hilflos. Wenn niemand für uns sorgt, sind wir verloren. Das verursacht uns Angst, Todesangst. Hilfe erhalten wir, wenn jemand auf unser Weinen reagiert, sich um uns kümmert. Und zwar nicht nur dadurch, dass wir ernährt und sauber gehalten werden, wir brauchen Zuwendung, Liebe, einen Menschen, der für uns da ist.

Dadurch entsteht Urvertrauen. Es ist die Grundlage dafür, dass wir auch als Erwachsene Ängsten nicht hilflos ausgeliefert sind. Die Betonung liegt auf „nicht hilflos". Denn gänzlich vermeiden lässt sich Angst für „normale" Menschen wohl nicht. Das macht sie auch zu einem äußerst wirkungsvollen, wenn nicht dem wirkungsvollsten Mittel, das Verhalten von Menschen zu steuern.

Die Geschichte ist voll von überzeugenden Beispielen. Die Angst vor der ewigen Verdammnis hat Generationen von Menschen dazu gebracht, Versuchungen zu widerstehen und ein „gottgefälliges Leben" zu führen. Und gleichzeitig hat sie die Macht der Kirche gefestigt. Ähnlich wie die Gebote der Kirche werden Gesetze auch deshalb eingehalten, weil Menschen Sanktionen fürchten, ja Angst davor haben. Diese Art der Instrumentalisierung von Angst und Furcht trägt dazu bei, dass wir friedlich miteinander umgehen, Regeln zum Wohl aller einhalten und Leib und Leben, Hab und Gut anderer respektieren. So nützt Angst dem Gemeinwohl.

Doch das ist eine Gratwanderung. Wir erleben das in der Corona-Krise. Die Angst vor dem Virus kann dazu führen, dass autoritäre Neigungen ausgelebt und hingenommen werden. Denn wer Angst hat, ist bereit, auch weitgehende Einschränkungen zu befolgen, ohne zu fragen, was sie denn tatsächlich bringen. Wer Maßnahmen kritisch hinterfragt, kann sich dem Vorwurf aussetzen, unsolidarisch zu sein.

Die Versuchung, Angst zu instrumentalisieren, ist groß. Besonders anfällig dafür ist die Angst vor dem Fremden. Sie sitzt tief, ist evolutionär begründet, weil sie zur Vorsicht mahnt, wenn uns etwas Unbekanntes begegnet. Den viel zitierten Säbelzahntiger hätten unsere Vorfahren aller Wahrscheinlichkeit nach nicht überlebt, hätten sie sich ihm arglos genähert, so als wäre er ein „Stubentiger" (= eine zahme Hauskatze).

Säbelzahntiger sind ausgestorben. Fremde gab es immer und wird es immer geben. Wir erleben das heute in besonderer Intensität. Die Wanderungsbewegungen von Menschen – die es immer gegeben hat – sind deutlich sichtbar geworden. Nicht nur, weil Menschen zu uns kommen, die sich durch ihr Aussehen und ihre Lebensgewohnheiten von uns unterscheiden. Sondern vor allem auch deshalb, weil die Angst vor dem Fremden ganz gezielt eingesetzt wird, um im politischen Wettbewerb zu punkten und Stimmen zu gewinnen. Die Medien tragen das Ihre dazu bei.

Dieser Missbrauch von Angst vor dem Fremden ist auch deshalb so erfolgreich, weil natürlich auch Menschen kommen, die nicht bereit sind, gewisse Grundregeln zum Schutz von Leib und Leben, von Hab und Gut einzuhalten. Da ist die Versuchung groß, zu verallgemeinern und alle über einen Kamm zu scheren. Der Fremde muss es sich gefallen lassen, als Vertreter seiner Gruppe gesehen und damit auch für Untaten anderer verantwortlich gemacht zu werden. Geschähe das auch mit uns, den Hiesigen, würden wir uns wohl energisch dagegen verwahren.

Die Gesellschaft wird durch die so instrumentalisierte Angst vor dem Fremden vergiftet. Denn was bewirkt sie? Sie bewirkt, dass Fremde pauschal abgelehnt und gemieden werden. Gleichzeitig führt sie dazu, dass Fremde sich noch stärker mit ihrer Herkunftskultur identifizieren und jeden auch noch so berechtigten Einwand gegen ihre Gebräuche und Gewohnheiten zurückweisen. Ein wohl verständlicher Versuch, Selbstachtung trotz Ablehnung zu bewahren.

Wie können wir Angst überwinden?

Das Gegenteil von Angst ist Hoffnung. Hoffnung ist eng mit Vertrauen verbunden. Wir haben Hoffnung, wenn wir daran glauben, ja darauf vertrauen, dass Gutes eine realistische Chance hat, Wirklichkeit zu werden. Ein „weltlicher Glaube" im Sinne von Martha Nussbaum.[1]

Um an die realistische Chance des Guten auch wirklich glauben zu können, müssen wir uns selbst und auch anderen vertrauen. Wer sich selbst nicht vertraut, wird sich auch schwer tun, anderen zu vertrauen. Der erste Schritt zum Selbstvertrauen ist, sich selbst kennenzulernen. Indem wir uns fragen und bewusst machen, wer wir sind und was wir fühlen. Und dabei versuchen, uns selbst gegenüber ehrlich zu sein. So wie Hannah Arendt[2] mahnt, das Gespräch mit uns selbst zu führen, in einen Dialog mit uns selbst zu treten.

Das Gespräch mit uns selbst ist, ebenso wie das Gespräch mit anderen, umso hilfreicher, je mehr wir wissen. Wissen ist eine wichtige Voraussetzung dafür, Vertrauen aufzubauen.

Doch wie beschaffen wir uns Wissen, auf das wir uns verlassen können? Eine große Herausforderung in Zeiten, in denen Informationen jeder Art ungefiltert auf uns einstürmen. Peter Bieri[3] rät dazu, immer zwei Fragen zu stellen, wenn uns Neues begegnet: Was bedeutet das? Woher weiß ich das? Wobei beide Fragen nicht leicht zu beantworten sind, die zweite noch schwerer als die erste. Denn wie beurteilen wir, ob wir einer Informationsquelle trauen können? Ob es „Facts" oder „Fakes" sind? Es braucht dazu Medienkompetenz, die wir in diesem Ausmaß bisher nicht gebraucht haben. Jetzt aber ist sie geradezu überlebensnotwendig, wenn wir mündig sein und bleiben wollen. Sie sollte daher fixer Teil des Unterrichts schon in der Volksschule sein.

Uns selbst vertrauen wir, wenn wir erlebt haben, dass wir bestimmten Herausforderungen gewachsen sind. Hier ist es Erfahrungswissen, das uns vertrauen lässt. Dazu ein Beispiel aus meiner Zeit als Richterin. Ich hatte immer wieder Fälle zu bearbeiten, bei denen ich am Anfang fürchtete, keine Lösung zu finden. Der Sachverhalt war undurchsichtig, die Rechtslage unübersichtlich, eine wirklich befriedigende Lösung nicht in Sicht. Ich habe dann versucht, das Problem in kleine Teile zu zerlegen und Schritt für Schritt aufzuarbeiten. Dabei hat mir geholfen, dass ich mir sagte, ich habe doch schon oft ähnlich schwierige Fälle zu lösen gehabt – mir ist noch immer etwas eingefallen.

Genauso sind es unsere Erfahrungen mit anderen, die Vertrauen schaffen können. Wir vertrauen jemandem, wenn wir (bisher) nicht enttäuscht wurden. Vertrauen setzt voraus, dass wir positive

Erfahrungen gemacht haben. Unsere Einstellung ist dabei ganz wichtig. Um es mit Peter Rosegger[4] zu sagen: Wenn man wen gern hat, so legt man ihm alles zum Guten aus und trifft damit meistens das Richtige.

Politiker erreichen regelmäßig sehr niedrige Vertrauenswerte. Viele fühlen sich von ihnen getäuscht und sind dann enttäuscht. Es wird etwas versprochen, das nicht eingehalten wird. Oft auch gar nicht eingehalten werden kann, weil es völlig unrealistisch ist. Und dennoch gibt es Menschen, die es wider bessere Einsicht doch glauben und darauf vertrauen. Das muss zwangsläufig zu Enttäuschungen führen. Enttäuschungen, die auch heilsam sind, weil sie, im wahren Sinn des Wortes, ent-täuschen, das heißt die eigene Täuschung rückgängig machen.

Zum Wissen und zum Vertrauen in uns und in andere muss noch etwas hinzukommen, um Angst wirksam zu begegnen: Gelassenheit. Wir dürfen uns nicht zu wichtig nehmen, auch Ereignisse nicht unnötig dramatisieren. Natürlich ist es gerade hier schwierig zu unterscheiden, was nötig und was unnötig ist. Denn unsere Vernunft kann unser Verhalten nur bestimmen, wenn und soweit es unsere Gefühle zulassen. Je größer die Angst, desto schwerer hat es die Vernunft, sich durchzusetzen. Daher braucht Angst als Gegengewicht ein anderes starkes Gefühl: Hoffnung, die durch Vertrauen genährt wird.

Schlussbemerkung

Ein Leben ohne Angst gibt es nicht. Wäre es überhaupt wünschenswert? Ich glaube nicht. Angst hat eine überlebensnotwendige Warnfunktion. Natürlich gilt das nur, solange die Angst uns nicht überwältigt, zur Angststörung wird, zur Phobie. Doch die kann und muss behandelt werden.

Eine „Normaldosis" Angst gehört zur Grundausstattung des Menschen. Sie warnt uns vor Gefahren und macht uns bewusst, wie wichtig es ist, dass wir uns selbst und auch anderen vertrauen. Dabei helfen Wissen, „weltlicher Glaube" und nicht zuletzt Gelassenheit. Sie lassen uns hoffen.

Irmgard Griss, Studium der Rechtswissenschaften an der Universität Graz; International Legal Studies an der Harvard Law School; Anwaltsprüfung; Lehrbefugnis für Zivil- und Handelsrecht als Honorarprofessorin an der Universität Graz. Von 1979 bis 2011 Richterin; von 2008 bis 2016 Ersatzmitglied des Verfassungsgerichtshofs. Von November 2017 bis Oktober 2019 Abgeordnete zum Österreichischen Nationalrat.

Anmerkungen

1 Martha Nussbaum, The Monarchy of Fear: A Philosopher Looks at Our Political Crisis. Oxford 2018.
2 Hannah Arendt, Über das Böse. Eine Vorlesung zu Fragen der Ethik. München 2007.
3 Peter Bieri, Wie wollen wir leben? Salzburg – Wien 2011.
4 Peter Rosegger, Weltgift. Leipzig 1924.

ICD: F41.1

Constanze Dennig

Angst, Angst, Angst!

Nachts aufwachen, grübeln und auf die unbestimmte, aber gewiss eintreffende Katastrophe warten. Dann sich bei Tageslicht mühsam aus dem Bett schleppen und den Berg der Anforderungen des Alltags wie ein Damoklesschwert über einen drohen sehen.

Und wieder Angst, Angst, Angst!

Diese Angst sitzt wie ein Schrittmacher im Bauch, im Brustkorb und vor allem im Gehirn. Dieses bösartige Gefühl simuliert, keine Luft zu bekommen. Das Herz trommelt gegen den Brustkorb, bis es zu platzen droht, in die Eingeweiden nistet sich ein Messer ein, das die Gedärme zermalmt.

Aber nicht nur die körperlichen Erscheinungen quälen den mit Angst Erfüllten. Die Gedanken sind nicht mehr steuerbar. Die Vernunft hat keine Chance. Das Furioso an Todesgrausen ist Gewissheit! Davor kann man nicht davonlaufen, die Angst trägt man mit sich.

Die Psychiatrie – im Versuch, Gefühle statistisch einordnen zu können – hat der „generalisierten Angststörung" die Ordnungszahl F41.1 zugeordnet. Es gibt noch etliche andere numerische Zuordnungen der Angstzustände in das ICD-Diagnoseschema, je nach Häufigkeit, Symptomatik und Ursache.

So treten Panikattacken F41.0 zeitlich intermittierend auf, gestatten dem Erkrankten aber zumindest kurzfristig ein symptomfreies Intervall. Dafür äußern sie sich im Anfall fulminant und sind zumeist mit der Befürchtung zu sterben verbunden. Phobien F40.0 et al. wiederum werden durch definierte Auslöser der Attacken verursacht. Wohl am bekanntesten sind die Flugangst, Höhenangst und die Angst vor engen Räumen. Die Übergänge zwischen einem berechtigten und einem pathologischen ängstlichen Zustand sind fließend. Archaische überlebenswichtige Reaktionen auf die Umwelt können fließend in eine Überreaktion münden. So ist es zwar nachvollziehbar, dass man sich nicht gerne auf eine Felsspitze, die rundherum steil abfällt, begibt, wenn aber schon das Erklimmen der dritten Stufe einer Leiter einen Angstzustand auslöst, handelt es sich um eine krankhafte Beunruhigung.

Wichtig aber ist, die Angst als eine biologisch berechtigte Reaktion des Organismus zu verstehen. Ohne Angst hätte die Menschheit nicht bis heute überlebt. Nicht die Angst ist die Krankheit, sondern die Verselbstständigung der Symptome.

Für einen Menschen, dessen Leben sich in einem Dauerzustand der verzweifelten Erregung befindet, ist es kein Trost, dass die Medizin eine Diagnosezahl für seinen Zustand erfunden hat. Deshalb fühlt er sich wahrscheinlich sehr oft durch Erklärungen, die den bedrohlichen Zustand mit frei flottierender, „böser" Energie deuten, vor allem esoterischer oder religiöser Art, besser verstanden.

Die Ursache von Angsterkrankungen spaltet also die „Therapeuten" in zwei Lager: Die, welche pathologische Angst als Symptom einer Hirnstoffwechselstörung, und die anderen, welche in ihr irgendeine von außen einwirkende abstrakte Beeinflussung durch negative Energien sehen.

Wir Mediziner können mit dem vagen Begriff der Energien nichts anfangen. Das Gehirn ist ein Organ mit denselben Desorganisationszuständen wie alle anderen Organe auch und die unbegründete Angst ist ein chaotischer Zustand unserer zentralen Steuerung.

Primär jedoch diente Angst dazu, den Körper in einen Zustand zu versetzen, der ihn dazu befähigte, vor dem Säbelzahntiger davonzulaufen. Dabei kommt es zu einer Erregung in den Corpora amygdala sowie anderen Hirnnervenkernen (z. B. Locus coerulus), die einerseits eine Hemmung der Ausschüttung von Gammaaminobuttersäure beziehungsweise eine Erhöhung von Noradrenalin verursachen. Prinzipiell aber ist eine Senkung des Serotoninspiegels mit einer erhöhten Anfälligkeit für Angstzustände verbunden. Durch diese Manipulation der Gehirnsteuerung wird das sympathische Nervensystem erregt und das parasympathische Nervensystem wird gehemmt. Die Folge der Aktivierung des Sympathikus sind die bekannten Symptome bei Angst, also: Die Pupillen weiten sich, Muskelanspannung, Herzfrequenz, Blutdruck werden erhöht. Die Atmung wird flacher und schneller. Es kommt zu Schwitzen, Zittern und Schwindelgefühl. Blasen-, Darm- und Magentätigkeit werden gehemmt. In einigen Fällen treten sogar Übelkeit und Atemnot auf.

Bei manchen Menschen kommt es zur Absonderung von „Angstschweiß", den man riechen kann und der Alarmbereitschaft bei den Mitmenschen auslösen soll.

Es gibt aber auch positive Angstreaktionen, die wie folgt sind: Aufmerksamkeit und Reaktionsgeschwindigkeit werden erhöht, Seh- und Hörnerven reagieren empfindlicher und in den Muskeln wird vermehrt Energie bereitgestellt.

Der heutige Mensch aber nutzt dieses positive Potenzial nicht, sondern igelt sich mitsamt seinen tobenden Hormonen ein, anstatt sich bis zur Erschöpfung auszupowern und vor einem fiktiven Säbelzahntiger davonzurennen.

Was ist dann das Problem?

Unser Gehirn ist so gestrickt wie vor Zigtausenden Jahren. Es ist nur begrenzt in der Lage, Reize richtig zuzuordnen. Flapsig ausgedrückt: Es kann nicht immer zwischen der Begegnung mit einem Säbelzahntiger und der täglichen Reizüberflutung in unserer Umgebung unterscheiden. Das bedeutet, dass das Individuum, ohne real in Lebensgefahr zu sein, Stresshormone wie Cortisol ausschüttet, die dann die Kaskade der vegetativen Reaktionen auslösen. Jeder kennt den Zustand der mentalen Überforderung, der durch die Bombardierung unserer Sinne mit unbestimmten Reizen entsteht. Um adäquat zu reagieren, benötigen unsere Neuronen Zeit. Informationen müssen entweder gelöscht oder aber in Speicher und Zwischenspeicher abgelegt werden. Trivial erklärt, läuft das ähnlich wie bei einem Computer ab. Ist der überfordert, stürzt er ab. Genauso geschieht es mit unserem Gehirn, es reagiert bei zu viel Input ebenfalls mit einem „Absturz", einer Fehlsteuerung, die eine inadäquate Reizbeantwortung des Organismus zur Folge hat. Es kommt zur Auslösung einer Angstkaskade mit all den bekannten Symptomen.

Um auf eine Konfrontation mit einem Säbelzahntiger zurückzukommen: Wie schon oben erwähnt, löst die Furcht vor ihm eine Aktivierung vieler Körperfunktionen aus. Sprich, so präsent und leistungsfähig sind wir ohne diese Furcht niemals sonst.

Nur! Unser Gehirn verwechselt den psychischen Druck durch den Chef, den Lebenspartner, die sozialen und beruflichen Herausforderungen des Alltags mit dem Angriff eines Säbelzahntigers. Der Säbelzahntiger des einundzwanzigsten Jahrhunderts ist der Stress durch die Überforderung unserer cerebralen Synapsensysteme.

Das Bombardement durch die Millionen Reize unserer virtuellen Welt täuscht Lebensgefahr vor und unser Körper versucht sich zu retten. Aber wohin soll man vor einer Cyberattacke fliehen?

Bits und Bytes verfolgen uns ähnlich wie die Rache Gottes im Mittelalter, vor der man ebenfalls nicht davonlaufen konnte. Immerhin war es dem gläubigen Menschen damals möglich, sich von dieser Bedrohung durch Gebet oder eine andere Buße freizukaufen. Das gestattet uns der Cyberhimmel nicht. Unsere Gehirne sind nicht für diese Reizüberflutung geschaffen. Physiologisch funktionieren wir noch immer so wie vor dreißigtausend Jahren. Das bedeutet, dass unser Gehirn unendlich viel Zeit hatte, um Informationen zu filtern und dann zu löschen oder abzulegen. Durch die Digitalisierung unserer Umwelt werden wir gezwungen, Entscheidungen in Millisekunden zu fällen. Schon der Blick aufs Smartphone zwingt uns, ständig zwischen wichtiger und unwichtiger Nachricht – um sie zu löschen, zu behalten oder sie zu speichern – zu differenzieren. So entsteht ein Dauerdruck auf unsere Psyche. Jede Entscheidung kann richtig oder falsch sein, und das unendliche Male am Tag. Diese Belastung versetzt uns in einen Dauerzustand der geistigen Erregung mit den daraus folgenden körperlichen Reaktionen. Durch den permanenten hohen Stresshormonpegel, der nicht durch körperliche Erschöpfung abgebaut wird, entstehen Angstzustände. Diese wiederum bewirken eine Beeinträchtigung des Schlaf-Wach-Rhythmus, was wiederum die nächtliche Reizverarbeitung stört. So beißt sich die Angstkatze in den Schwanz. Schlecht zu schlafen macht, dass die Informationen, die sich während des Tages angesammelt haben, nicht in den passenden Speicher abgelegt werden können. Infopakete aber, die unbearbeitet im Gehirn herumschwirren, stören dann während der Wachphase die Einordnung neuer Reize. Trivial erklärt, es kommt zu einem Informationsstau und zu den damit verbundenen Einordnungsproblemen.

Wobei Ordnung für unser Gehirn ein wesentliches Regulierungswerkzeug ist. Unser Gehirn liebt die Ordnung und nicht das Chaos! Schon Pfarrer Kneipp hielt einen streng geregelten Lebenswandel für eine wichtige Voraussetzung für das geistige Wohlbefinden. Sich wiederholende Strukturen sind angstreduzierend, da sie Sicherheit geben und dem Individuum einige Entscheidungen abnehmen. Ein zeitlich geregelter Tag und eine bekannte Umgebung reduzieren unsere Stressanfälligkeit und damit auch die Angst.

Nicht umsonst hat sich der Begriff „Freizeitstress" eingebürgert. Freizeit, die eigentlich der Erholung und damit der Reizverarbeitung dienen sollte, erzeugt wieder angstauslösende Situationen, wenn sie die Menschen unbekannten und damit ungewohnten Reizen aussetzt. „Urlaub" mit Flugverspätung, Stau auf der Autobahn, im besten Fall auch ohne diese Kalamitäten, aber mit zumindest ungewohntem Lebensrhythmus ist nicht angstvermeidend, sondern angstfördernd.

Zusammenfassend kann man sicher sagen, dass strenge Lebensregeln angstreduzierend wirken. Das klingt vielleicht nicht sehr spannend, ist aber Panikern sehr zu empfehlen. Nicht umsonst haben Mönche und Nonnen eine der höchsten Lebenserwartungen! Das geordnete Ordensleben lässt zwar wenig Spielraum für eigene Entscheidungen, aber es entbindet auch gleichzeitig von dem Bombardement unserer Dauerentscheidungsgesellschaft.

Was kann man den unter Angst Leidenden noch empfehlen? Die Therapieoptionen sind natürlich vom Grad der Angststörung abhängig.

Menschen, die unter ständig auftretenden Panikattacken oder das Leben schwer beeinträchtigenden Phobien leiden, müssen unabhängig von einer Lebensstiländerung medikamentös behandelt werden. Bevor nicht die Wirkspiegel der Transmitterstoffe im Gehirn ein physiologisches Niveau haben und die Verfügbarkeit in der Synapse ausreichend vorhanden ist, kann es zu keiner Besserung der pathologischen Angstzustände kommen. Zuerst müssen die biologischen Gegebenheiten in Ordnung sein, bevor Verhaltensänderungen greifen können!

Bei geringgradigen Angstzuständen, vor allem denen, die nur in speziellen Situationen – wie Flugangst – auftreten, haben sich verhaltenstherapeutische Konfrontationstherapien bewährt. Der Proband wird immer wieder der Situation ausgesetzt, die er fürchtet. Durch diese häufige Konfrontation kommt es zu einem Lerneffekt, dass nämlich die befürchtete Katastrophe in so einer Angstsituation nicht eintritt. Auch Patienten mit Soziophobien, also der Angst davor, mit mehreren Menschen kommunizieren zu müssen, profitieren von so einer Behandlung.

Generell ängstliche, unsichere Menschen, deren Angst aber noch nicht als krankhaft gedeutet werden kann, gewinnen an Lebensqualität, indem sie im wahrsten Sinne des Wortes dem Säbelzahntiger davonlaufen. Also mindestens vier bis sechs Stunden pro Woche ein Ausdauertraining in der freien Natur, wobei der Proband auch wirklich ins Schwitzen kommen sollte. Apropos Schwitzen: Sauna wirkt ebenfalls durch eine Reduzierung der Stresshormone. Und fürs Büro auf den Schreibtisch gehört eine Tageslichtlampe, denn Tageslicht über zehntausend Lux erhöht den Serotoninspiegel. Wie schon oben erwähnt, sollte man soweit möglich auch danach trachten, Ordnung in die Tagesabläufe zu bringen. Ein durchstrukturierter Lebensrhythmus gibt Sicherheit. Und wem es möglich ist, zu Mittag einen Powernap zu machen, der entlastet damit sein Gehirn beim Ablegen von Reizen und gibt ihm dadurch Gelegenheit, auch da Ordnung zu schaffen.

Nicht zu vergessen: Urlaub vom Computer und Handy. Geben wir unserem Gehirn zumindest ein paar Stunden pro Tag frei! Lassen wir es einfach einmal für ein paar Stunden so denken, wie wenn wir noch in der Steinzeit leben würden!

Man muss von einer Epidemie sprechen, wenn man bedenkt, dass 25 Prozent der Bevölkerung an einer Angststörung leiden und damit diese Erkrankung die häufigste psychische Störung überhaupt ist.

Die paramedizinische Therapieindustrie boomt mit Heilsversprechen, die naturgemäß nicht eingehalten werden können. Hier ein Ayurvedacamp, da ein paar Kügelchen und dazu Energieverteilen durch Handauflegen. Das Geschäft mit der Angst ist einträglich und zumeist Scharlatanerie. Um diese Störung in den Griff zu bekommen, muss man die wissenschaftlichen Kenntnisse darüber haben.

Die gute Botschaft zum Schluss: Angst lässt sich bekämpfen und man kann lernen, damit umzugehen!

Constanze Dennig, geboren in Linz, Fachärztin für Psychiatrie und Neurologie, Ordinationen in Graz und Wien, Theaterautorin (@Thomas Sesslerverlag), Buchautorin, Krimiautorin (@Amalthea, Haymon, Ueberreuter; zuletzt „Verkauft"), Drehbücher, Übersetzungen der Stücke ins Russische, Polnische, Tschechische, Slowakische, Englische. Mitbesitzerin des „Theater am Lend" Graz, Regisseurin.
www.dennig.at, www.constanzedennig.com, www.theateramlend.at

Kinderängste verstehen!

Karin J. Lebersorger

„Liebe und Angst haben miteinander zu tun, das kann gar nicht anders sein."
(Connie Palmen)[1]

Angst ist ein überlebenswichtiges Grundgefühl jedes Menschen, das Signalcharakter hat. Es schützt den Körper und die Seele vor Gefahren und ist eng mit körperlichen Reaktionen verknüpft. So kann sich Angst in Flucht, Schreien, Weinen, Klammern, Anspannung, Herzrasen, Hitzegefühl, Schwitzen, Gänsehaut und vielem mehr ausdrücken. Veränderungen im Leben und Wechsel von Vertrautem in Neues oder Unbekanntes können Unsicherheit auslösen, die zu Angst werden kann.[2] Manche Ängste sind eng mit bestimmten Entwicklungsphasen des Kleinkindes verbunden. Andere treten in unterschiedlich starker Ausprägung während der gesamten Kindheit auf, bestehen oft im Jugend- und Erwachsenenalter weiter oder werden in besonderen Situationen erneut ausgelöst.

Die Intensität der kindlichen Angst hängt von der Sicherheit ab, die das Kind in den Beziehungen zu seinen Eltern und Bezugspersonen findet, aber auch von den Bedingungen, unter denen es aufwächst, sowie von seinem Temperament. Daher spielen Halt und Schutz, die das Kind bei den Erwachsenen findet, deren eigene Ängste und Angstbereitschaft, sein Alter, seine geistige Entwicklung und seine Fähigkeit, sich zu beruhigen und mit angstmachenden Erfahrungen umzugehen, eine Rolle.

Mami[3], da liegt ein Krokodil unter meinem Bett![4]

Bis zum Schuleintritt und oft noch weit hinein ins 7. Lebensjahr erlebt und deutet das Kind seine Welt magisch:[5] Es nimmt unbelebte Gegenstände lebendig wahr und schreibt ausgehend vom eigenen Erleben allen Dingen menschliche Eigenschaften zu. So kann der eingeschaltete Staubsauger zum brüllend-bedrohlichen Rüsselmonster werden, der Buntstift, der hinunterfällt, bekommt eine Rüge, weil er vom Tisch gesprungen ist. Auch Zu-Bett-Gehen und Einschlafen fallen oft schwer, weil die Schatten im dunklen Kinderzimmer zu Geistern werden. Das magische Denken ist umso ausgeprägter, je jünger das Kind ist.[6] Dies ist seinen Eltern oft nicht bewusst, da das Kind im vorsprachlichen Alter seine Gefühle, Gedanken und Fantasien noch nicht mitteilen kann. Mit dem Erreichen der Schulreife um den ersten Gestaltwandel zwischen dem 6. und 7. Lebensjahr tritt das magische Denken zunehmend in den Hintergrund und der kindliche Zugang zur Welt wird dem der Erwachsenen immer ähnlicher. Besonders groß sind die magischen Ängste in neuen Situationen, beim Schlafengehen, wenn sich das Kind alleine gelassen fühlt, oder bei Trennungen. Sichere Beziehungen zu seinen Eltern, die seine Ängste (an)erkennen und verstehen, helfen dem Kind, diese zu überwinden. Unbewältigte Ängste, die tief im Unbewussten weiterhin vorhanden sind, können die Persönlichkeit des Kindes und späteren Erwachsenen prägen.

Mami, ich brauch dich!

Bereits im letzten Drittel der Schwangerschaft nimmt das Baby mit allen Sinnen, mit Ausnahme des Geruchs, die mütterliche Umwelt und sich selbst wahr. Mit der Geburt ist das Baby nach neun Monaten innigster Verbundenheit plötzlich von seiner Mutter und der ihm vertrauten Umgebung getrennt. Es ist gänzlich auf die liebevolle Versorgung durch seine Eltern angewiesen, um körperlich und seelisch zu überleben. In den meisten Familien ist diese notwendige Grundvoraussetzung für sein Großwerden in ausreichend guter Form gegeben. So kann das Baby auch die Angstgefühle aushalten, die sich einstellen, wenn es hungrig ist, sein Bäuchlein zwickt, es allein im Bettchen erwacht und sich nach den Blicken und der Stimme seiner Mama sehnt. Sie verschwinden, sobald es sich körperlich und seelisch gehalten fühlt und seine Bedürfnisse befriedigt werden, zugunsten eines Gefühls der Sicherheit und des Vertrauens den Eltern und der Welt gegenüber. Dieses Urvertrauen bildet eine sichere Grundlage für das ganze Leben.[7] Manchmal können Eltern aber aus inneren oder äußeren Gründen, wie depressiven Gefühlen, Sorgen, finanziellen Nöten, Arbeitslosigkeit und vielem mehr, die Bedürfnisse ihres Kindes nicht in ausreichendem Maß befriedigen. Dann entsteht im Kleinkind eine ängstliche Grundstimmung, die durch Anspannung, Überreiztheit, Aufgeregtheit, körperliche Symptome oder übermäßigen Bewegungsdrang ausgedrückt wird. Spürt das Kind vermehrt Unsicherheit, Unzuverlässigkeit und Einsamkeit in der frühen Kindheit, dann entwickelt es eine ängstlich-misstrauische Grundhaltung. Manche Eltern haben als Kinder selbst keine hinreichend gute Bemutterung erfahren, sodass sie diese Haltung nicht verinnerlichen konnten, um sie später ihrem Kind zuteilwerden zu lassen.[8] Wenn die Bedürfnisse eines Babys von seinen Bezugspersonen vorwiegend ignoriert werden und unerfüllt bleiben, treten namenlose Ängste vor Vernichtung der eigenen Person auf. Diese beeinträchtigen die spätere Lebensqualität, wenn sie nicht in einem psychotherapeutischen Prozess aufgearbeitet werden können.

Eine für die kindliche Entwicklung wichtige Angstreaktion im ersten Lebensjahr ist das „Fremdeln" oder die „Achtmonatsangst"[9]. Sie tritt in der zweiten Hälfte des ersten Lebensjahres auf und äußert sich in schreckhaften Reaktionen unbekannten oder wenig vertrauten Personen gegenüber. Das Baby drückt damit aus, dass es zwischen bekannten und fremden Menschen sicher unterscheiden kann. Erlebt es sichere Beziehungen zu seinen Eltern, wird das Fremdeln rasch überwunden.

Mami, geh nicht fort!

Für jedes Kind sind Trennungen von seinen Eltern schmerzhaft. Es gilt, je jünger das Kind und je länger oder aufregender die Trennungssituation, desto schwieriger ist sie zu bewältigen. Das Kleinkind kann sich erst mühelos von seinen Eltern trennen, wenn es ein sicheres inneres Bild von ihnen aufgebaut hat. Dies erfolgt erst im Laufe des zweiten Lebensjahres und wird im dritten immer stabiler. Trennungsängste sind daher eine normale Reaktionen jedes Kindes. Wird es in der Zeit der Trennung von einer bekannten Bezugsperson versorgt und sind seine Eltern nicht zu lange fort, können sie gut überwunden werden. „Übergangsobjekte", das sind vertraute Gegenstände, die Kind und Eltern emotional verbinden, erleichtern Trennungssituationen.[10] Auch das abendliche Schlafengehen stellt eine Trennungssituation dar, die Ängste auslösen kann. Die meisten Eltern wissen intuitiv, dass Übergangsobjekte und Rituale, wie das Vorlesen oder Erzählen von Geschichten, dem Kind einen sicheren Rahmen geben können.[11] Viele Kinderbücher zu diesem Thema schaffen für das Kind eine Identifizierungmöglichkeit und helfen bei der Angstbewältigung.[12]

Zu häufige oder zu frühe längere Trennungen können zu Unruhe, Anklammern, Weinen, Protest, körperlichen Reaktionen oder auch Abwendung von den Eltern führen. Vielen Eltern ist es nicht bewusst, dass längere Trennungen für ihr Baby sehr verunsichernd sein können. Es drückt dies nicht so unmittelbar aus wie ein Zweijähriges, das schreit, wenn es in die Kinderkrippe gebracht wird. Es gibt Situationen, in denen Trennungen nicht vermieden werden können, wie bei notwendigen medizinischen Behandlungen des Babys oder ihm wichtiger Bezugspersonen sowie bei anderen unvorhersehbaren Lebensereignissen. Finden diese im vorsprachlichen Alter statt, kann das Kind diese Erlebnisse nur mithilfe der Erzählungen seiner Bezugspersonen in seine Lebensgeschichte einfügen. Erfährt es diesbezüglich keine Unterstützung, treten vorsprachliche Ängste später im Leben anderswo in Erscheinung. Noch immer besteht unter Erwachsenen verbreitet die Ansicht, Babys und Kleinkinder würden Geschehnisse nicht erinnern, die sich ereignen, bevor sie Sprache erlernen, und somit davon erzählen und dazu Fragen stellen können. Oftmals zeigen sich die Auswirkungen unbewältigter früher Trennungserfahrungen als verspätete Trennungsängste in einem Alter, in dem Trennungen von gleichaltrigen Kindern schon gut ausgehalten werden können, beispielsweise beim Schuleintritt oder bei einer Klassenfahrt mit Übernachtung. Da Trennungen im Zusammenleben unvermeidlich sind, ist es wichtig, das Kind darauf vorzubereiten. Besonders zu Beginn einer außerhäuslichen Betreuung sind Eingewöhnungszeiten nötig. Je jünger das Kleinkind ist, desto wichtiger ist ein Betreuungsschlüssel, der gewährleistet, dass seine Gefühle wahrgenommen werden und auf sie eingegangen werden kann.[13] Wenn eine Trennung plötzlich oder ungeplant erfolgt, kann das Kind sie umso leichter verarbeiten, wenn seine Eltern danach mit ihm öfter darüber sprechen.

Mami, wieso schau ich anders aus?

Wenn das Baby, das vorwiegend mit sich selbst beschäftigt ist, größer wird, nimmt es immer mehr von seinen Mitmenschen wahr. Es entdeckt den Geschlechtsunterschied und stellt mit großer Neugier Beobachtungen an. Jeder kleine Entdecker und jede kleine Forscherin zieht ihre Schlüsse aus dem ganz persönlichen Erleben und Erfahrungsschatz. Wenn das Kind dabei alleingelassen wird, ist die Entdeckung des Geschlechtsunterschieds oftmals von ängstlichen

Fantasien begleitet. So können kleine Buben, die sich in dieser Zeit in der Hochblüte des magischen Denkens befinden, um ihren Penis fürchten, den sie beim Mädchen nicht gesehen haben. Das Festhalten des Genitals beschert ihnen nicht nur angenehme Gefühle, sondern dämmt auch Ängste vor dessen Verlust oder dessen Beschädigung ein. Manche Mädchen wiederum fantasieren angstvoll, dass sie einen Penis hatten, der ihnen weggenommen wurde. Wenn sie erleben, wie sich gleichaltrige Buben lustvoll mit ihrem Genitale befassen, wünschen sie sich manchmal selber, ein Bub zu sein. Hier kommt den Eltern die wichtige Aufgabe zu, dem Mädchen zu vermitteln, dass es ein anderes, aber ebenso besonderes Genitale hat. Da dieses viel verborgener und der Wahrnehmung und dem Begreifen nicht so gut zugänglich ist, hat das Benennen mit positiv besetzten Worten besondere Bedeutung. Umgekehrt wünschen sich Buben oft heftig, auch einmal Babys bekommen zu können, und geben sich mit Erklärungen nicht zufrieden, wie Beobachtungen und Rollenspiele in diesem Alter zeigen.[14]

Ängste vor der Verletzung des Körpers sind im Vorschulalter normal und treten in den Hintergrund, wenn die Eltern dem Kind erklären, dass es verschiedene Geschlechter gibt und der Körper von Mädchen und Buben unterschiedlich ausgestattet ist. Verfügt das Kind über Namen für die Geschlechtsorgane, kann es Fragen stellen, über seine Fantasien und mögliche Ängste sprechen und diese leichter überwinden. Wenn in diese Zeit körperliche Verletzungen oder Operationen fallen, werden die Verletzungsängste und -fantasien plötzlich wahr und können sich verstärken. Wenn Eltern darüber Bescheid wissen, sind sie ihrem Kind bei der Bewältigung solcher Ängste eine große Hilfe.

Mami, sind wir wieder gut?

Für jedes Kind ist es wichtig, beim Größerwerden Ge- und Verbote zu übernehmen, die zum Aufbau seines Gewissens beitragen. Da es dem Kind oft schwerfällt, diese einzuhalten, kündigen die Eltern Konsequenzen an. Das Kind bemüht sich, den elterlichen Forderungen nachzukommen. Es handelt anfangs nicht aus Einsicht, sondern aus Angst, die Liebe seiner Eltern zu verlieren. Für das Kind ist es von großer Bedeutung zu spüren, dass seine Eltern es lieben, auch wenn es ihren Erwartungen nicht immer entspricht. Langsam macht es die Gebote seiner Eltern zu seinen eigenen und weiß bald, welches Verhalten erwünscht ist, und welches nicht gefällt. Gewissensängste können auch im Kind entstehen, wenn es Gefühle spürt, von denen es weiß, dass seine Eltern diese nicht gutheißen würden. So kann es beispielsweise Rivalität, Neid oder Hass seinen Geschwistern gegenüber unterdrücken, weil es fürchtet, dann nicht gern gehabt zu werden. Gibt es seitens seiner Eltern aber regelmäßig Strafen, wenn es unfolgsam ist, dann handelt das Kind vorwiegend aus Strafangst und kann nur schwer innere Einsicht entwickeln, die das Ziel jeder Entwicklung von Werten ist.

All die beschriebenen Formen von Angst – magische Ängste, Ängste vor Vernichtung, Trennung, Verletzung, Liebesverlust, Strafe, dem eigenen Gewissen – kommen in jeder kindlichen Entwicklung in unterschiedlicher Ausprägung und Kombination vor. Wenn die Angst ein dem Kind erträgliches Ausmaß überschreitet, kann dies zu auffälligem Verhalten oder zu Symptomen führen. Angst kann sich in übergroßer Hemmung, depressivem Rückzug, in Klammern, Lernstörungen, aber auch in aggressivem Verhalten anderen oder sich selbst gegenüber und vielem mehr äußern. Sie findet sich unbewusst in allen kindlichen Symptomen, die aus Sicht der kindlichen Psyche ein kreativer Versuch sind, die dahinterliegende Angst abzuwehren. Können Verständnis und Lösung nicht innerhalb der Familie entwickelt werden, ist kinderpsychotherapeutische Hilfe zur Angstbewältigung angezeigt. Dabei baut das Kind eine vertrauensvolle Beziehung auf und erlebt einen Raum, in dem es alle Gefühle und Gedanken zeigen kann.[15] Seine Eltern finden Gehör für ihre Besorgnis in begleitenden Elterngesprächen.[16] Die psychotherapeutische Arbeit macht es möglich, die Bedeutung des kindlichen Verhaltens zunehmend zu verstehen und die Ängste zu überwinden.

Karin J. Lebersorger, Dr., Klinische- und Gesundheitspsychologin, Psychotherapeutin, Psychoanalytikerin (WPV/IPA) und Supervisorin. Teamleiterin Nord des Instituts für Erziehungshilfe (Child Guidance Clinic) Wien, Mitarbeiterin der Down-Syndrom-Ambulanz des Krankenhauses Rudolfstiftung, freie Praxis, Lektorin an der Wiener Psychoanalytischen Akademie und der FH Campus Wien. Nominiertes Mitglied der Arbeitsgruppe „Qualitätssicherung frühe Kindheit" der Österreichischen Liga für Kinder- und Jugendgesundheit. Mitautorin der „Stellungnahme der Österreichischen Liga für Kinder- und Jugendgesundheit zum Änderungsentwurf des Fortpflanzungsmedizinrechts-Änderungsgesetzes (FMedRÄG 2015)". Publikationen zu den Themen Entwicklungspsychologie, Erziehung, Psychoanalyse, Psychotherapie, Reproduktionsmedizin, Behinderung, Down Syndrom.

Anmerkungen

1 Connie Palmen, Die Freundschaft. Zürich 1996 [1995], S. 176.
2 Vgl. Isca Salzberger-Wittenberg, Beginnen und Beenden im Lebenszyklus. Stuttgart 2019 [2013].
3 Hier können auch „Papi" oder eine andere primäre Bezugsperson angesprochen werden.
4 Mercer Mayer, Da liegt ein Krokodil unter meinem Bett. Hamburg 1991 [1987].
5 Vgl. Selma Fraiberg, Die magischen Jahre in der Persönlichkeitsentwicklung des Vorschulalters. Hamburg 1972 [1959].
6 Vgl. Anna Freud, Die affektive und soziale Entwicklung junger Kinder, in: Die Schriften der Anna Freud. Band 7, 1956–1965. München 1962, S. 1929–1941.
7 Vgl. Erik H. Erikson, Kindheit und Gesellschaft. Stuttgart 1989 [1950].
8 Wilfred R. Bion, Lernen durch Erfahrung. Frankfurt am Main 1992 [1962].
9 René A. Spitz, Vom Säugling zum Kleinkind. Naturgeschichte der Mutter-Kind-Beziehungen im ersten Lebensjahr. Stuttgart 1985 [1965], S. 167ff.
10 Donald W. Winnicott, Von der Kinderheilkunde zur Psychoanalyse. Frankfurt am Main 1983 [1958], S. 300ff.
11 Martin Waddel – Barbara Firth, Kannst Du nicht schlafen, kleiner Bär? München 1989 [1988].
12 Max Velthuijs, Frosch hat Angst. München 1994.
13 Vgl. Karin J. Lebersorger, Frühe außerhäusliche Betreuung: „Mütter, macht Karriere" oder „zurück an den Herd"?, in: Institut für Erziehungshilfe, Jahresbericht 2009, S. 27–30.
14 Vgl. Sigmund Freud, Analyse der Phobie eines fünfjährigen Knaben. G.W. Bd. VII. Frankfurt 1909, S. 243–377.
15 Vgl. Karin J. Lebersorger, Droiden, Götter und die Krieger des IS. Chancen und Grenzen psychoanalytischen Verstehens und Heilens von August Aichhorn bis ins 21. Jahrhundert, in: Kinderanalyse 24 (3), 2016, S. 196–218.

16 Vgl. Karin J. Lebersorger, Von Sigmund Freud zu den Supernannys. Die Bedeutung des Verstehens in der Elternarbeit, in: Christine Diercks – Sabine Schlüter (Hg.), Sigmund-Freud Vorlesungen 2006. Die Großen Krankengeschichten. Wien 2008, S. 184–193.

Angststörungen

Andreas Erfurth und Gabriele Sachs

Wie entsteht die Diagnose einer Angststörung?

> *„Klinische Beobachtungen sind, wie alle anderen Beobachtungen, Interpretationen im Licht der Theorien."*
> Karl R. Popper

Diagnosen von Erkrankungen in der Medizin können auf unterschiedliche Art und Weise gestellt werden. In einigen Fällen kann eine klare und kausale diagnostische Zuordnung erfolgen: ein Unfallchirurg kann einer Patientin bzw. einem Patienten ein Röntgenbild zeigen und sagen: „Hier ist der Knochen gebrochen", ein Lungenfacharzt kann sagen: „Im Labor kann man im Mikroskop Tuberkelbakterien sehen, Sie haben eine Tuberkulose". In vielen anderen Fällen sind biologische Phänomene in einem Kontinuum zu finden, eine Diagnose ist dann Ausdruck einer Definition, einer Festlegung. Die Körpertemperatur oder der Blutdruck eines Menschen ist in einem solchen Kontinuum befindlich, die Definition von Fieber oder Bluthochdruck ist eine Frage der Festlegung durch Expertengremien. Diese Definition ist somit veränderlich.

Im Fach „Psychiatrie und Psychotherapeutische Medizin" sind ebenfalls Diagnosen beider Kategorien möglich. Die vor 100 Jahren häufigste Diagnose in psychiatrischen Kliniken, die Neurosyphilis, gehört in die Gruppe der eindeutig und kausal zuzuordnenden Diagnosen. Andere Diagnosen sind Ausdruck „klinischer Beobachtungen" in einem oft charakteristischen Verlauf und somit „Interpretationen im Licht der Theorien", hierzu gehören auch die Angsterkrankungen. Hier ist ein Kontinuum beschrieben zwischen ängstlichen Temperaments-Eigenschaften, welche als Variante bei psychisch gesunden Menschen zu verstehen sind, bis hin zu manifesten schweren Angststörungen. Zusammenfassend ist es also präziser zu sagen: „Dieser Patient erfüllt die Kriterien einer generalisierten Angststörung" gemäß eines bestimmten Klassifikationssystems, als zu sagen: „Er hat eine generalisierte Angststörung."

Die Internationale statistische Klassifikation der Krankheiten und verwandter Gesundheitsprobleme (ICD, englisch: International Statistical Classification of Diseases and Related Health Problems) wird von der Weltgesundheitsorganisation (WHO) erstellt und ist das wichtigste Klassifikationssystem für medizinische Diagnosen. Diagnostische Konzepte sind einem Wandel in der Zeit unterworfen, in der von 1976–1992 gültigen 9. Version (ICD-9) galt noch das diagnostische Konzept der Angstneurose. Neurosen werden gemäß klassischer psychoanalytischer Theorie durch einen inneren, unbewussten Konflikt verursacht und durch Störungen in bestimmten kindlichen Entwicklungsphasen determiniert. Die 10. Version der ICD (ICD-10) hat diese kausale Zuordnung zu einer kindlichen Entwicklungsphase aufgehoben und durch eine deskriptive, phänomenologische Sicht ersetzt (zur Einteilung der Angststörungen gemäß moderner Klassifikationssysteme: siehe dort).

Was bedeuten „Angst" und „Furcht" und warum gibt es sie?

Warum kann der Mensch krank werden? Warum hat die Evolution über die Jahrtausende nicht jene Gene eliminiert, die dem individuellen Menschen Leid zufügen? Die evolutionäre Neurobiologie untersucht diese Fragen in Bezug auf die Entwicklung psychischer Phänomene, u. a. Angst und Furcht. Darwin selbst war davon überzeugt, dass Angst eine durch die Evolution entwickelte adaptive Antwort darstellt. Die moderne Forschung beschreibt Angst und Furcht als sinnvolle und notwendige Erregungsmuster und untersucht, inwieweit diese physiologischen Mechanismen zur Erkennung von Bedrohung relevant für psychiatrische Erkrankungen sind. In der vom Physiologen Walter Cannon erstbeschriebenen „Kampf-oder-Flucht-Reaktion" erscheint diese Übererregung als sinnvolle Stressreaktion, die eine rasche Anpassung eines Menschen an eine gefährliche Situation ermöglicht.

DSM-5 ist die Abkürzung für die fünfte Auflage des Diagnostic and Statistical Manual of Mental Disorders (DSM; englisch für „Diagnostischer und statistischer Leitfaden psychischer Störungen"). Das DSM stellt das dominierende psychiatrische Klassifikationssystem in den USA und spielt dort eine zentrale Rolle bei der Definition von psychischen Erkrankungen. In der seit 2013 gültigen fünften Ausgabe des von der US-Amerikanischen Psychiatrischen Gesellschaft (APA) herausgegebenen diagnostischen Leitfadens wird zwischen Furcht als „emotionale Reaktion auf eine reale oder wahrgenommene unmittelbar bevorstehende Bedrohung" und Angst als „Antizipation zukünftiger Bedrohung" unterschieden.

Angststörungen im psychiatrischen Sinne sind charakterisiert durch das Überzogene und Übertriebene von Angst und Furcht, oft fehlt auch die tatsächliche Bedrohung durch äußere Faktoren. Gemäß DSM-5 sind Angststörungen als „exzessive Furcht- und Angstreaktionen" mit „entsprechenden Verhaltensauffälligkeiten" definiert.

Wie kam es zur Entwicklung des Konzeptes der Panikstörung und zur Ablösung des Konzeptes der Angstneurose in den modernen Klassifikationssystemen?

Die Rekonzeptualisierung der Angst und die Neuentwicklung der Theorie der Panikstörung sind ein gutes Beispiel für die Wechselwirkungen zwischen Klassifikationssystemen (ICD, DSM) und Therapie (Pharmakotherapie und Psychotherapie) sowie Forschung. Der amerikanische Psychiater Donald Klein untersuchte in den 1980er- und 1990er-Jahren Menschen mit Panikattacken und stellte fest, dass Panikattacken „biologisch" auslösbar sind. Vulnerable Personen, also Menschen mit einer erniedrigten Schwelle für die Auslösung einer Panikreaktion, erhielten eine Infusion mit Natriumlactat, dem Natriumsalz der Milchsäure, oder Placebo. Natriumlactat löste Panikattacken aus, Placebo dagegen nicht. Sowohl kognitive Verhaltenstherapie als auch Vorbehandlung mit dem Antidepressivum Imipramin oder dem Benzodiazepin Diazepam schützte vor der Auslösung solcher Lactat-induzierten Panikattacken. Ein letztlich auch entstigmatisierender Paradigmenwechsel war somit etabliert: Menschen haben nicht deswegen Panikattacken, weil ein innerer, unbewusster Konflikt aufgrund einer gestörten kindlichen Entwicklungsphase besteht, sondern die Schwelle für eine evolutionsbiologisch sinnvolle Reaktion ist erniedrigt. Die so rekonzeptualisierte Panikstörung kann evidenzbasiert mittels Pharmakotherapie und kognitiver Verhaltenstherapie behandelt werden.

Treten Angststörungen zusammen mit anderen psychischen Störungen auf?

Angststörungen können mit einem beträchtlichen Grad der Beeinträchtigung für die Betroffenen, einer hohen Inanspruchnahme des Gesundheitssystems und einer erheblichen wirtschaftlichen Last für die Gesellschaft einhergehen. Angststörungen spielen in der klinischen Praxis eine große Rolle, sie gehören zu den häufigsten psychiatrischen Erkrankungen. Psychiatrische Erkrankungen treten aber oft nicht als „Solitär" auf, sondern in „Clustern" von Komorbiditäten, also gemeinsam mit anderen psychischen Störungen. Anders ausgedrückt: eine Patientin/ein Patient erfüllt bei psychiatrischer Untersuchung oft die Kriterien für mehrere psychische Störungen gleichzeitig.

In einer landesweiten Studie in den Vereinigten Staaten konnte z. B. bei etwa zwei Drittel der Personen, die die Kriterien für eine Generalisierte Angststörung erfüllten, mindestens eine psychiatrische Komorbidität gezeigt werden. Andere Angststörungen waren häufig (soziale Phobie 34,4%; spezifische Phobien 35,1%; Panikstörung 23,5%). Die Komorbidität affektiver Erkrankungen bei Menschen mit Angsterkrankungen ist sehr hoch, wobei ca. 60 Prozent der Patienten mit einer depressiven Störung im Laufe ihres Lebens auch an einer Angststörung leiden. Die Angststörung tritt bei über 80 Prozent der von beiden Erkrankungen Betroffenen zeitlich vor der depressiven Symptomatik auf. Angststörungen sind somit ein wichtiges Frühwarnzeichen für die Primärprophylaxe der Depression. Patienten, die sowohl die Kriterien für eine depressive Störung als auch für eine Generalisierte Angststörung erfüllen, zeigen eine längere Krankheitsdauer mit stärkeren Funktionseinbußen sowie eine schlechtere Prognose. Überzufällig häufig ist auch die Überlappung von Angststörungen und Suchterkrankungen, etwa Störungen durch Alkoholkonsum.

Die Erfassung der „Komorbiditäten" ist also von zentraler Bedeutung bei der diagnostischen Evaluation eines Menschen. Behandlung und Prognose seiner Erkrankung sind abhängig von dem individuellen Cluster an Störungen. Wichtig ist, dass Patientinnen und Patienten über psychoedukative Maßnahmen frühzeitig erfahren, inwiefern unterschiedliche Störungen zu unterschiedlichen Zeiten im Verlauf einer individuellen Erkrankung auftreten können (Angst, depressive Episoden, manische Episoden, Zwang,

Sucht, Ess-Störungen, Migräne). Angststörungen, wie auch affektive Störungen, werden häufig nicht oder im Krankheitsverlauf spät erkannt und dementsprechend inadäquat behandelt. Nur etwa 20 Prozent der Betroffenen wenden sich an eine Gesundheitseinrichtung, wobei die Panikstörung die führende Ursache darstellt.

Welche unterschiedlichen Angststörungen kennt das DSM-5?

Da das DSM-5 moderner als die ICD-10 ist und die nächste Revision des ICD (ICD-11) auf den Grundzügen des DSM-5 basiert, sollen im Folgenden die einzelnen Angststörungen anhand des DSM-5 vorgestellt werden:

- 309.21 (F93.0) Störung mit Trennungsangst
- 312.23 (F94.0) selektiver Mutismus
- 300.29 (F40.2) spezifische Phobie
- 300.23 (F40.10) soziale Angststörung
- 300.01 (F41.0) Panikstörung
- 300.22 (F40.00) Agoraphobie
- 300.02 (F41.1) generalisierte Angststörung
- Substanz- oder Medikations-induzierte Angststörung
- Angststörung aufgrund eines medizinischen Krankheitsfaktors

309.21 (F93.0) Störung mit Trennungsangst
Unter einer „Störung mit Trennungsangst" versteht das DSM-5 „eine dem Entwicklungsstand unangemessene und übermäßige Furcht oder Angst vor der Trennung von Bezugspersonen". Kinder beispielsweise „gehen oft widerwillig in den Kindergarten oder in die Schule oder vermeiden den Kindergarten oder Schulbesuch sogar gänzlich". „Erwachsene mit dieser Störung machen sich typischerweise übermäßige Sorgen um ihre Kinder oder ihren Partner und

erleben deutliches Unbehagen bei einer Trennung von ihnen." „Es kann [...] zu Störungen im sozialen Miteinander kommen, beispielsweise weil die Betroffenen ständig nachprüfen müssen, wo sich ihre Bezugspersonen aufhalten". Die Odyssee von Homer lässt eine solche vom Leser beziehungsweise Publikum befürchtete Trennungssituation wahr werden: Odysseus verlässt seine Heimat, um am Trojanischen Krieg teilzunehmen, und irrt anschließend zehn Jahre lang im Mittelmeer herum: seine Mutter Antikleia stirbt aus Sorge um ihren Sohn (Homer, Odyssee 11, 202; 15, 358). Um das Motiv der aufgrund von Trennung verzweifelten Mutter dreht sich auch die Darstellung von Penelope, der Ehefrau von Odysseus. Sie klagt ebenso über den verlorenen Ehemann als auch über die schmerzhafte Trennung von ihrem Sohn Telemachos, von dessen Abreise sie nicht rechtzeitig genug erfahren hat, um sie zu verhindern (4, 724-8).

312.23 (F94.0) selektiver Mutismus
„Selektiver Mutismus" ist definiert als „andauernde Unfähigkeit, in bestimmten Situationen zu sprechen, in denen das Sprechen erwartet wird (z. B. in der Schule), wobei in anderen Situationen gesprochen wird".

300.29 (F40.2) spezifische Phobie
„Spezifische Phobien" bezeichnen eine „ausgeprägte Furcht oder Angst vor einem spezifischen Objekt oder einer spezifischen Situation (z. B. Fliegen, Höhen, Tiere, eine Spritze bekommen, Blut sehen)".

300.23 (F40.10) soziale Angststörung
„Soziale Angststörung (Soziale Phobie)" bezeichnet die „ausgeprägte Furcht oder Angst vor einer oder mehreren sozialen Situa-

tionen, in denen die Person von anderen Personen beurteilt werden könnte". Als kulturelle Besonderheit nennt das DSM-5 das in Japan und Korea beschriebene Syndrom Taijin Kyōfushō, „das durch die Befürchtung bzw. die Angst gekennzeichnet ist, dass die Person anderen Menschen Unbehagen bereitet". In einer Gesellschaft mit eher „kollektivistischer Orientierung" kann also die Befürchtung darin liegen, anderen Menschen Unbehagen zu bereiten, während in westlichen Gesellschaften die Befürchtung bei der Sozialen Phobie in charakteristischer Weise darin liegt, selber Unbehagen zu verspüren. Der Fokus der Patientinnen und Patienten mit Taijin Kyōfushō liegt demnach darauf, Schaden von anderen abzuwenden, nicht von sich selbst. Im japanischen psychiatrischen Diagnosesystem wird Taijin Kyōfushō in folgender Weise unterteilt:

– Jikoshisen-kyōfu: Furcht oder Angst, durch Augenkontakt anderen Menschen Unbehagen zu bereiten.
– Jikoshu-kyōfu: Furcht oder Angst, durch einen unangenehmen Körpergeruch anderen Menschen Unbehagen zu bereiten.
– Sekimen-kyōfu: Furcht oder Angst, durch eigenes Erröten anderen Menschen Unbehagen zu bereiten.
– Shubo-kyōfu: Furcht oder Angst, durch einen als entstellt wahrgenommenen eigenen Körper anderen Menschen Unbehagen zu bereiten.

Der japanische Psychiater Shoma Morita (1874–1938) entwickelte zur Therapie des Taijin Kyōfushō und anderer psychischer Störungen eine eigenständige japanische Form der Psychotherapie, die auf Prinzipien des Zen-Buddhismus basiert.

300.01 (F41.0) Panikstörung
Die Panikstörung im DSM-5 ist charakterisiert durch:

„A. wiederholte unerwartete Panikattacken. Eine Panikattacke ist eine plötzliche Anflutung intensiver Angst oder intensiven Unbehagens, die innerhalb von Minuten einen Höhepunkt erreicht, wobei in dieser Zeit vier (oder mehr) der folgenden Symptome auftreten.

Beachte: Die plötzliche Anflutung kann aus einem Ruhezustand oder einem ängstlichen Zustand heraus eintreten.

1. Palpitationen, Herzklopfen oder beschleunigter Herzschlag.
2. Schwitzen.
3. Zittern oder Beben.
4. Gefühl der Kurzatmigkeit oder Atemnot.
5. Erstickungsgefühle.
6. Schmerzen oder Beklemmungsgefühle in der Brust.
7. Übelkeit oder Magen-Darm-Beschwerden.
8. Schwindelgefühle, Unsicherheit, Benommenheit oder Gefühl, der Ohnmacht nahe zu sein.
9. Kälteschauer oder Hitzegefühle.
10. Parästhesien (Taubheit oder Kribbelgefühle).
11. Derealisation (Gefühl der Unwirklichkeit) oder Depersonalisation (sich von der eigenen Person losgelöst zu fühlen).
12. Angst, die Kontrolle zu verlieren oder „verrückt zu werden".
13. Angst zu sterben.

Beachte: Kulturspezifische Symptome (z. B. Tinnitus, Nackenschmerz, Kopfschmerz, unkontrollierbares Schreien oder Weinen) können beobachtet werden. Solche Symptome sollten nicht als eines der vier erforderlichen Symptome gezählt werden.

B. Bei mindestens einer der Attacken folgte ein Monat (oder länger) mit mindestens einem der folgenden Symptome:

1. Anhaltende Besorgnis oder Sorgen über das Auftreten weiterer Panikattacken oder ihre Konsequenzen (z. B. die Kontrolle zu verlieren, einen Herzinfarkt zu erleiden, „verrückt" zu werden).
2. Eine deutlich fehlangepasste Verhaltensänderung infolge der Attacken (z. B. Verhaltensweisen, um Panikattacken zu vermeiden, wie die Vermeidung körperlicher Betätigung oder unbekannter Situationen)."

Wichtig ist dem DSM-5, zwischen einzelnen Panikattacken und einer Panikstörung (wie sie oben definiert ist) zu unterscheiden: „jedoch ist eine Panikattacke keine psychische Störung und kann nicht als Diagnose verschlüsselt werden." Bemerkenswert ist die Definition einer Panikattacke als „plötzliche Anflutung intensiver Angst" oder „intensiven Unbehagens". Eine Panikattacke muss also nicht mit Angst einhergehen; intensives Unbehagen ist als klinisches Phänomen ausreichend!

300.22 (F40.00) Agoraphobie
Als Agoraphobie definiert das DSM-5 die „ausgeprägte Furcht oder Angst vor zwei (oder mehr) der folgenden fünf Situationen:

1. Benutzen öffentlicher Verkehrsmittel (z. B. Autos, Busse, Züge, Schiffe, Flugzeuge)
2. Auf offenen Plätzen sein (z. B. Parkplätze, Marktplätze, Brücken)
3. In geschlossenen öffentlichen Räumen sein (z. B. Geschäfte, Theater, Kino)
4. Schlange stehen oder in einer Menschenmenge sein.
5. Allein außer Haus sein."

(F41.1) generalisierte Angststörung
Unter „Generalisierte Angststörung" (im englischen Original: „Generalized anxiety disorder") versteht das DSM-5 die „übermäßige Angst und Sorge (furchtsame Erwartung) bezüglich mehrerer Ereignisse oder Tätigkeiten (wie etwa Arbeit oder Schulleistungen), die während mindestens 6 Monaten an der Mehrzahl der Tage auftraten." Um den Kern des Problems zu verdeutlichen, wäre somit in der deutschen Sprache wohl eine Übersetzung „Generalisierte Sorgestörung" präziser. „Erwachsene mit Generalisierter Angststörung sorgen sich häufig über alltägliche Lebensumstände, wie mögliche berufliche Verpflichtungen, Gesundheit und Finanzen, Gesundheit von Familienmitgliedern, schlimme Ereignisse, die ihren Kindern passieren könnten oder Kleinigkeiten (wie Aufgaben im Haushalt oder Verspätungen bei einer Verabredung)".

Dem DSM-5 ist die Abgrenzung der Angststörungen als eigenständiger psychischer Störungen zu Substanz- oder Medikamenten-induzierten Angststörungen wichtig sowie zu jenen Angststörungen, bei denen die Angstsymptome die physiologische Folge eines medizinischen Krankheitsfaktors sind (z. B. einer Schilddrüsen-Überfunktion oder eines Phäochromozytoms, eines Katecholamin-produzierenden Tumors des Nebennierenmarks).

Im Einzelnen nennt das DSM-5 als Substanzen oder Medikamente, welche Angststörungen induzieren können, Alkohol, Koffein, Cannabis, Phencyclidin oder andere Halluzinogene, Inhalantien, Sedativa, Hypnotika, Anxiolytika, Amphetamin und Kokain.

Als „medizinische Krankheitsfaktoren", die eine Angststörung bewirken können, nennt das DSM-5 folgende Erkrankungen: Schilddrüsendysfunktion, Phäochromocytom, Hypoglykämie, Nebennierenrindenüberfunktion, Lungenembolie, Arrhythmien, chronisch obstruktive Atemwegserkrankung, Vitamin-B12-Mangel, Neoplasmen, Enzephalitis.

Mit welchen Symptomen kann sich eine Panikattacke manifestieren?

Das Konzept der Panikstörung ist seit seiner Einführung in DSM und ICD gut in der Medizin etabliert, die Diagnosestellung ist jedoch oft schwierig. Das liegt nicht zuletzt daran, dass sich einzelne Panikattacken interindividuell und intraindividuell durchaus unterschiedlich manifestieren. Es ist also sinnvoll darzustellen, wie sich einzelne Panikattacken manifestieren können beziehungsweise welche Subtypen von Panikattacken bekannt sind. Kombinationen von Symptomen sind hierbei sehr häufig, die meisten Panikattacken sind somit „gemischt". Um im klinischen Alltag eine Panikattacke besser erkennen zu können, sollen im Folgenden in Bezug auf das betroffene Organsystem „reine" Panikattacken abgegrenzt werden: die kardiale Panikattacke, die respiratorische Panikattacke, die kognitive Panikattacke, die vestibuläre Panikattacke und die abdominale Panikattacke.

Die kardiale Panikattacke geht einher mit Palpitationen, Herzklopfen und oft beschleunigtem Herzschlag. Schmerzen oder Beklemmungsgefühle in der Brust sind häufig. Das internistische Pendant der kardialen Panikattacke ist die Angina pectoris. In einer Studie an kardiologischen Patientinnen und Patienten mit atypischem Brustschmerz ließ sich bei 43,3 Prozent der Untersuchten mit einem Brustschmerz, der keiner Angina zuzuordnen war, eine Panikstörung feststellen. In einer Übersichtsarbeit fanden sich fünf spezifische Variablen, die mit hohen Raten an Panikstörung bei Patienten und Patientinnen mit Brustschmerz korrelierten: das Fehlen einer koronaren Herzerkrankung, atypische Symptome des Brustschmerzes, weibliches Geschlecht, junges Alter sowie ein hohes Niveau an selbst-berichteter Angst.

Die respiratorische Panikattacke geht mit einem Gefühl der Kurzatmigkeit oder Atemnot sowie Erstickungsgefühlen einher. Sie ist der am besten beschriebene Subtyp der Panikattacke und hat keinen „organischen Partner". Die klinische Diagnose einer

Hyperventilation wird aufgrund des paroxysmalen Geschehens leicht gestellt. Dieser Subtyp ist hochsensitiv für Kohlendioxid-Stimulation. Das epidemiologische Profil ist gekennzeichnet durch weibliches Geschlecht, niedrige Bildung und Komorbidität mit depressiven Störungen und Alkoholismus.

Die kognitive Panikattacke, auch cerebrale Panikattacke genannt, ist charakterisiert durch die Angst, die Kontrolle zu verlieren oder „verrückt zu werden". Derealisation (Gefühl der Unwirklichkeit) und Depersonalisation (sich von der eigenen Person losgelöst zu fühlen) sind häufig. Im klinischen Alltag ist eine Verwechslung mit psychotischen Merkmalen, einem Erregungszustand, einer histrionischen Persönlichkeit, einer Impulskontrollstörung oder einer „Borderline"-Persönlichkeit möglich und zu vermeiden.

Die vestibuläre Panikattacke ist durch paroxysmalen Schwindel charakterisiert. Eine psychiatrische Untersuchung von Personen mit Schwindel in einer HNO-Ambulanz fand, dass 20 Prozent die Kriterien für eine Panikstörung erfüllten.

Die abdominale Panikattacke manifestiert sich mit Übelkeit oder Magen-Darm-Beschwerden. Abdominale Beschwerden sind häufig, in einer Untersuchung an Menschen mit diagnostizierter Panikstörung hatten zum Untersuchungszeitpunkt 35,4 Prozent abdominale Panikattacken. Patientinnen und Patienten mit abdominalen Panikattacken hatten mehr psychische Symptome und häufiger „Angst vor der Angst" als Panikpatienten ohne abdominale Attacken. Bekannt ist eine hohe Überlappung zwischen dem Konzept eines irritablen Darms („irritable bowel syndrome, IBS), einer internistischen Diagnose, und der abdominalen Panikstörung. Patienten und Patientinnen mit einem irritablen Darmsyndrom leiden zu 72 Prozent an einer psychiatrischen Störung. Es gibt hierbei ein bidirektionales Verhältnis: also eine erhöhte Prävalenz von IBS bei Panikstörungen und eine erhöhte Prävalenz von Panikstörungen bei IBS-Patienten und -Patientinnen (25–30% davon erfüllen die Kriterien für eine Panikstörung).

Es kann zusammengefasst werden:

- Panikattacken sind häufig und manifestieren sich in unterschiedlicher Weise.
- Je gemischter eine Panikattacke sich manifestiert, desto einfacher ist die korrekte diagnostische Zuordnung.
- Panikattacken können somatische und psychische Symptome „nachahmen": je spezifischer die Manifestation der Panik ein Organsystem betrifft, umso schwieriger ist es, das „Mimikry" festzustellen.
- Abdominale Panikattacken sind häufig und müssen differentialdiagnostisch bei gastrointestinalen Beschwerden erwogen werden.

Wie häufig sind Angststörungen in der Bevölkerung?

Bei der Beantwortung dieser Frage beziehen sich die Autoren auf das Kapitel „Epidemiologie" des Konsensus-Statements „Angststörungen" der Österreichischen Gesellschaft für Neuropsychopharmakologie und Biologische Psychiatrie (ÖGPB).

Systematische Untersuchungen zur Prävalenz von Angsterkrankungen gibt es seit den 1980er-Jahren. Den heutigen Kenntnisstand zu den 1-Jahres- und Lebenszeit-Prävalenzen der einzelnen Angststörungen (einschließlich dem Verhältnis von Erkrankungen bei Frauen und Männern) geben Tabelle 1 und 2 wieder. Zu beachten ist, dass die Prävalenzen mit unterschiedlichen Instrumenten/Definitionen bestimmt worden sind (ICD vs. DSM), angegeben werden die Häufigkeiten der diagnostischen Kategorien wie sie aktuell im DSM-5 abgegrenzt sind.

	Epidemiologic Catchment Area Program (DSM-III)	National Comorbidity Survey – Replication (DSM-III-R)	European Study of the Epidemiology of Mental Disorders (DSM-IV/ICD-10)	Wittchen und Jacobi (ICD-9/ICD-10 oder DSM-III-R/DSM-IV)
Panikstörung	0,9% (2,3:1)	3,1%	0,7% (1,7:1)	0,7–3,1% (1,8:1)
Generalisierte Angststörung		2,9%	0,9% (2,6:1)	0,2–4,3% (2,1:1)
Agoraphobie		1,7%	0,3% (3:1)	0,1–10,5% (3,1:1)
Soziale Angststörung		8,0%	1,6% (1,6:1)	0,6–7,9% (2,1:1)
Spezifische Phobie	8,8% (2,2:1)	10,1%	5,4% (2,6:1)	0,8–11,1% (2,4:1)

Tabelle 1 (nach Bandelow und Michaelis 2015): 1-Jahres-Prävalenzraten von Angststörungen in epidemiologischen Untersuchungen (in Klammern das Verhältnis von Frauen zu Männern)

	Epidemiologic Catchment Area Program (DSM-III)	National Comorbidity Survey – Replication (DSM-III-R)	European Study of the Epidemiology of Mental Disorders (DSM-IV/ICD-10)
Panikstörung	1,6%	5,2% (2,1:1)	1,6% (1,6:1)
Generalisierte Angststörung		6,2% (1,7:1)	2,8% (1,8:1)
Agoraphobie		2,6% (1,6:1)	0,8% (1,8:1)
Soziale Angststörung		13,0% (1,2:1)	2,8% (1,5:1)
Spezifische Phobie	8,8%	13,8% (1,8:1)	8,3% (2,1:1)

Tabelle 2 (nach Bandelow und Michaelis 2015): Lebenszeit-Prävalenzraten von Angststörungen in epidemiologischen Untersuchungen (in Klammern das Verhältnis von Frauen zu Männern)

Auffällig sind die Unterschiede im Ersterkrankungsalter von Angststörungen. So treten spezifische Phobien häufig bereits im Kindesalter und soziale Angststörungen erstmals in der Pubertät auf. Die Panikstörung und die generalisierte Angststörung gelten als Störungen, die sich zumeist im Erwachsenenalter erstmanifestieren. Das jeweilige Ersterkrankungsalter ist hierbei bei Frauen wie Männern ähnlich. Eine Übersicht über das Ersterkrankungsalter verschiedener Angststörungen gibt Tabelle 3, ebenfalls aus dem obengenannten ÖGPB-Konsensus übernommen.

	Mittelwert des Ersterkrankungsalters (mit 95% Konfidenzintervall)
Störung mit Trennungsangst	10,6 (6,38–14,84)
Spezifische Phobie	11 (8,25–13,65)
Soziale Angststörung	14,3 (13,27–15,41)
Agoraphobie	21,1 (17,02–25,23)
Panikstörung	30,3 (26,09–34,59)
Generalisierte Angststörung	34,9 (30,88–39,01)

Tabelle 3 (nach de Lijster et al. 2017): Ersterkrankungsalter von Angststörungen

Zusammenfassung

- Diagnostische Einordnungen in der Psychiatrie basieren auf dem Erfüllen von Symptom-Kriterien in einem zeitlichen Verlauf: dieses gilt auch für Angststörungen.
- Furcht ist definiert als „emotionale Reaktion auf eine reale oder wahrgenommene unmittelbar bevorstehende Bedrohung", Angst als „Antizipation zukünftiger Bedrohung".
- Angststörungen treten oft gemeinsam mit anderen psychischen Störungen auf.

- Angst und Panik können sich auf unterschiedliche Weise manifestieren.
- Angststörungen sind in der Bevölkerung häufig; Diagnostik und Therapie von Angststörungen stellen in der klinischen Psychiatrie eine zentrale Herausforderung dar.

Weiterführende Literatur (ergänzende Angaben bei den Verfassern):
Alonso J, Angermeyer MC, Bernert S, Bruffaerts R, Brugha TS, Bryson H, de Girolamo G, Graaf R, Demyttenaere K, Gasquet I, Haro JM, Katz SJ, Kessler RC, Kovess V, Lépine JP, Ormel J, Polidori G, Russo LJ, Vilagut G, Almansa J, Arbabzadeh-Bouchez S, Autonell J, Bernal M, Buist-Bouwman MA, Codony M, Domingo-Salvany A, Ferrer M, Joo SS, Martínez-Alonso M, Matschinger H, Mazzi F, Morgan Z, Morosini P, Palacín C, Romera B, Taub N, Vollebergh WA; ESEMeD/MHEDEA 2000 Investigators, European Study of the Epidemiology of Mental Disorders (ESEMeD) Project. Prevalence of mental disorders in Europe: results from the European Study of the Epidemiology of Mental Disorders (ESEMeD) project. Acta Psychiatr Scand Suppl. 2004; (420):21–27.

Andreas Erfurth, Prim. Priv. Doz. Dr. med., ist Facharzt für Psychiatrie und Psychotherapeutische Medizin und Privatdozent für Psychiatrie und Psychotherapie. Seit 2005 in Wien, zunächst an der Universitätsklinik, seit 2010 Vorstand der 6. Psychiatrischen Abteilung, Otto-Wagner-Spital, Wien. Im Mai 2018 Übersiedlung der Abteilung ins Krankenhaus Hietzing als 1. Abteilung für Psychiatrie und Psychotherapeutische Medizin. Andreas Erfurth ist Präsident der Österreichischen Gesellschaft für Arzneimittelsicherheit in der Psychiatrie (ÖAMSP).

Gabriele Sachs-Erfurth, Univ. Prof. DDr., ist außerordentliche Universitätsprofessorin der Medizinischen Universität Wien (MUW), Universitätsklinik für Psychiatrie und Psychotherapie. Sie ist Fachärztin für Psychiatrie, Fachärztin für Psychiatrie und Psychotherapeutische Medizin und Klinische Psychologin, Psychotherapeutin und Lehranalytikerin für Gruppenanalyse. Seit Abschluss der Facharztausbildung arbeitet sie als leitende Oberärztin an der Universitätsklinik für Psychiatrie und Psychotherapie, Wien. Seit 2013 ist sie Präsidentin der Österreichischen Gesellschaft für Neuropsychopharmakologie und Biologische Psychiatrie (ÖGPB). Die klinischen und wissenschaftlichen Schwerpunkte beinhalten die Diagnostik und Behandlung von Patientinnen und Patienten mit affektiven Störungen, Patienten aus dem schizophrenen Formenkreis und Angststörungen.

KRAMMER

Klarheit kann gut sein …
Erfahrungen und Bemerkungen aus der Sicht eines Krankenhausdirektors

Christian Lagger

Plötzlich war es in Österreich. Das Virus SARS-CoV-2 (= offizielle Version Stand 5. Mai 2020) oder einfach Corona. Corona wird wohl das Wort 2020 werden. Plötzlich ist alles in allem und überall anders. Die Bilder aus der Lombardei und aus Bergamo lehren das Fürchten: Viele Särge, erschöpfte Ärztinnen bzw. Ärzte und Pflegerinnen bzw. Pfleger etc. Eine wahre Schockwelle geht durch Europa …

Politische Entscheidungsträger stehen vor großen Herausforderungen: Wie soll reagiert werden? Was ist jetzt wichtig? Was muss zuerst getan werden? Welche Maßnahmen im Kampf gegen das Virus sind am wirkungsvollsten?

Der Lockdown wurde zum österreichischen Weg mit tiefgreifenden Folgen für alle Lebensbereiche: Kinder, Eltern, Ältere Menschen. Für die Wirtschaft, die Kultur und das gesellschaftliche Leben. Stay at home wurde zum Motto gesellschaftlichen Lebens … Schulen und Universitäten wurden geschlossen. Die Eishockeymeisterschaft wurde abgebrochen. Fußballspiele im Rahmen der Meisterschaft wurden abgesagt. Religionsausübung im Sinne von gemeinsamen Gottesdiensten war nicht mehr möglich. Bischöfe und Priester feierten im virtuellen Raum der Social Media.

Nur Lebensmittelgeschäfte, Apotheken und medizinische Versorgungseinheiten dürfen offen bleiben und dienen der Versorgung der Bevölkerung mit dem zum Leben Nötigen.

Das Ziel der Maßnahmen besteht darin, die Ansteckungsrate weniger als 1 werden zu lassen, d. h. ein Infizierter steckt weniger als eine Person an. Damit könnte möglicherweise das Virus „ausgehungert" werden. Aufgrund der Erfahrungen und Bilder aus der Lombardei und aus Bergamo wurde dies auch damit begründet, das Gesundheitssystem, insbesondere die Krankenanstalten inklusive ihrer Beatmungseinheiten, funktionsfähig zu halten und nicht zu überlasten. Denn das Virus kann in seiner schwersten Krankheitsausprägung zu einer radikalen Beeinträchtigung der Lungen- und Atmungsfunktionen führen.

Um die Versorgung der Patienten und Patientinnen hinsichtlich Diagnose, Therapie und Nachversorgung bezogen auf das Virus SARS-CoV-2 zu gewährleisten, wurde auch in der Steiermark seitens des Landes ein Krisenstab eingesetzt. Die Koordinierung der Krankenanstalten wurde vom Vorstand der Steirischen Krankenanstalten GmbH (KaGes) vorgenommen. Ein wichtiger Bereich dabei war die Klärung, welche Krankenanstalten Covid- Erkrankte behandeln, und welche Krankenanstalten nur die Diagnose bei Verdachtsfällen vornehmen und diese abklären. Für Graz war der Covid-Hotspot das LKH-Graz II Standort West. Dort sollten alle Covid-Positiven und besonders jene mit schweren Verläufen behandelt werden. Alle anderen Krankenanstalten in Graz, aber auch in den Regionen sollten genügend Kapazitäten an Isolierbetten freihalten, um bei einem Ansteigen der Ansteckungs- und Erkrankungszahlen bereit zu sein. Zum Zwecke dieser Bereitschaftsvorhaltungen und um die Ansteckungsgefährdung möglichst hintanzuhalten, wurden in allen Krankenanstalten jene medizinischen Leistungserbringungen, die nicht Notfälle waren, zurückgefahren.

Für das Krankenhaus der Elisabethinen, das in meinem Verantwortungsbereich als Geschäftsführer bei den Elisabethinen fällt, hieß dies, dass wir viele geplante Operationen im Bereich der Allgemeinchirurgie und der HNO, aber auch geplante Untersuchungen im Bereich der Inneren Medizin und Behandlungen im Bereich der Schmerztherapie (einer besonderen Expertise der Elisabethinen) absagen und auf unbestimmte Zeit verschieben mussten. Dies wiederum hatte zur Folge, dass die Frage gelöst werden musste, wie wir mit dem in diesen Bereichen tätigen Personal in Pflege und Medizin, das nun nicht benötigt wurde und teilweise auch für die Bewältigung der Covid-Patienten und -Patientinnen nicht einsetzbar war, umzugehen ist.

Für ganz Österreich wurde dabei die Methode der Freistellung angewendet. Medizinisches und pflegerisches Personal, das aufgrund der Leistungsbeschränkungen nicht benötigt wurde, wurde bei normalem Anstellungsverhältnis in die Nichttätigkeit nach Hause geschickt. Notdienste in den benannten Bereichen wurden für lebenswichtige Operationen aufrechterhalten. Zu diesem Zwecke konnte dieses Personal auch jederzeit einberufen werden. Dort, wo es möglich erschien, wurde dazu angehalten, alten Urlaubsüberschuss abzubauen. Für das Personal war diese Phase nicht ganz leicht. Denn niemand wusste, wie lange dieser Zustand anhalten würde.

Bedeutend für die Bewältigung des mit der Krise notwendigen und rasch zu erfolgenden inneren „Umbaus" des Krankenhauses war die Errichtung einer Lenkungs- und Steuerungsstruktur durch die Geschäftsführung mit regelmäßigen Sitzungen zur Informationsweitergabe und intensivem Austausch. Der Krisenstab wurde in einer erweiterten und schmäleren Variante eingerichtet. Der erweiterte Stab tagte anfänglich zweimal die Woche. Danach wurde ein Wochenrhythmus jeweils im Wechsel von erweitertem und schmälerem Stab gelebt. Im erweiterten Stab waren alle Verantwortlichen aller medizinischen Strukturen unseres Krankenhauses vertreten.

Im schmäleren Stab tagten nur die Verantwortungsträger jener Bereiche, die für die Bewältigung dieser Krise besondere Relevanz hatten (Innere Medizin, Intensivmedizin, Hygiene, Apotheke, …). Die Kollegiale Führung (Pflege, Medizin, Verwaltung) war in beiden Stäben vertreten. Auch das Qualitäts- und Risikomanagement, die Patientenleitstelle und die Stabstelle für Kommunikation nahmen an den Sitzungen teil. Vorbereitet und geleitet wurden diese Zusammenkünfte im Auftrag der Geschäftsführung vom Ärztlichen Direktor, der auch der primäre Ansprechpartner für die Verantwortlichen der KaGes-Koordination war.

In der völlig unklaren Anfangsphase waren Fragen des Schutzes unseres Personals vordringlich. Es ging im Wesentlichen um die personelle Sicherung der Patientenversorgung. Deshalb mussten genügend Schutzkleidung, Desinfektionsmittel und dem Standard entsprechende Masken organisiert werden. Weiters musste der Zugang zum Krankenhaus gesichert und geregelt werden. Es wurde ein Zelt vor dem zentralen Eingang in das Krankenhausgebäude errichtet (alle anderen Eingänge wurden abgeriegelt). In diesem Zelt wurden bei jedem Patienten und jeder Patientin Anamnesen, Erstdiagnosen, die Erhebung der Vitalparameter und in indizierten Situationen infektiologische Abstriche (sog. Covid-Staberluntersuchungen) durchgeführt.

Da viele die Bilder der Lombardei im Kopf hatten und wenig vom Wesen und den Wirkungen des Virus ausreichend bekannt war, war die Verunsicherung und – ja – die auch ängstliche Sorge bei den Mitarbeitenden im Krankenhaus sehr präsent. Die wichtigste Frage nach der Aktivierung des Schleusenzeltes war die nach der adäquaten Verwendung von Schutzmasken, Schutzkleidung und der Anwendung von Desinfektionsmittel. Hier wurde in den ersten Tagen über das Ziel geschossen. Der Verbrauch und Schwund von Desinfektionsmitteln stieg bezogen auf die tätigen Mitarbeitenden und die anwesenden Patientinnen und Patienten unangemessen hoch an. Schutzmasken wurden beinah maßlos undifferenziert verwendet. Eine Wahrnehmung war, dass all das, was in Schulungen zur Anwendung von Desinfektionsmitteln gelernt worden war, angesichts des SARS-CoV-2 vorerst nicht abrufbar war, sondern es zu ungewöhnlicher „Hamster"-Verwendung kam. Eine Aufgabe des Krisenstabes des Krankenhauses war, dieses Wissen wieder in Erinnerung zu rufen und die Mitarbeitenden diesbezüglich zu erinnern und anzuhalten. Denn mit dem gestiegenen Verbrauch und den Aufforderungen an die Apothekenleitung, neue Desinfektionsmittel zu organisieren, wurde bald spürbar, dass am Medizinprodukte-Markt Lieferschwierigkeiten zur Krisennormalität wurden. Auch dies löste Ängste aus: Was tun, wenn die Mittel ausgehen ...?

Beim Maskenverbrauch war die Situation ähnlich und doch ganz anders. Es wurden zu viele und zu undifferenziert Masken verwendet. Im Unterschied zur Anwendung von Desinfektionsmitteln gehört das umfassende Maskentragen nicht zu einem normalen Krankenhausalltag. Masken werden in der Regel nur im Operationssaal und auf der Intensivstation getragen. So bedurfte es einer eingehenden Maskenschulung. Welche Maske ist wann und wo zu tragen? Es gibt nämlich einfache, sogenannte chirurgische Masken, die verhindern, dass Tröpfchen nach außen gehen. Chirurgische Masken schützen aber den Träger nur zu einem bestimmten Grad davor, selbst angesteckt zu werden. In der Theorie wäre es aber so, dass, wenn alle chirurgische Masken trügen, der Schutz für alle ein weitestgehender wäre. Das ist aber z. B. bei der Untersuchung von Patientinnen und Patienten am offenen Rachen nicht möglich und deshalb müssen dabei sogenannte FFP2 oder FFP3-Masken getragen werden. Bei sogenannten unabgeklärten Risikopatientinnen bzw. -patienten (mit Fieber und Husten) müssen zudem Schutzkleidung und Brillen getragen werden. Es mussten für diesen Bereich relativ rasch Regeln erstellt und kommuniziert werden. Dies war aufgrund der begrenzten Ressourcen nötig, um mit diesen möglichst lange auszukommen.

Gleichzeitig wurden alle Bemühungen darangesetzt, möglichst schnell am Markt an Masken, Schutzkleidung und Desinfektionsmittel zu kommen. Es war erstaunlich, wie viele Zwischenhändler sich plötzlich angeboten haben. Die Grenzen wurden dichtgemacht, Lieferungen aus Deutschland wurden zurückgehalten, unsere langjährigen Betreuer von Medizinproduktefirmen waren ob dieser Entwicklung verzagt. Personen, die auf eigenen Wegen über irgendwelche Handelsgesellschaften Beziehungen nach China hatten, boten sich als Einkäufer von Masken etc. an. Die Angebote wurden zu überhöhten Preisen gestellt und die volle Kaufsumme wurde selbstverständlich im Voraus gefordert. Mit Aufschlägen für den Zoll. Als uns dann von anderen Personen mitgeteilt wurde, dass Zollkosten eigentlich in dieser Krisenzeit ausgesetzt sind, konfrontierten wir die mit Zollaufschlägen Anbietenden damit, was mit Erstaunen und Achselzucken zur Kenntnis genommen wurde. Die Gier ist eine Tochter, die gerne in Notzeiten zur Welt kommt. Das in dieser Phase besonders monoman gelebte Diktum „Die Nachfrage bestimmt den Preis" verhindert eher langfristige Geschäftsbeziehungen, als dass es sie fördert. Diese Entwicklungen und Verhaltensweisen gewisser Händler werden viel an Nachbetrachtungen benötigen. Vergessen lassen sich solche Vorgänge nicht. Die Liste derer, die wir nicht mehr zu unseren geschäftlichen Partnern zählen werden, ist gewachsen.

Es war insgesamt betrachtet für alle Mitarbeitenden im Krankenhaus ein Epidemietraining im Realvollzug bezogen auf ein Virus, das hinsichtlich Letalität (noch ohne Impfung und spezifische medikamentöse Antwort) nach WHO-Zahlen und den vorliegenden österreichischen Zahlen (Stand Ende April 2020) zwischen zwei und fünf Prozent liegt und deshalb zu den weniger agressiven Viren gezählt wird. Bei Ebola lag die Letalität bei durchschnittlich 50 Prozent. Hier gilt es, für die Zukunft zu lernen und die richtigen Schlüsse zu ziehen. Es wird in jedem Krankenhaus Teams geben müssen, die bezogen auf eine Epidemie regelmäßige Schulungen besuchen und andere trainieren können. Diese Teams könnten dann die Virus-Emergency-Marines für den Ernstfall vor Ort sein. Hinkünftig wird wohl auch auf Produktionsstätten von Masken, Schutzkleidung und Desinfektionsmittel in den Europäischen Regionen zu achten sein, die im Notfall die Produktion hochfahren können, um globale Abhängigkeiten und Versorgungsgefährdungen durch Lieferkettenunterbrechungen zu vermeiden.

Der Krisenstab des Krankenhauses tagte regelmäßig und immer nach der gleichen Tagesordnung. Das gab Sicherheit und Verlässlichkeit inmitten von viel Ungewissheit und Unübersichtlichkeit. Als Erstes wurden die Zahlen der Covid-Getesteten und -Erkrankten der Steiermark und Österreichs benannt. Dann wurde der jeweils aktuelle Status der Krankenhäuser der Steiermark referiert: Wie viele Betten sind auf Intensivstationen belegt und wie viele sind frei? Wie entwickelt sich die Epidemie in Zahlen? Wie viele Betten sind mit Covid-Patientinnen bzw. -Patienten mit leichten Verläufen belegt? Wie viele wurden positiv getestet und sind in Quarantäne?

Dann wurde die Situation im Krankenhaus der Elisabethinen erörtert: Wie viele Patientinnen bzw. Patienten sind zur Abklärung gekommen? Wie viele sind positiv, wie viele negativ getestet worden? Wie schaut es mit der Kapazität in der Intensivstation aus? Welche dringend notwendigen Operationen können durchgeführt werden, welche Intensivbetten sind dafür frei? Vor allem in der Anfangsphase der Epidemie waren dies keine leichten Entscheidungen. Denn die Beatmungsplätze sollten doch für Covid-Patientinnen und -Patienten freigehalten werden. Wir hatten uns zudem entschlossen, zusätzliche Beatmungsplätze für eine mögliche „Welle" einzurichten.

Weiters wurden im Krisenstab Fragen der Ressourcen (Masken, Desinfektionsmittel …) und der Abläufe des Arbeitsalltags inmitten der Krise erörtert. Die Abläufe mussten mit den doch regelmäßig erscheinenden neuen Verordnungen und Empfehlungen des

Gesundheitsministeriums und des Krisenstabes des Landes Steiermark akkordiert werden. Auch Betriebsratsfragen mussten diskutiert werden: Kann nach dem Epidemiegesetz Urlaub angeordnet werden? Sind die Mitarbeitenden ausreichend geschützt? Wie ist das mit den Freigestellten? Wie geht es grundsätzlich weiter?

In der ersten Phase der neuen Virusordnung im Krankenhaus habe ich an den Wochenenden spätabends die für die medizinische Versorgung diensthabenden Verantwortlichen angerufen und gefragt, wie der Tag war, wie die Covid-Aufnahmen sich entwickelten, welche besonderen Herausforderungen es gab und Ähnliches. Nachdenklich gestimmt hat mich die Information, dass viel telefoniert werden musste, weil etliche Patientinnen und Patienten mit anderen Beschwerden sich gemeldet und gefragt haben, wann sie ins Krankenhaus kommen dürften, um ihre Beschwerden abzuklären. Es war eine Mischung aus Angst (besser wir kommen jetzt nicht, damit wir uns nicht anstecken, und halten unsere Beschwerden aus, bis es wieder möglich wird) und aus Verzagtheit (wir waren immer bei euch, ihr habt unser Vertrauen, wann dürfen wir endlich kommen).

Als nach einigen Tagen aufgrund der Zahlen des Bundes, des Landes und der Krankenhäuser klar wurde, dass die Zahl der Virus-Erkrankten gering bleibt und die dafür reservierten Betten nur zu einem eher überschaubaren Anteil genutzt wurden, stellte sich bald die Frage, wo eigentlich die Menschen mit anderen Erkrankungen seien?: Herz-Kreislauf-Erkrankungen, Magen-Darm-Erkrankte, Krebserkrankte usw. Das sind doch gemäß der Erfahrung langjähriger Praxis die Menschen, die in den Krankenhäusern die Betten füllten – auch im Krankenhaus der Elisabethinen. In der ersten Akutphase des Virus haben sich Menschen auch darüber beschwert, dass mancherorts Therapien abgesagt oder ausgesetzt wurden, und niedergelassene Ärzte haben bei uns nach einer dringenden Operationsmöglichkeit für Patientinnen bzw. Patienten gefragt, nachdem sie vorher schon in anderen Häusern mit dem Hinweis auf das

Virus abgewiesen worden waren. Einige System- und Gesundheitsexperten sagten, dass manche auf den Wartelisten sterben würden, und dass manche, weil sie wichtige Untersuchungen nicht machen konnten, erst im fortgeschrittenen Stadium einer Erkrankung mit der Therapie beginnen werden können. Es wurden ja in allen Krankenhäusern die Leistungen zurückgefahren.

Die gesamte Situation war irgendwie surreal. Die Ärzte und teilweise auch die Pflegekräfte der operierenden Fächer (bei uns: HNO und Chirurgie) hatten wenig bis fast gar nichts zu tun. Dabei war es in diesen Fächern in Normalzeiten besonders schwer, Termine zu bekommen, weil Operationen auf Wochen und Monate geplant waren … Die Sinnfrage stellte sich bei Mitarbeitenden aus diesen Bereichen dahingehend, doch auch bisher Menschen mit echten und wirklich auch schwerwiegenden Erkrankungen geholfen zu haben. Wo sind diese nun?

Vielleicht können diese sicher in vielen Krankenanstalten gemachten Erfahrungen und dort auch eingelangten Rückmeldungen dazu führen, die Patientenversorgung bezogen auf andere Erkrankungen bei der nächsten Epidemie (und diese kommt bestimmt) epidemiefähig zu ordnen und auch unter diesen besonderen Rahmenbedingungen bestmöglich zu gewährleisten. Zumindest sollte ein gemeinsames Bild davon vorhanden sein, was bezogen auf diese Patientinnen und Patienten zu geschehen habe und wie diese dann auch darüber noch besser informiert werden könnten …

By the way: Bemerkenswert habe ich den Gebrauch des Begriffes „Held" empfunden. Anfangs wurde ich oft angesprochen auf meine Tätigkeit im Krankenhaus und darauf, dass jetzt alle in diesem Bereich Tätigen „Helden" seien. Das konnte ich angesichts der mir zugänglichen Realsituation nie ganz nachvollziehen. Warum „Helden"? Die im Krankenhaus Tätigen sind doch dafür da, Kranken zu helfen? Und der Begriff „Held" kann doch nicht so inflationär gebraucht werden. Ich müsste schon überprüfbar sagen können, wer, wann und bezogen auf welche Situationen auf besondere, außerordentliche und nicht erwartbare Weise agiert hat, damit der Begriff „Held" seine spezifische hermeneutische Substanz behält. Dasselbe gilt für den Kontext des Lebensmittelhandels. Auch hier wurde oft von den „Helden", die unser Überleben sichern, gesprochen. Ja – es gab logistisch und ganz konkret beim Befüllen der Regale aufgrund der Hamsterkäufe in der Anfangszeit der Epidemie viel zu tun. Aber ist das „heldenhaft"? Das sagt ja beim Ostergeschäft und in der Weihnachtszeit auch niemand über die im Handel Tätigen? Und ja, das war es wohl auch: „Weihnachts- und Ostergeschäft" innerhalb eines Zeitraumes im Intensivmodus. Die Einnahmen für den Lebensmittelhandel dürften nicht unerfreulich gewesen sein. Soweit dieser kleine Exkurs zu einer Wahrnehmung.

Wenn ich mich nun meine Ausführungen abschließend als Geschäftsführer frage, welche Handlungen und Haltungen bezogen auf Leadership sich in dieser Zeit des Virus als einer Zeit der Unübersichtlichkeit und Ungewissheit besonders bewährt haben, möchte ich folgende hervorheben:

1. Klarheit schaffen und damit Orientierung geben:
Dazu gehört die Klarheit in der Analyse:
Was ist eigentlich los? Was wissen wir und was wissen wir nicht? Wie kann Handlungsfähigkeit gewährleistet werden? Und was sind die nächsten Schritte?

Weiters ist Klarheit in den Strukturen und Zuständigkeiten von zentraler Bedeutung:
Was ist die wesentliche Plattform für die Bewältigung der Krise? (erweiterter und schmälerer Krisenstab). Wer bereitet vor und koordiniert diese Plattform? (In unserem Fall war dies der Ärztliche Direktor.) Wie ist der Ablauf der Sitzungen, wann finden diese Sit-

zungen statt und was wird dort besprochen? (Mit derselben Tagesordnung immer an Dienstagen und Freitagen um acht Uhr.)

Klarheit der Entscheidungen und der Umsetzung wird durch Klarheit in der Kommunikation gewährleistet:
Was wurde entschieden und was wird wann umgesetzt? Was machen wir nicht oder nicht mehr? Was sind die wesentlichen Regeln und Kernprozesse, an denen sich die Mitarbeitenden orientieren können? Wie und wann werden die handlungsleitenden Informationen kommuniziert? (Newsletter an alle Mitarbeitenden jeweils nach den Sitzungen und ein sich ständig erweiterndes Virus-Handbuch, auf das die Mitarbeitenden über das Intranet zugreifen.)

2. Ruhe und Souveränität leben und vermitteln
Wirksames Führen und Leiten ist ohne spürbare eigene innere Ruhe und Souveränität nicht einmal bedingt möglich. Panikmache ist eskalativ und führt meistens zu Chaos in der Organisation. Herunterspielen oder unbegründetes Verharmlosen verhindert realitätsbezogenes Handeln und echte Antworten auf herausfordernde Situationen.

3. Physische und geistige Präsenz
Eine Führungskraft muss gerade in einer Krisensituation für die Mitarbeitenden physisch wahrnehmbar sein. Der Kapitän ist bei hoher See nie in der Kajüte. Physisch präsent zu sein, heißt auch, vor Ort ansprechbar und befragbar zu sein. Physische Präsenz ist aber wertlos, wenn keine geistige Präsenz vorhanden ist. Das heißt, dass die Führungskraft sich mit der Situation intensiv analytisch und synthetisch befasst haben muss und dies in den hoffentlich seltenen, aber gediegenen Wortmeldungen der Führungskraft wahr-

nehmbar ist. Das ist das Geheimnis der von den Mitarbeitenden wahrgenommenen Aufmerksamkeit des Chefs oder der Chefin: physische und geistige Präsenz. Das gibt Sicherheit und stärkt das Vertrauen in die Kompetenz, schwierige Situation erfolgreich bewältigen zu können.

Mit den und durch die benannten Haltungen und Handlungen scheinen auch Situationen und Phasen der Unübersichtlichkeit und der Ungewissheit bewältigbar zu bleiben. Ohne sie wohl kaum. In alledem aber ist Klarheit ein wirksamer Angstkiller. So ist es: Klarheit kann gut sein ...

Christian Lagger, Dr. MBA, geboren 1967 in Paternion/Kärnten; Studien der Theologie, Philosophie, Business Administration MMag. Dr., MBA, in Salzburg, Innsbruck, Graz, Wien; seit 2010 Geschäftsführer bei den Elisabethinen (u. a. Krankenhaus der Elisabethinen GmbH; Elisabethinen Graz-Linz-Wien Service und Management GmbH); seit 2016 Sprecher der Elisabethinen Österreich; Mitglied mehrerer Gremien und Vereine; Lehrender an der FH Joanneum und an der Karl-Franzens-Universität Graz (Managementtheorie, Leadership/ strategisches Denken, Organisationskultur); Autor mehrerer Beiträge zu Fragen der Führung, des Gesundheitssystems (Management, Ökonomie, Ethik). Unternehmens- und Führungskräfteberater.

Grundgefühl der Wirtschaft

Jörn Kleinert

Zählt man allgemein sieben Grundgefühle des Menschen (Freude, Wut, Ekel, Furcht, Verachtung, Traurigkeit und Überraschung), kommt die Wirtschaft – zumindest wenn man Claus Klebers Anmoderation im ZDF Heute-Journal glauben darf – mit zwei Gefühlen aus: Angst und Gier. „Gier ist besser", schloss er trocken. Das liegt natürlich daran, dass in unterschiedlichen Zuständen, in denen sich die Wirtschaft befindet, unterschiedliche Gefühle dominieren und es um die Wirtschaft nicht zum Besten steht, wenn Angst um sich greift.

In wirtschaftlichen Belangen ist das Angstpotenzial besonders groß. Das ist auch nicht wirklich überraschend angesichts der großen Bedeutung dieses Lebensbereiches für unsere Existenz und des großen Potenzials an Bedrohungen dort, wirklichen und potenziellen. Das Gefühl der Angst verflüchtigt sich mit wachsendem Einkommen auch nicht, sondern verstärkt sich sogar noch. Das liegt einerseits daran, dass wir ja mehr zu verlieren haben, und andererseits daran, dass das höhere Einkommen nur durch enorm gestiegene Arbeitsteilung – und damit mit gestiegener Verwundbarkeit, Abhängigkeit von anderen – ermöglicht wurde. In einer modernen arbeitsteiligen Wirtschaft sind die Produktionsumwege groß, der Weg zu grundlegenden Gütern einfachster Art oft weit. Da kann sehr viel mehr passieren als auf einem fast autarken Hof mit seiner diversifizierten Lebensmittelproduktion.

Die Coronakrise macht das ganz deutlich. Der Angriff des Virus gilt der Arbeitsteilung, der Zusammenarbeit, der Interaktion von Menschen. Deren Ausbau und Verfeinerung waren der Grundpfeiler des Fortschritts der letzten 200 Jahre. Das Virus hat diese Arbeitsteilung im Kleinen und im Großen unterbunden. Aus europäischer Sicht wurden zuerst die komplexen internationalen Wertschöpfungsketten getrennt, weil irgendwo auf der Welt, konkret in China, ein Teil der Kette ausfiel. Bei einem Virus, das um die Welt wandert, gibt es viele Möglichkeiten, dass irgendein Kettenglied betroffen ist. Häufig hatte das Auswirkung auf die folgenden Produktionsschritte, da für deren Weiterproduktion nicht sofort Ersatz an Zwischenprodukten beschafft werden konnte. Dann kam es schlimmer: Um die Ausbreitung des Virus einzudämmen, wurden Interaktionen von Menschen auf das Nötigste reduziert. Das machte auch vor der Zusammenarbeit an einem Produkt oder einer Dienstleistung nicht halt. Reduzierte Interaktion ist aber Gift für die Arbeitsteilung. Sofort brach die arbeitsteilige Wirtschaft ein und Millionen spezialisierter, abhängig beschäftigter Arbeiter und Angestellte sowie viele Selbstständige konnten ihren Aktivitäten nicht mehr nachgehen. Ein enormer Einkommensverlust ist die Folge, mit einem Ende, das derzeit (Anfang Mai 2020) noch nicht absehbar ist. Das ist schon ein Grund, Angst zu bekommen.

Die Situation wird auch deshalb als bedrohlich empfunden, weil man es nicht selber in der Hand hat, den Zustand zu ändern. Wie in vielen anderen Situationen in modernen Gesellschaften ist man von Entscheidungen vieler, sehr vieler anderer, häufig völlig unbekannter Menschen abhängig. Diese Menschen treffen ihre Entscheidungen, ohne meine Vorstellungen und Wünsche zu berücksichtigen oder auch nur zu kennen. Sie beeinflussen mich aber direkt oder indirekt mehr oder weniger stark. Ganz deutlich wird das an Wahltagen, an denen einige feiern und andere betrübt sind.

Dort werden Erwartungen für die nächsten Jahre gebildet: Wohin geht es mit der Rahmensetzung unseres Zusammenlebens? Natürlich ruft das Gefühle hervor. In wirtschaftlichen Zusammenhängen sind das häufig Gier und Angst.

In wirtschaftlichen Dingen sind die Entscheidungen der anderen Wirtschaftssubjekte besonders bedeutsam. Unsere Marktwirtschaft vertraut zur Preisfindung und Mengenbestimmung auf die Institution Markt, die einem *aggregierten* Angebot und einer *aggregierten* Nachfrage die Bühne bietet. Es ist nicht nur wichtig, wie viel ich für eine Wohnung oder ein Haus zu zahlen bereit bin, es ist auch wichtig, wie viel andere Interessierte bieten. Gleiches gilt auf der Anbieterseite: gibt es Wettbewerb, resultiert ein anderen Preis, als wenn ein Monopolist agiert. Und das gilt nicht nur für Gütermärkte, sondern beispielsweise auch für den Arbeitsmarkt und die eigenen Job- und Karrierechancen. Wieder ist jeder in dieser dezentralen Wirtschaft von vielen anderen abhängig. Wieder liegt das Ergebnis in den allermeisten Fällen nicht nur im Entscheidungsbereich eines Individuums. Je nach Situation erzeugt das Angst, Besorgnis, ein Gefühl der Bedrohung.

Zumal viele heutige Entscheidungen erst in ferner Zukunft ihr Ergebnis zeigen. Investitionen sind zwangsläufig in die Zukunft gerichtet und einige sehr wichtige Investitionen tätigen wir sehr früh im Leben. Die Berufswahl ist mit einer umfassenden Bildungsinvestition verbunden, die sehr viel Zeit in Anspruch nehmen kann. Diese Entscheidung strukturiert Lebenswege vor. Natürlich ist zumindest Besorgnis ein Begleiter auf diesem Weg, da die Zukunft unsicher ist. Die klugen Köpfe, die sich in den siebziger Jahren dafür entschieden haben, an der nicht-militärischen Nutzung der Kernenergie mitzuarbeiten, haben sich seit den frühen achtziger Jahren zunehmend reduzierten Karrierechancen in ihrer Profession gegenübergesehen. Ob sich diese klugen Köpfe für die Atombranche entschieden hätten, hätten sie die Zukunft gekannt, ist zumindest fraglich. Wie ungleich stärker noch ist der Bruch in den

Lebenswegen vieler Menschen, der mit einer Transformation der Gesellschaft wie dem Ende des Sozialismus in Mittel- und Osteuropa einhergeht. Dabei brechen nicht nur Karrieren, sondern Gesellschaftsgefüge zusammen. Jede Interaktion mit den Mitmenschen muss neu justiert werden.

Die Entscheidung der Berufswahl ist aber wie viele andere auch zumindest in Teilen irreversibel. Sie legt einen Pfad fest, der zukünftige Entscheidungen, die Beschäftigung betreffend, zumindest stark beeinflusst. Da die Zukunft aber ungewiss ist und in weiten Teilen von uns unbeeinflussbar, versuchen wir in unseren Entscheidungen mögliche zukünftige Zustände bereits mitzudenken. Je nach Ausgangslage, Informationsstand und Einschätzungen kann das bei vielen unguten Konsequenzen aus einer möglichen Entscheidung zu Angst führen. Der englische Philosoph John Locke sah das als die Ursache von Angst. „Furcht", so schrieb er, „ist ein Unbehagen des Gemütes bei dem Gedanken an ein künftiges Übel, das uns wahrscheinlich treffen wird" (Locke „Ein Versuch über den menschlichen Verstand", 1690).

In wirtschaftlichen Fragen schließt diese Unsicherheit über die mehr oder weniger ferne Zukunft auch wieder die Entscheidungen der anderen Marktteilnehmer, die diese schon früher, gerade jetzt oder später getroffen haben, treffen oder treffen werden mit ein. Wirtschaftliches Handeln auf der Angebotsseite involviert fast immer eine Erwartung über einen zukünftigen Absatzmarkt, also die Kaufentscheidung der Konsumenten in der Zukunft. Natürlich ist die unsicher. Wer hätte gedacht, dass die Einführung des Smartphones Nokias gefestigte Position auf dem Markt für Mobiltelefone innerhalb von Monaten komplett zerstören würde, weil es den Markt für konventionelle Mobiltelefone ohne Internetzugang nicht mehr geben würde? Oder stellen wir uns die Besitzerin einer Aktie der deutschen Telekom vor, die diese im New Economy Boom 1999 erworben hat und nun mit einem Bruchteil des Preises konfrontiert ist, oder den Besitzer einer griechischen Staatsanleihe

2012. Es sind also zwei Einflüsse auf die zukünftigen Werte unserer Investitionen: die allgemein ungewisse Zukunft und die Ungewissheit über die Entscheidungen der anderen in der dann veränderten Situation.

Es gibt aber noch mehr an Unsicherheit über mögliche Zustände, in denen man sich in der Zukunft wiederfinden könnte: Welche Erwartungen haben andere an mich, die ich möglicherweise enttäuschen werde, aber lieber erfüllt hätte? Das sind dann schon Erwartungen meinerseits über Erwartungen anderer an meine Handlungen. Das Potenzial für solche Enttäuschungen ist enorm in einer so hochkomplexen Gesellschaft wie unserer mit den zahllosen Interaktionen, die jeder Mensch hat. Je nachdem, wie wichtig uns die Erwartungshaltung der/des anderen ist, kann die Möglichkeit der Enttäuschung dieser Erwartung schon Angst machen.

Das kann auch positive Energie freisetzen. Schon der römische Politiker Plinius der Jüngere sah die Furcht als schärfsten Verbesserer. Angst lässt uns daran arbeiten, einen Zustand nicht eintreten zu lassen; etwas dagegen zu tun. Vermehrte Anstrengungen werden darauf konzentriert, Innovationen riskiert und Bequemlichkeiten abgelegt. In der Corona-Krise haben wir von alldem viel gesehen. Die Unbekanntheit des Virus, die fehlenden Impfstoffe und die hohe Sterblichkeit haben uns Einschränkungen hinnehmen lassen, die vorher unmöglich erschienen wären. Wir haben riesige Umverteilungen von Lebenseinkommen der einen in Lebenszeit der andren hingenommen und unterstützt. Wir haben in verschiedensten Bereichen Neues ausprobiert und anderes aufgegeben.

Es kommt bei den Maßnahmen zur Eindämmung der Coronakrise darauf an, dass wir uns darauf verlassen können, dass sich andere ebenfalls beispielsweise an das Kontakteinschränkungsgebot halten. Tun sie es nicht, sind unsere Anstrengungen zur Eindämmung der Infektion sinnlos, der erzwungene Einkommensverzicht umsonst. Wieder sind es die Entscheidungen der anderen, die über unser Wohlergehen mitentscheiden. Sie bringen wieder ein Element ein, das die Unsicherheit über den Ausgang der Krise erhöht. Andererseits gibt es in dieser großen, arbeitsteiligen Wirtschaft viele Elemente des Lastenausgleichs und der Versicherung. Einige sind implizit, andere privatrechtlich und wieder andere gesamtgesellschaftlich organisiert.

Es ist kein Zufall, dass moderne, arbeitsteilige Gesellschaften viel größere Staatsaktivitäten aufweisen als frühere Gesellschaften. Weite Bereiche der Aktivitäten des Staates konzentrieren sich auf (Ver)Sicherungsfunktionen. Der Großteil der umverteilten Ressourcen in modernen Sozialstaaten wird durch Renten-, Arbeitslosen- und Gesundheitssysteme transferiert. In den letzten Jahren ist die Pflege noch hinzugekommen. Dabei werden enorme Mittel kontinuierlich nach festgelegten Schlüsseln zwischen einander völlig unbekannten Mitgliedern der Gesellschaft ausgetauscht. Diese Versicherungsfunktion haben in früheren, landwirtschaftlich geprägten Gesellschaften die Kleingruppen Großfamilie oder Dorfgemeinschaft übernommen. In diesen erfolgte eine Umverteilung persönlicher, die Versicherungsfunktion konnten diese kleineren Gruppen aber naturgemäß weniger gut ausfüllen. Versicherungen basieren auf einer großen Population mit unterschiedlichen, voneinander unabhängigen Risiken. Wenn uns nicht gerade eine Coronakrise ereilt, die die Risiken systemisch werden lässt und ihre Unabhängigkeit voneinander aufhebt, ist eine Großgruppe wie eine Gesellschaft gut geeignet, das Bedürfnis nach Versicherung auszufüllen.

Kommt Vertrauen in die staatlichen Institutionen dazu, reduziert das das Gefühl der Angst sehr. Die Absicherung durch die Gesellschaft ist anonymer als die durch Kleingruppen, aber in arbeitsteiligen, offenen und dynamischen Gesellschaften besser zu bewerkstelligen. Das liegt einerseits an der Umverteilungskomponente, die in diese Sicherungssysteme eingebaut ist, und andererseits an Möglichkeiten, die eine Gesellschaft zur Absicherung hat, die Markt- oder Kollektivlösungen nicht zur Verfügung stehen. Die

Umverteilung kommt besonders in der Mindestabsicherung zum Ausdruck: Jede(r) hat Zugang zum Gesundheitssystem, jede(r) wird behandelt. Auch im Alter bekommt jede(r) zumindest Mindestsicherung. Prinzipiell ist das Schulsystem unentgeltlich, sodass der Zugang zu Bildung nicht vom Einkommen abhängen soll. Die Möglichkeiten, die der Gesellschaft zur Verfügung stehen, die über Marktlösungen hinausgehen, kommen in der Coronakrise sehr deutlich hervor. Der Staat kann sich anders verschulden, als Haushalte oder Unternehmen das können. Er kann zukünftige Einnahmen beleihen, die er über Steuern (Zwangsabgaben) auch mit sehr großer Wahrscheinlichkeit eintreiben wird können. Einem gut ausgebildeten jungen Menschen fällt es deutlich schwerer, sein Humankapital zu beleihen und erwartete zukünftige Einnahmen vorzuziehen. Da muss dann schon eine Sicherheit her. Das Mittel der Pflichtmitgliedschaft kann dem Staat helfen – beispielsweise bei Versicherungen –, adverse Selektion zu mildern. Instrumente, die auf Zwang oder Pflicht beruhen, stehen privaten Arrangements in der Regel nicht zur Verfügung.

Akzeptieren werden die Menschen solche Regeln aber nur, wenn der Nutzen, den sie daraus ziehen, größer ist als die Einschränkungen, die sie empfinden. Das Funktionieren des Gemeinwesens hängt stark davon ab, wie sehr es als gerecht und vertrauenswürdig angesehen wird. So reagierten Österreicher in der großen Mehrheit mit Besonnenheit und Kooperation auf die verhängten Maßnahmen und nicht mit Waffenkäufen. Panikkäufe reduzierten sich auf Toilettenpapier. Viele Menschen haben in dieser Krise natürlich weiterhin Angst, vor allem um die wirtschaftliche Existenz. Sie können aber davon ausgehen, in unserer so differenzierten und individualisierten Gesellschaft (zumindest finanziell) nicht allein gelassen zu werden. Dass sie bezüglich ihrer Gesundheit bestens behandelt werden, ist ohnehin selbstverständlich.

In dieser Absicherung liegt interessanterweise ebenfalls ein Potenzial für positive Energie. Es ist also nicht nur die Angst, die als Verbesserer auftritt, auch die Eindämmung übermäßiger Angst kann das bewirken. Ist man nicht von Existenzsorgen geplagt, gelingen kreative Entwürfe gänzlich neuer Wege leichter. So zumindest geht eine der Argumentationslinien pro „Unbedingtes Grundeinkommen". Die Abschaffung der Angst wird (und soll) uns auch damit nicht gelingen, die Befürworter des Grundeinkommens heben aber die kreativen Wirkungen der Eindämmung der Angst hervor. Wie die Debatte um das Bedingungslose Grundeinkommen langfristig ausgehen wird, ist offen. Sicher ist dagegen, dass eine funktionierende arbeitsteilige Gesellschaft funktionierende Instrumente der (Ab-)Sicherung braucht. Diese Absicherung wird helfen, die existenziellen Sorgen der Menschen von den wirtschaftlichen zu trennen. Angst als eines der zwei Gefühle der Wirtschaft wird davon aber nicht berührt. Die Zukunft wird ungewiss bleiben und das Verhalten anderer weiterhin unabhängig von eigenen Wünschen.

Jörn Kleinert, geboren 1970 in Berlin; Volkswirt mit einer Spezialisierung auf die Internationale Ökonomik, nach Stationen in Kiel und Tübingen seit 2010 Wirtschaftsforscher und Hochschullehrer an der Universität Graz. Wie alle Ostdeutschen und viele Osteuropäer seiner Generation stark von der Transformation geprägt, was sich im starken Interesse an komplexen Gesellschafts- und Wirtschaftsstrukturen widerspiegelt. Differenziertheit und Heterogenität sind zentrale Themen seines wirtschaftswissenschaftlichen Forschens.

Neue Krisen, neue Politik

Gertrude Tumpel-Gugerell

„Die Welt ist zum Verändern da, nicht zum Ertragen", schreibt der Soziologe Harald Welzer[1] in seinem Buch „Alles könnte anders sein".

Es ist erst wenige Monate her, dass Zukunftsdiskussionen über das, was anders sein könnte, im Vordergrund standen. Die Aufforderung, Klimawandel und Globalisierungsfolgen ebenso wie die soziale Spaltung in der Gesellschaft ernst zu nehmen und politische Antworten darauf zu geben, prägte die Debatte. Die Agenda ist über Nacht eine andere geworden. Die weltweite Herausforderung einer seit 100 Jahren nicht erlebten Pandemie hat die Krisenstäbe zu Dirigenten unseres Alltagslebens gemacht.

Es ist eine Mischung aus Angst, Disziplin und Hoffnung, mit der die Bevölkerung auf die neuen Zahlen von Infizierten und Todesfällen, Forschungsergebnissen und Anstrengungen im Gesundheitssystem reagiert hatte. Seither haben wir gelernt, mit der Bedrohung zu leben.

Angst vor dem Unbekannten, der Bedrohung der eigenen Gesundheit, der Stilllegung wirtschaftlicher und sozialer Aktivitäten. Angst vor den wirtschaftlichen und sozialen Folgen der Gegenmaßnahmen, der Schließung ganzer Wirtschaftszweige und Unterbrechung von Wertschöpfungsketten. Die Arbeitslosigkeit ist gestiegen und viele Menschen sind besorgt, weil ihre tägliche

Lebensgrundlage in Gefahr ist. Gab es eine Betriebsanleitung für eine derartige Situation? Nein, es war ein „Versuch und Irrtum", ein Abwägen von Schutz der Gesundheit und der Verlangsamung der Ausbreitung eines bisher unbekannten Virus einerseits und den zumutbaren und noch verkraftbaren wirtschaftlichen Bremsmaßnahmen andererseits. Noch vor wenigen Monaten wussten wir nicht, ob es eine baldige Erholung geben könnte, ein Zurück zur Normalität, oder ob wir mit einer länger andauernden Rezession mit Insolvenzen, hoher Arbeitslosigkeit und hohen Belastungen für die Staatshaushalte rechnen müssen.

In einer vollständig neuen Situation greifen wir gerne auf historische Vergleiche zurück: Ist die Spanische Grippe um 1918 vergleichbar mit der jetzigen Pandemie? Ist der Schock für die Wirtschaft vergleichbar mit der Depression der 30er-Jahre des 20. Jahrhunderts? Was haben wir aus der Finanzkrise vor zehn Jahren gelernt? Eine Lehre haben wir aus den früheren Krisen gezogen: Nur wenn Staat und Wirtschaft in einer solchen Situation zusammenarbeiten, mutige und ungewöhnliche Schritte setzen, kann es wieder aufwärts gehen.

Um die Optionen der Wirtschaftspolitik besser einordnen zu können, werden im Folgenden die Grundlagen unseres Wirtschaftens in einen historischen Zusammenhang gestellt.

Drei Aspekte sollen beleuchtet werden:
Was treibt die Wirtschaft an?
Was sind die Folgen?
Warum geht Wirtschaft nicht ohne Politik?

1. Was treibt die Wirtschaft an?

Wir unterscheiden drei Phasen der frühen wirtschaftlichen Entwicklung: das Überleben, das Jagen und Sammeln und Ackerbau und Viehzucht.

Erst mit der Entwicklung des Handels und des Bankwesens erreichte die Wirtschaft eine neue Stufe. Die Eroberungen und der Fernhandel brachten neue Reichtümer und Verflechtungen mit sich. Wirtschaftlicher Erfolg entsteht aus Arbeit, Kapital und technischem Fortschritt. Waren es historisch betrachtet Ländereien und Zugriff auf Soldaten, die Reichtum bedeuteten, sind es besonders seit dem 16. Jahrhundert Handelsschiffe und seit dem 17. und 18. Jahrhundert Manufakturen. Das 19. Jahrhundert mit Industrialisierung im Gefolge von Dampfmaschineneinsatz und Eisenbahnen brachte eine rasante Transformation der bis dahin mittelalterlich geprägten Städte und Kleinstaaten.

Wirtschaftlicher Erfolg misst sich an der Wertschöpfung, das ist alles, was erzeugt und verkauft wird. Private Dienstleistungen werden nicht bewertet, zugekaufte sehr wohl.

Was bedeutet in diesem Zusammenhang Produktivität? Es bedeutet Produktion pro Beschäftigten, die durch mehr Maschineneinsatz gesteigert werden kann.

Arbeiten weniger Menschen, wird weniger produziert. Damit bleibt auch weniger an Steuern, um öffentliche Güter und Dienstleistungen zu finanzieren. Diese Debatte findet z. B. in Japan statt, wo die Bevölkerung schrumpft.

Und noch eine Begriffsdefinition: Wie entstehen die Preise? Grundsätzlich aus den Produktionskosten und dem, was der Konsument bereit ist zu zahlen. Also dort, wo sich Angebot und Nachfrage treffen.

Wollen viele Investoren Immobilien kaufen, steigen die Preise, auch wenn der gleiche Baumeister das Gleiche für seine Leistungen verrechnet wie davor.

Den Beginn der Nationalökonomie setzt man mit dem Buch „Der Reichtum der Nationen" an, geschrieben vom Moralphilosophen Adam Smith[2], der von der Aufklärung geprägt war. In seinem philosophischen Hauptwerk „Die Theorie der ethischen Gefühle" (1759) definierte er Sympathie für Mitmenschen als Grundlage der Moral. War historisch gesehen die Natur die einzige Quelle der Wertschöpfung, wurden es bei Smith die Arbeit und die Arbeitsteilung, „Industria" und in der Folge die Industrialisierung. Er war für den freien Handel, aber für temporäre Zölle und gegen die einseitige Handelspolitik der Merkantilisten, gegen Monopole und Kartelle, gegen das Zinsverbot, weil es nur den Wucher begünstige. Er betont die Rolle des Markts und sieht die Rolle des Staates bei Verteidigung, Schutz vor Unterdrückung und Ungerechtigkeit, Unterricht und Transport und Schutz des Privateigentums. Smith war gegen Kolonialismus und Sklaverei und für den Wettbewerb der Universitäten. Kapitalgesellschaften waren noch nicht seine Themen. Der vielzitierte Ausdruck von der „unsichtbaren Hand", derzufolge die wirtschaftlichen Aktivitäten des Einzelnen auch gesellschaftliches Gemeinwohl erzeugen, lässt sich aber keineswegs als Verbot von staatlichen Eingriffen jeder Art interpretieren. Das Funktionieren des Markts setzt auch das Vertrauen zwischen den Akteuren einschließlich der Banken voraus, was wir spätestens seit der Finanzkrise gelernt haben.

Weitere Ökonomen, die unsere Sichtweise vom Funktionieren der Wirtschaft geprägt haben: Karl Marx hat aus der Analyse von Wertschöpfung, Lohn- und Preisbildung und Mehrwertschaffung abgeleitet, dass den Arbeitern der Mehrwert vorenthalten wird und sie daher selbst die Produktionsmittel besitzen sollten. Seine Gedanken haben die wirtschaftliche Organisation der kommunistischen Staaten wesentlich geprägt. Der Beitrag von J. M. Keynes bestand in der Analyse der Konjunkturzyklen, der krisenhaften Entwicklungen, die nicht von selbst wieder überwunden werden und zum Gleichgewicht zurückführen. Er prangerte die wirtschaftspolitischen Fehler der Zwischenkriegszeit an und plädierte für temporäre Staatseingriffe in Stagnationsperioden. F. A. v. Hayek sah in den staatlichen Eingriffen eine Krisenursache, plädierte für den freien Markt ohne Einschränkungen und fürchtete die Macht des Totalitarismus. („Auf dem Weg zur Knechtschaft" hieß sein 1944 erschienenes Buch.) Die in Deutschland nach dem Krieg geschaffene soziale Marktwirtschaft war ihm zu staatslastig und seine Gedanken beeinflussten die Denkweise an der Universität von Chicago und Politiker wie Ronald Reagan und Margaret Thatcher. Auf Hayek gehen Ideen wie das private Geld abseits der Notenbanken zurück, die auch im Zusammenhang mit Kryptowährungen gerne zitiert werden. Joseph Schumpeter hat große Verdienste in der Beschreibung innovativer Prozesse errungen, von ihm stammt der Ausdruck von der „schöpferischen Zerstörung", heute würde man sagen der Disruption. Das sind nur einige der Ökonomen und ihre Ideen, die großen Einfluss auf die Wirtschaftspolitik ausgeübt haben. In diesem Sinn ist die Ökonomie auch eine Quelle der Inspiration für politisches Handeln und mitunter gefährlich, wenn Ideen ungeprüft und in großem Maßstab an der Realität ausprobiert werden, wie es die Geschichte gezeigt hat, etwa in China, der Sowjetunion, Chile, Griechenland etc.

2. Was bewirkt Wirtschaft, was sind die Folgen?

Die Weltwirtschaft hat in den letzten Jahrzehnten eine Periode des Wachstums und der Aufholprozesse in vielen armen Ländern erlebt. Millionen Menschen wurden aus der Armut geholt. Im Zeitraum 1980 bis 2000 betrug die Wertschöpfung in den 150 Entwicklungsländern rund 40 Prozent der Wertschöpfung in den G7-Staaten, also den reichsten Industrieländern. Mittlerweile haben die Entwicklungsländer gleichgezogen – vor allem als Folge des starken Wirtschaftswachstums in China. Dennoch, angesichts der

Verdoppelung der Weltbevölkerung seit den frühen 70er-Jahren – an der Anzahl gemessen leben immer noch gleich viele Menschen in Armut wie damals. Was läuft falsch? Laufen wir den falschen Zielen hinterher oder wenden wir die falschen Rezepte an? Es ist ein Luxusproblem, von der Wirtschaft ohne Wachstum zu träumen. Es gibt immer noch viele Menschen, auch in unserer Gesellschaft, die in Armut und Beschränkung leben.

Die Vorstellung, dass man nur an einzelnen Rädern zu drehen braucht und schon sind die unerwünschten Folgen unseres Wirtschaftens beseitigt, ist naiv oder zumindest simplifiziert.

Der Markt hat keine Moral. Er ist eine Abstraktion, die reale Vorgänge abbilden soll. Wir leben in einem dezentral organisierten System vielfältiger wirtschaftlicher Aktivitäten mit Optimierung durch die jeweiligen Entscheidungsträger. Unsere Wirtschaft ist ein sich selbst organisierendes, lernendes System, das nach Gewinn strebt. Gesellschaftliche Verantwortung von Unternehmern gab es auch in der Geschichte der ländlich-bäuerlichen Welt ebenso wie in Handwerksbetrieben und Unternehmen mit sozialen Einrichtungen für ihre Mitarbeiter. Nachhaltige Orientierung wird auch heute zunehmend von den Unternehmen eingefordert. Jede börsennotierte Gesellschaft muss mittlerweile einen Nachhaltigkeitsbericht erstellen, in dem umweltverbessernde Maßnahmen, was geschieht im sozialen Bereich und in der Governance – also die Art der Führung – beschrieben werden müssen. Die Reformen in der Finanzmarktregulierung nach der Krise sollen exzessive Risikoneigung, exzessive Bonifikationen und die Sozialisierung von Verlusten hintanhalten.

Unsere Wirtschaft ist ein System, das nach Gewinn strebt. Andere Zielsetzungen wie Umweltqualität, sozialer Ausgleich etc. müssen mithilfe von Politik und Gesetzen durchgesetzt und von den Investoren eingefordert werden.

Eine junge Generation ist ähnlich wie zu anderen Wendepunkten in der Geschichte – z. B. bei den Friedensmärschen und Anti-

Vietnam-Demonstrationen und in der 68er-Bewegung – aktiv geworden. Das Umdenken, das eingefordert wird, das Handeln – es kann nur von Politik und Wirtschaft gemeinsam erfolgen. Der französische Präsident Macron mahnt immer wieder, diese Appelle der Jugend mit Taten zu beantworten. Auch die deutsche Bundesregierung hat Klimaschutzmaßnahmen verabschiedet, welche die Hälfte der Bevölkerung allerdings für unzureichend hält.

Als im Jahre 1972 der Bericht des Club of Rome unter dem Titel „Die Grenzen des Wachstums" erschien, löste er ein weltweites Echo aus. Wenig später drängte der 1. Ölpreisschock mit den nachfolgenden hohen Preissteigerungen und der Wachstumsabschwächung das langfristige Denken in den Hintergrund. Ja, der Bericht habe Wirkung gezeigt, aber erst nach 20–40 Jahren, meinten die Autoren, als 2012 Bilanz gezogen wurde.

Was sagt dieser Bericht? Auf Basis von Szenarien wurden sowohl eine Verknappung der natürlichen Ressourcen als auch negative Auswirkungen des Wachstums auf das Klima als mögliches Resultat der längerfristigen Trends dargestellt. Das alles zu einem Zeitpunkt, als China noch ein halbes Jahrzehnt von seinen Reformen, seiner Öffnung und dem Beginn einer dynamischen Wachstumsperiode entfernt war. Fast 50 Jahre danach hat sich vor allem die Auswirkung der Wachstumsdynamik auf das Klima bestätigt. Und es ist nicht nur der Klimawandel, der heute in erster Linie junge Leute alarmiert. Es ist auch die Ungleichheit z. B. in Chile und bei den Gelbwesten, die Unfreiheit in Hongkong und in der Türkei etc. „Der Kapitalismus führt zu geteilten Gesellschaften, indem viele Menschen ein Leben mit Sorgen führen (und eine neue Wut entsteht). Dennoch ist es das einzige wirtschaftliche System, das in der Lage war, Massenwohlstand zu erzeugen", schreibt Paul Collier[3] in seinem Buch „The Future of Capitalism". Er plädiert dafür, Ethik und Moral einzusetzen, um Gesellschaften und Politik wieder „inklusiv" zu machen, die Teilung zu überwinden, die geografische zwischen Metropolen und den verlassenen Orten, jene zwischen den Gebildeten und den Nichtqualifizierten, die Kluft zwischen den reichen Staaten und den armen.

Es braucht dafür mehr als nur ökonomische Optimierung. Es braucht die andere, die vernachlässigte Seite von Adam Smith und nicht nur von ihm, die Moral, die sich von den Werten herleitet.

3. Warum geht Wirtschaft nicht ohne Politik?

Als vor 30 Jahren die Berliner Mauer niedergerissen wurde, war das ein Ereignis, das viele sehr berührt hat. Es war das Ende einer Epoche, das Ende des Kalten Krieges und der Unfreiheit von Millionen Menschen hinter dem Eisernen Vorhang. Es war auch das Ende der Furcht des Westens, dass der Kommunismus als Alternative gelten könnte. Die amerikanische Hegemonie schien auf ihrem Höhepunkt zu sein. Der sogenannte „Washington Consensus", freie Märkte, Demokratie und Rechtstaatlichkeit, vor allem von Währungsfonds und Weltbank in ihren wirtschaftspolitischen Programmen umgesetzt, führte nicht immer zu dem gewünschten Ergebnis eines stabilen, nachhaltigen Wachstums. Besonders während der Asienkrise Ende der 90er-Jahre kam dieses Modell in die Kritik. China ist zwar internationalen Institutionen wie der WTO beigetreten und hat seinen Außenhandel vervielfacht, steuert jedoch nach wie vor den wirtschaftlichen Entwicklungsprozess sehr zentral. Die kommunistische Partei ist wieder stärker am Planungsprozess und in der Entscheidungsfindung in den Unternehmen beteiligt. Das universale Entwicklungsmodell gibt es nicht. Umso wichtiger sind Koordination und die Suche nach gemeinsamen Zielsetzungen und Maßnahmen. Dass China und Russland am Klimapakt festhalten, ist demnach ein gutes Signal.

Es ist schon schwierig genug, wenn der Nutzen multilateraler Kooperation infrage gestellt wird, wie es vor allem der derzeitige US-Präsident tut. Globalisierung und Wachstum beruhen auf internationaler Arbeitsteilung, fairen Wettbewerbsbedingungen und der Bereitschaft, die Folgen des Wachstums wie Treibhausemissionen gemeinsam zu bekämpfen. Ohne diese Koordinierung wird es nicht gelingen, den Klimawandel einzubremsen. Die Emissionen steigen weiter. Allerdings gibt es eine Kraft, die gemeinhin unterschätzt wird. Der technische Fortschritt kann viel bewirken, auch die Reduzierung unserer Treibhausemissionen. China ist gemeinsam mit den USA, Indien und Russland für 50 Prozent der globalen CO_2-Emissionen verantwortlich. China hat reagiert, wesentliche Schadstoffreduktionen erreicht, aber noch immer sind etwa 50 Prozent des Wassers ungenießbar. Jeder, der in Peking oder Neu-Delhi ankommt, ist entsetzt über die Luftqualität dort, und dass Menschen um Jahre früher sterben müssen deswegen. Wir haben dreißig Jahre einer enormen Entfaltung der Wirtschaft, der Reduktion von Armut in vielen Ländern und der neuen Möglichkeiten sozialer und geografischer Mobilität erlebt. Aber dabei sind auch Folgen entstanden, die wir nicht mehr vom Tisch wischen können. Die neuen Grenzen des Wachstums erlauben keine 20–40-jährige Reaktionszeit mehr. Wir haben aber auch noch andere bedrohliche Szenarien vor uns: Die Macht der Technologiekonzerne ist so groß geworden, dass sie mehr Mittel und mehr Zugriff auf die Daten der Bürger haben als die meisten Regierungen. Neben Klimawandel gilt dieses Thema ebenso wie mögliche Cyber-Wars als wesentliche Herausforderung für die Entscheidungsträger. Das „hausgemachte" Thema Handelskrieg ist für die synchronisierte globale Wachstumsverlangsamung, die wir im Jahre 2019 erlebt haben, ursächlich gewesen.

Noch viel größer wird die wirtschaftliche Auswirkung der in allen Ländern der Welt aufgetretenen Pandemie sein. Wir werden eine Rezession erleben, deren Ausmaß sich noch schwer abschätzen lässt.

Auf der Angebotsseite können Firmen nicht liefern, wegen Unterbrechung der Lieferketten, Kurzarbeit und Kapazitätsstillegung. Gleichzeitig ist die Nachfrage eingebrochen – Kaufzurückhaltung und Kaufkraftverlust gehen Hand in Hand. Regierungen haben rasch reagiert und weitreichende Gegensteuerungsmaßnahmen beschlossen. Etwa um die Hälfte sind die jährlichen Budgetausgaben in Deutschland und Österreich aufgestockt worden. Es geht darum, Menschen in Beschäftigung zu halten und Firmen mit Krediten und Steuererleichterungen zu unterstützen. Das Finanzsystem wird durch Einsatz der in den Jahren guter Konjunktur aufgebauten Eigenkapitalpolster und Erleichterungen bei der Regulierung besser in die Lage versetzt, ihre Kreditnehmer bei der Überbrückung von Umsatzentgang und Liquiditätsbedarf weiter zu finanzieren.

Werden diese Maßnahmen ausreichen? Wir wissen es noch nicht. Wir lernen mit der Ungewissheit von Ansteckungsraten, möglichen neuen Wellen an Infektionen und erst in der Erforschung und Erprobung befindlichen Impfstoffen und Medikamenten zu leben.

Eines ist gewiss: Wenn wir – eines Tages – wieder in den „Normalbetrieb" zurückgekehrt sein werden, dürften sich neue Fragen stellen: Wie werden wir es mit der internationalen Arbeitsteilung halten? Welche Rolle wird dem Staat zukommen bei all den Herausforderungen für Gesundheit, Forschung, Klima, Infrastruktur und nicht zuletzt Sicherheit in jeder Form?

Gerade die jetzige Krise bedeutet in Europa wieder einen Rückzug in den Nationalstaat. Nicht nur, weil Grenzen geschlossen wurden und Gesundheitskompetenzen bei den einzelnen Staaten liegen, sondern auch, weil jedes Land für sich die Abwägung zwischen Schutz der Gesundheit und vertretbaren Maßnahmen zur sozialen Distanzierung und dem Schließen von Betrieben vornehmen muss. Zudem wurden in erster Linie nationale Budgetmittel eingesetzt. Es ist erfreulich, dass auch ein europäischer finanzieller Schutzschirm bewilligt wurde und einsatzbereit ist. Die Überwindung der Krisenfolgen wird uns noch lange beschäftigen und internationale Zusammenarbeit ebenso wie neue und mutige Lösungen dringender machen denn je.

Das eingangs zitierte Gedankenexperiment des Soziologen Harald Welzer „Alles könnte anders sein" ist in tragischer und so nicht vorhergesehener Weise Realität geworden. Es gilt nun, an den Wiederaufbau zu gehen und vieles neu zu denken: Die Organisation der Arbeit, die einen Schub an Digitalisierung gemacht hat. Die Bewältigung der Folgen möglicherweise dauerhaft veränderter Kauf- und Konsumgewohnheiten und in der internationalen Arbeitsteilung. Die Verteilung der Lasten aus der Finanzierung der Krisenbewältigungsmaßnahmen. Die Anforderungen, internationale Solidarität zu üben, und die Perspektive auf möglicherweise für länger eingeschränkte geografische Mobilität. Alle diese Herausforderungen müssen aufgegriffen, aber auch die vor dieser Krise sichtbaren Bruchlinien und Spannungen miteinbezogen werden.

Gertrude Tumpel-Gugerell war bis Mai 2011 Mitglied des Direktoriums der Europäischen Zentralbank. Sie studierte Volkswirtschaft an der Universität Wien, trat 1975 in die Österreichische Nationalbank (OeNB) ein, wurde 1997 Mitglied des Direktoriums, 1998 Vizegouverneurin. Zudem war sie Anfang der 1990er-Jahre Mitglied des Fachhochschulrats und wurde 2003 in den Universitätsrat der Universität Wien gewählt, Mitglied im Unirat der Montanuniversität und derzeit Aufsichtsrätin in mehreren börsennotierten Kapitalgesellschaften. Sie hat zahlreiche Beiträge zu den Themenbereichen Wirtschaftspolitik, Finanzmarktstabilität und Finanzmarktintegration veröffentlicht.

Anmerkungen

1. Harald Welzer, Alles könnte anders sein. Eine Gesellschaftsutopie für freie Menschen. Frankfurt am Main 2019.
2. Adam Smith, An Inquiry into the Nature and Causes of the Wealth of Nations. London 1776.
3. Paul Collier, The Future of Nationalism. Facing the New Anxieties. London 2018.

Diva der Opernbühne. Allüre, Blut und Champagner im Scheinwerferlicht

Marlene Hahn

Auf der Opernbühne geht die Angst um, mal panisch, grell und laut, dann wieder kriechend, oder hinter tausend Kostümen und Türen versteckt, lauernd auf den richtigen Moment, der alles verändern wird. Betritt die Angst allein die Bühne? Sie ist schließlich eine Diva und liebt die Abwechslung, die Maskerade und vor allem das Spiel. Oder sucht sie sich beim Gang ins Scheinwerferlicht Verbündete, um unvorhersehbar zu infizieren, zu richten, zu töten?

Interview in einer Garderobe.
Anm. d. R.: Alle Schilderungen der Diva wurden mit größter Sorgfalt inhaltlich zusammengetragen, ergänzt – in der Hoffnung nichts Wesentliches der dramatischen, blutigen oder süffisanten Erzählungen ausgelassen zu haben.

Die Angst als strahlender Retter

Vor wenigen Tagen saß die Angst in der Maske eines Theaters vor dem Spiegel und bekam ein freundliches Gesicht geschminkt: Ein Politiker, ein Geistlicher, ein Vorstand saßen da und unterhielten sich gut gelaunt über die aktuellen Projekte der Stadt und darüber, dass ein Passionsspiel zu Ostern geplant werden müsse. Wer soll nur den Jesus spielen? Die Nächstenliebe müsse man schon glaubhaft darstellen können … Und was ist mit den Aposteln? Für die Rolle der Maria Magdalena hätte man schon die richtige Frau im Kopf. Man lacht verschmitzt, haut sich auf den Oberschenkel und freut sich auf das fette Festessen auf dem Marktplatz. Könnte man nur so viel Fressen wie man Lust hätte? Man lacht.

Nachdem die Rollen für das Passionsspiel verteilt, die Mägen gefüllt, der Schnaps geleert, stehen plötzlich an die hundert Menschen aus einem Nachbarsdorf vor ihnen – Hilfe suchend, denn ihre Häuser wurden geplündert, vernichtet, sie selbst sind am Verhungern, in größter Not. Den Braten noch im Halse steckend, blickt ein feierndes Dorf nun fragend auf ihren Politiker, ihren Geistlichen, den Vorstand: Was tun mit den Flüchtlingen? Den Fremden? Hin und her gerissen zwischen dem Druck, das „Richtige zu tun", die Nächstenliebe, von der noch gerade schmatzend gesprochen wurde, zu leben, und dem Wunsch das Fremde von sich fernzuhalten, nicht teilen zu müssen, … blicken sie plötzlich auf einen toten Säugling! Das Mitgefühl für die Not wächst, man kann ja nicht mehr wegsehen. Nun starrt ein Dorf auf die führenden Vertreter von Staat und Kirche und hofft auf eine Lösung, eine Rettung aus der misslichen Lage … und dann taucht sie strahlend schön, überraschend und so vermisst auf: die Angst! Priester Grigorios brüllt: „Cholera! Cholera!" und alles weicht von den Fremden, das Mitgefühl schwindet und die Mehrheit der Dorfbewohner nimmt dankbar die Angst als Lösung des Problems an. Man müsse sich und die Kinder schließlich schützen. In Bohuslav Martinůs Oper „Die Griechische Passion" (1954–1957) steht nicht die religiöse Qualität des Stoffes im Zentrum von Martinůs Interesse, sondern die Frage nach der Humanität an sich und dem Umgang mit dem eigenen Egoismus.

Am Ende dieses dramatischen Wettlaufs mit der Angst stirbt ein weiterer Mensch: Manolios, der sich immer mehr mit seiner

Rolle als Christus identifiziert, Forderungen stellt und damit die bestehende Ordnung des Dorfes infrage stellt. Er muss sterben. Er wird – hier wiederholt sich die „Passion Christi" – getötet, damit das Dorf mit seinen Bildern und Vorstellungen weiterleben kann, sich nicht weiter mit unangenehmen Fragen auseinandersetzen muss. Aber lange bevor die Dörfler ihren Christus-Darsteller töten, haben sie vielleicht gar nicht gemerkt, dass, hervorgerufen durch ihr Verhalten, Gott schon lange tot ist. Dass es nie einen Cholera-Toten gab, dass es schlicht eine Erfindung war, interessiert zu diesem Zeitpunkt schon lange niemanden mehr. Die Angst hatte ihren dramatischen Auftritt und ein Trümmerfeld, zwei Tote hinterlassen ... und das hungernde Dorf zieht weiter.

Angst-Trotzend

Erst neulich betrat die Angst Hand in Hand mit der Sehnsucht flirtend das Scheinwerferlicht und flüsterte Fritz in Franz Schrekers Oper „Der ferne Klang" (1903) ins Ohr, dass es eine bessere Welt geben müsse, eine schillerndere, eine intensivere, eine bedeutendere, er müsse nur dem Klang in der Ferne folgen ... Wenige Sekunden später verlässt Fritz das Dorf, seine Jugendliebe Grete und ruft ihr freudig, tröstend zu: „Und halt ich den Klang, bin ich reich und frei, ein Künstler von Gottes Gnaden!" und verspricht zu ihr zurückzukommen.

Die Suche nach Glück, nach Vollständigkeit ist der notwendige Stachel in unserer gemütlichen Selbstzufriedenheit. Sehnsucht als Raum der Möglichkeiten, voller Hoffnung und Träume. Sehnsucht treibt uns an, und so malen wir uns in bunten Farben die Zukunft aus; wir leben strebend, nach vorne denkend, das Vergangene nutzend, die Zukunft erträumend und die Gegenwart ertragend. Peer Gynt, Wilhelm Meister, Fritz oder Tatjana („Eugen Onegin") überwinden die Angst vor der Veränderung, die Angst vor der Enge, vor dem Vertrauten, vor der Langeweile, dem Stillstand und machen sich auf den Weg, offenbaren ihr Innerstes und hoffen auf Bestes. Diese Ängste helfen den Figuren Energien zu mobilisieren, sich ein Herz zu fassen, zu verlassen und Neues zu suchen. Manchmal verliert sich dabei ihre Suche im Bodenlosen ... und sie begegnen dann einer neuen Angst, die schnippisch, Kaugummi kauend von falschen Entscheidungen, falschen Partnern und Lebensentwürfen philosophiert: Alles zu spät, alles verloren! Eugen Onegin bricht vor den Füßen seiner Tatjana zusammen, denn plötzlich ist es ihm sonnenklar: Sie allein war es. Ja? Ja wirklich? Und so flüstert Franz Schreker uns im Dunklen des Zuschauerraums zu: „Ein Greifen und Haschen nach fliehenden Dingen, immer voll Glauben, immer enttäuscht, und immer aufs Neue verdammt zu jagen, zu suchen – um nicht zu finden."

Die blutrote Angst hinter der nächsten Tür

Vor dem Hintergrund der Spanischen Inquisition, den lodernden Flammen, der Willkür von Krone und Kirche schreitet die Angst im Gewand eines Mönchs, eines Großinquisitors, eines Königs, eines gesamten Hofstaates durch die Gassen, lockt aus dunklen Zimmern, lässt Schatullen öffnen, Briefe lesen, auf Erlösung hoffen, um am Ende aussichtsloser und brutaler denn je zu morden, bis das Blut den steinernen Vorplatz tränkt. Dramatiker und Komponisten wie Friedrich Schiller, Giuseppe Verdi, Luigi Dallapiccola oder Alexander Zemlinsky wählten die Zeit der Spanischen Inquisition, um ihre Geschichten von Liebe, Leidenschaft, Verrat und Machtmissbrauch in blutrotes Licht zu tauchen.

Und da lauert auch schon die Angst, still und abwartend, in der Welt des jungen Thronfolgers Don Carlos in Verdis gleichnamiger Oper (1867/1884): Ist es denn möglich, in dieser Welt, in der Menschen sich unter Schleiern verbergen und anderen den schützenden

Schleier von der Seele reißen, in der sich kaum jemand traut, ohne den Schutz der Verkleidung, ohne die sprachliche Maskerade dem anderen zu begegnen, wahrhaft zu lieben oder geliebt zu werden? Oder ist beim Öffnen des Vorhangs klar, dass die Angst bereits erfolgreich injiziert wurde und das ganze Spektakel nur eine Frage der Zeit ist, bis die Angst den letzten Atem raubt und alles stirbt? Die Zuschauer im Saal als Zeugen eines letzten tragischen Aufbegehrens? Denn vom ersten Ton der Fagotte an sind die Schatten der Inquisition, ist die Angst-Maschinerie in Verdis Meisterwerk spürbar, sie kriechen durch die Gemäuer des Escorial und lassen die Figuren des „Don Carlo" erstarren, denn wem kann man noch vertrauen, wem darf man seine Gefühle offenbaren, ohne dem Tod direkt ins Messer zu laufen?

Komponisten und Dramatiker greifen auf historische Fakten zurück, welche sie ausbauen, verändern, um Wahrheiten zu spiegeln: Bereits im Jahr 1231 von Papst Pius IX. institutionalisiert, ab 1430 benutzt, um vermehrt Frauen der Hexerei zu beschuldigen, erreicht die Inquisition einen Gewalt-Höhepunkt in Spanien mit der Entstehung des Zentralstaates um 1480. Um die Einheit des jungen Zentralstaates zu stützen, ihn gegen Feinde im In- und Ausland zu schützen, wird ein besonders strenger Katholizismus gelebt und gefordert, was wiederum eine todbringende und unerbittliche Symbiose zwischen Staat und Kirche bedeutet, die bei Verdi im Duett zwischen Philipp und Großinquisitor spür- und hörbar wird. Dienen die Klänge der vier Fagotte in den vorhergehenden Szenen dazu, die bedrohliche Omnipräsenz der Inquisition, die katholische Vernichtungsmaschinerie zu verdeutlichen, beginnen sie in dieser Szene zu sprechen: Damit wird Philipp an seinen Platz im Gefüge erinnert und daran, dass dieser Verfolgungsapparat auch vor der Krone nicht Halt macht. Ein Terrorsystem der Angst – denn jeder kann der Nächste sein, kann derjenige sein, der den Nachbarn anklagt – war geboren. Beim berühmten Autodafé („Akt des Glaubens"), das einem Volksfest gleicht, wird dann die Masse bei Brot und Spielen unterhalten.

Wird bei Schiller nur darüber gesprochen, bildet das Autodafé das Kernstück der Oper Verdis. Hier trifft sich die Macht, hier bricht hervor, was das Schloss in jedem Winkel überschattet und sich zwischen die Figuren legt, jeder atmet Angst, denn vor dem willkürlichen Gericht der Inquisition sind alle gleich: jederzeit opferbereit. Und diese Angst klingt strahlend, feierlich, verführerisch – ungeachtet der schrecklichen Szene werden wir mitgerissen – und so von Verdi zu einem bedeutenden Teil des grausamen Spektakels gemacht, der Zuschauer im Saal als Teil des Terrors.

Neben der Klanglandschaft des Todes beschreibt Verdi das spanische Hofzeremoniell: glänzend scheinendes C-Dur, Stimmen der Etikette. Und dann bricht plötzlich durch diesen verlogenen Ton die individuelle emotionale Situation der Figuren durch: strahlendes Des-Dur: Illusion, Sehnsucht, Freundschaft, so wie zwischen Carlos und seinem besten Freund und einzigen Vertrauten Rodrigo, der Marquis von Posa: „Wir werden gemeinsam leben und wir werden gemeinsam sterben". Diese Hymne an die Menschlichkeit wird im ersten Akt strahlend und rein geboren, als Antwort auf das Terror-Regime der Angst. Es erklingt erneut, wenn Eboli Carlo an den König verraten will und ihm Rodrigo helfen möchte, indem er Carlos auffordert, ihm die belastenden Dokumente zu überreichen. Doch Carlos zögert, denn er weiß, dass sein Vater Rodrigo zu seinem Vertrauten erkoren hat. Kann er ihm noch immer trauen? In Form eines nebligen Misstrauens kriecht die Angst unter den Türen des Escorial durch und umhüllt diese wertvolle Freundschaft, diese letzte Bastion der ehrlichen Begegnung. Rodrigo kann es kaum fassen, dass sein Freund an seinen Worten zweifelt. Doch dann erklingt sie: Die Hymne der Freundschaft mit voller pathetischer Kraft und erneuert den Schwur, bekräftigt die Hoffnung auf eine bessere, ehrlichere Welt. Am Ende des Opernabends erklingt das Freundschaftsduett ein letztes Mal: Rodrigo liegt jetzt tödlich verletzt in Carlos Armen und das Motiv wird wie ein vergilbtes Foto, als leise, verblasste

Erinnerung hörbar ... dann Blechbläser für die offene, pulsierende Wunde, Celli für das fließende Blut. Der Andersdenkende, der neue Geist Rodrigos muss zum Schweigen gebracht werden, damit Krone und Kirche weiterhin herrschen können. Harfenklänge begleiten die Seele des Sterbenden ins Jenseits. Rodrigo stirbt in der Idee, dass Carlos Flandern retten, etwas ändern, das Geflecht aus Angst und Terror zerstören kann ... Doch wenige Minuten später erleben wir den tödlichen Schulterschluss von Krone und Kirche, wenn es heißt: „Cardinal, ich habe das Meinige gethan. Thun Sie das Ihre."

Die Angst als Sadist

Mit der Farbe der Hoffnung ist die Angst auch in Luigi Dallapiccolas Meisterwerk „Il Prigoniero" („Der Gefangene") aus dem Jahre 1948 gefärbt, doch hier gibt es kein Misstrauen zwischen den Figuren in vermeintlicher Freiheit mehr, denn die Hauptfigur ist bereits – wir, die im Zuschauerraum sitzen, erfahren nicht „warum" – zum Tode verurteilt worden und wartet nun in einem dunklen Verlies darauf. In Dallapiccolas Oper begegnen wir nun der sadistischen Seite der Angst, die uns zulächelt und uns Hoffnung schenkt.

Die Erfahrung, wie zerbrechlich das Gut Freiheit ist, machte der in Istrien geborene Italiener Luigi Dallapiccola schon sehr früh: 1917 muss seine Familie, die als „politisch unverlässlich" gilt, nach Graz ziehen – begleitet von einem Polizisten. Die Zeit in Graz erlebt Dallapiccola mit sehr widerstreitenden Gefühlen: Er spürt die Demütigung, den Verlust der Heimat, die Unsicherheit über die Frage, wie es weitergeht. Und der Vater muss sich von nun an regelmäßig bei den Polizeibehörden melden – ein Umstand, der von Luigi als besonders erniedrigend empfunden wird. Auf der anderen Seite erlebt der junge Mann im Opernhaus der Stadt mehr als 80 Opernaufführungen, die ihn entflammen: „Es ist wirklich überraschend, dass man den Hunger im Inneren des Theaters nicht spürt. […] In der Zeit des Krieges war es nicht möglich mit 70 Kreuzern Brot auf dem Schwarzmarkt zu erwerben, aber die 70 Kreuzer waren genug, um eine Karte für die oberste Galerie des Opernhauses zu kaufen. Außerstande mir Brot zu geben, schickte mich meine Mutter ins Theater." Und schließlich beschließt der junge Dallapiccola in einer Vorstellung von Wagners „Der fliegende Holländer", selbst Komponist zu werden, die Themen, die ihn bewegen, fortan durch Musik auszudrücken. Der gewaltsame, ungerechte Eingriff in sein Leben, die Erkenntnis, wie kostbar, zerbrechlich die zu selbstverständlich genommene Freiheit ist, die bitteren, angstvollen Erfahrungen des Ersten und des späteren Zweiten Weltkrieges, werden sich in zahlreichen seiner Werke Gehör verschaffen. Dallapiccola ist der Überzeugung, dass Faschismus, innere und äußere Gefangenschaft, Einschränkung von Freiheit, Willkür, Folter, die als Themen immer wiederkehren, nicht zu überwinden seien.

Was für eine Angst fühlt der Hauptprotagonist, der Gefangene, in dieser Oper? Wie vermag er es, diese Angst zu überwinden? Wie klingt diese Angst, die Hand in Hand mit der Hoffnung auf das Verloren-Geglaubte, auf die Freiheit, kraftlos, zu Tode gefoltert zuwankt? Wenige Minuten vorher kauert der Gefangene in seinem abgesperrten Gefängnis und seufzt: „Ich wusste nicht, dass man so viel aushält, ohne zu sterben." Kraftlos sinkt er wieder in sich zusammen – er möchte sterben. Hier, sofort. Keinen Tag länger hält er die seelischen, körperlichen Erniedrigungen und Verletzungen aus, er kann nicht mehr. Wäre da nicht die sanfte Stimme des Kerkermeisters, die den Gefangenen aus der Spirale der Dunkelheit lockt. Indem er ihn „Fratello", „Bruder" nennt, schenkt er ihm menschliche Wärme und ganz sanft schleicht sich die Hoffnung in das Herz des Gefangenen. Bildet er sich den Windhauch auf seiner Haut nur ein? Ein Gespenst seiner Verzweiflung? Oder hat der Kerkermeister tatsächlich die Tür zum Verlies einen kleinen Spalt offengelassen? Die Freiheit scheint zum Greifen nah …

Mit den Inspirationen der Zweiten Wiener Schule, Schönberg, Webern und auch Busoni im Gepäck, begibt sich Dallapiccola auf eine leidenschaftliche Suche – der Kompass: „Ohne strengste Formung gibt es kein Kunstwerk!" Mit dem Gefühl der Freiheit, nicht in der traditionellen Art zu komponieren, sucht er nach seiner eigenen Zwölftonsprache. Und so basiert „Der Gefangene" nicht auf einer einzigen Zwölftonreihe, sondern auf drei Reihen (*Serie des Gebets, der Hoffnung, der Freiheit*). Diese drei Reihen bilden das Skelett der Oper, während die beiden Themen (*das Thema des Todes und des Bruders*) das pulsierende Blut verkörpern, das durch die Venen rinnt und dieser Geschichte um Hoffnung und Täuschung – die mit dem Thema des Todes beginnt – neues Leben einhauchen. Dallapiccolas Klangfarben führen uns durch die Dunkelheiten der menschlichen Seele, lassen uns mit dem Gefangenen hoffen, denn wir hörten mit ihm das rettende Wort „Fratello" („Bruder"). Dieser Tropfen Menschlichkeit, dieser Schimmer von Hoffnung fällt wie rettender Balsam in die gefolterte Seele des Gefangenen. Doch solange der Gefangene ein Gegenüber spürt, ein „Du" vor Augen hat, kann er überleben, findet er den Mut und die Kraft, durch das düstere Verlies zu wanken, hin zum Licht: „Die Sterne! Der Himmel! Ja, ich bin gerettet! Wie die Zeder duftet … Ja, ich bin frei!"

In dem Moment der höchsten Hoffnungserfüllung wird er von den Armen des Großinquisitors umfangen und muss erkennen, dass die Hoffnung die schlimmste Folter von allen war. Auf der letzten Seite der Partitur heißt es: unbewusst flüsternd, aber diesmal in deutlich fragendem Tonfall „La libertà?" – die flüsternden Klänge des Orchesters, die Flammen des Scheiterhaufens hüllen ihn ein, und seine letzte Frage an uns, Dallapiccola: „Man hat festgestellt, dass die Grundidee aller meiner Werke für das Musiktheater immer dieselbe ist: der Kampf des Menschen gegen etwas, was viel stärker ist als er. Der Kampf des Odysseus ist vor allem ein Kampf gegen sich selbst, insofern, als er das Geheimnis der Welt durchschauen möchte."

Die Angst im rosa Domino

Neben ihrer sehnsüchtigen, populistischen oder sadistischen Seite trägt die Angst aber auch wahnsinnig gerne rosa Dominos und stiehlt sich, ausgestattet mit Champagnerflasche und zu viel Chanel-Parfüm, von Chambre Séparée zu Chambre Séparée. Dabei liebt sie es, lautstark über sich und die anderen zu lachen, denn die Angst hat Humor – viel französischen, aber auch gerne österreichischen, Hauptsache: es wird getrunken, geflirtet, geknutscht! So zum Beispiel in Richard Heubergers Operette „Der Opernball" aus dem Jahre 1898.

Wir befinden uns in Paris zur Faschingszeit. Wir sind zu Gast im Haus von Georges und Marguérite Duménil. Die beiden bekommen Besuch aus der Provinz: Paul und Angèle Aubier, ein frisch vermähltes Paar. Marguérite hält Angèle, die an die unerschütterliche Treue ihres Mannes Paul glaubt, für „schrecklich naiv"! Und schlägt ihr deshalb eine Wette vor: Sie schicken ihren Ehemännern eine Einladung von einer vermeintlich Unbekannten zu einem Rendezvous auf dem Opernball, Erkennungsmerkmal ein rosa Domino. Die Briefe werden übermittelt, die Falle ist gestellt! Keine fünf Minuten später taucht Angèles Mann Paul mit einer Nachricht auf: Er müsse SOFORT abreisen, ein dringender, geschäftlicher Notfall! Angèle – tief bestürzt, in ihren Grundfesten erschüttert – lässt sich von Marguérite überreden, selbst auf den Opernball zu gehen und zu schauen, was dort passiert. Sie schlüpfen in zwei rosa Dominos. Hortense, das viel zu attraktive Hausmädchen, mit einer Schwäche für die Ideen eines Karl Marx, hat derweil andere Pläne: Sie verspricht gleich zwei Männern, mit ihnen auf den Opernball zu gehen, schlüpft dafür in einen dritten Domino. Zwischenfazit: drei rosa Dominos, vier bestellte Männer, Treffpunkt Mitternacht auf dem Opernball und alle sind maskiert! Keiner weiß, wer sich hinter der nächsten Maske verbirgt, der Geschäftspartner, die eigene Frau, der Onkel, die Tante? Die Angst sowie die Begierde und die Lust am Abgründigen, am Spiel außerhalb der gesellschaftlich akzeptierten Räume, die Angst erwischt zu werden, strapaziert unsere Lachmuskulatur, denn es gibt kaum etwas Komischeres als die Enttarnung am Ende eines Operettenabends, wenn in Katerstimmung, mit verstauchtem Knöchel und verschmiertem Lippenstift im Kollektiv rekonstruiert wird: wer mit wem, wann und wo? Ohne die Angst erwischt zu werden, wäre es ein lauwarmes Süppchen.

Die älteste Angst

Das Interview neigt sich dem Ende zu und wir versuchen, die Diva in ihrem Erzählfluss langsam zu bremsen … Plötzlich funkeln ihre Augen gefährlich, sind wie bei einer Tigerin schmal gezogen, ihre Lippen sind bedrohlich gespitzt … und da fliegt es auch schon durch die Luft – in ungeordneter Reihenfolge: ein Champagnerglas, Hunderte Rosen, eine Hutschachtel, eine diamantene Halskette, eine Vase! Letztere verfehlt unseren Kopf nur um wenige Millimeter und zersplittert feucht-fröhlich an der Wand neben uns. Sie, die Angst, hat doch noch so viel mehr zu bieten! So viel mehr! Auf unsere Bitte hin, sich für einen abschließenden Auftritt vorzubereiten, verfällt sie in Melancholie, nippt an ihrem Glas Bourbon und erzählt hinter feuchten, falschen Wimpern von ihren liebsten Auftritten: „Hach. Sie war noch so jung …". Sie schlüpft nun in eines ihr ältesten, gefürchtetsten und populärsten Gewänder: in das Kostüm der Frau.

Da hätte sie die Zerstörerische anzubieten, die seit Adam und Eva im Dunklen der Seitenbühne auf ihren Auftritt wartet, den Staub einatmend, die weiblichen Messer gewetzt. Ob nun im Kostüm der Lulu, der Kundry, einer Lady Macbeth, ob als Hexe oder als Kindermörderin Medea! Die Tatsache, dass Bibelautoren, Dramatiker, Maler, Bildhauer oder Komponisten bis weit ins 20. Jahrhundert hinein die Kunst dominierten und männlich waren, spielt sicherlich eine nicht zu unterschätzende Rolle. Mit ihren eigenen Ängsten, Komplexen, Fantasien, Sehnsüchten konfrontiert, erschufen sie Frauenrollen, die uns heute immer noch den Atem rauben – oder mehr.

In einem in Nuancen ähnlichen Gewand, vielleicht ein wenig blässlicher im Teint, steht eine andere Frauengruppe plötzlich blutbefleckt, wassergetränkt vor uns: Lucia („Lucia di Lammermoor"), Ophélia („Hamlet") und Elvira („I puritani") nennen sie sich. Egal wie die Diagnose der männlichen Schöpfer aussieht, wie aufregend die Symptome vorab zu beobachten waren, das Ende ist bei allen Patientinnen im Scheinwerferlicht gleich – denn kaum eine verlässt lachend, triumphierend, noch lebend die Opernbühne; eine Gemeinsamkeit, die sie mit den meisten ihrer anderen Kolleginnen teilen. Schade eigentlich, denn man würde sich zu gerne überlegen, wohin Salome gereist wäre, wen Lulu, der man die Gebärmutter in einem Zusammenfall aller Zwölftonreihen herausschneidet, noch geliebt, oder was uns Elektra noch zu sagen gehabt hätte.

Vielleicht ein wenig lyrischer, sanfter, fragiler präsentiert sich die Angst, sobald sie unglücklich verliebt ist, verboten heiratet, kränkelt, oder mutig den Freitod wählt: Julia, Mimi, Isolde, Elisabeth, Leonora, Grete, … und dann gibt es noch Eurydike, die im Tod noch liebenswürdiger erscheint und die uns aus dem Hades heraus von der Angst der Hoffnung erzählt.

Die Angst mag eitel und launisch sein, Allüren besitzen oder unerwartet Lachen schenken, sie ist sicherlich vieles, nur eines ist sie niemals: langweilig. Und so schiebt sie uns sanft aus der Garderobe, denn der nächste unberechenbare Auftritt kommt bestimmt.

Show-Time: Sieh mir in die Augen!

Wir alle, die Zuschauerinnen und Zuschauer eines Theaterabends, kennen sie: die Angst, denn jeden Morgen wacht sie mit uns auf, linst uns beim Brühen des Kaffees über die Schulter oder steigt mit uns ins Auto; sie sorgt sich um unser Wohl oder wird zur Psychose im Nacken. Doch im dunklen Zuschauerraum eines Theaters – den Orchestergraben als Sicherheitsabstand vor uns wissend – werden wir, Zuschauer*innen, zu Analytikern, zu Beobachtern, zu Komplizen, wenn die Angst die Bretter, die die Welt bedeuten, betritt. Dann beobachten wir, welche Entscheidungen sie herbeiführt, zu welch lustvollen Grenzüberschreitungen sie betört, in welche blutigen Kellerverliese sie lockt, oder wie wenig es benötigt, aus uns mitfühlenden Menschen Barabaren zu machen. Sie dreht und wendet sich und lächelt uns an: Erwischt? Erkannt? Entlarvt?

Die letzten Akkorde reißen uns mit, der Atem stockt, der Vorhang fällt. Stille. Dann holt uns das Klatschen aus den Fantasien, Möglichkeiten des Dramas zurück und rettet uns ins Hier und Jetzt. Das Saallicht geht an, der ganze Spuk zwischen lustvollem Thrill, Intrige und blutigem Morden ist vorüber … Sie lacht.

Marlene Hahn ist seit 2015 als Musikdramaturgin an der Oper Graz tätig. Darüber hinaus führt sie selbst Regie („Hotel Elefant"/„The Corridor") und ist Moderatorin der Facebook/YouTube-Reihe „Klappe auf!". Von 2010–2015 war sie in gleicher Position am Theater Augsburg beschäftigt. 2015 erhielt sie den Augsburger Theaterpreis und wurde 2017 vom Wagner Forum Graz zur Richard-Wagner-Stipendiatin ernannt. Sie ist Absolventin des Elitestudiengangs Ethik der Textkulturen, den sie neben dem Studium der Germanistik und Kunstgeschichte an der Universität Augsburg im Herbst 2011 beendete. Von 2007–2008 arbeitete sie in New York City im Bereich Marketing- und Sales Management. Nach der Rückkehr nahm sie das Doppelstudium in Augsburg auf und intensivierte ihr Engagement im kulturellen Bereich: Sie arbeitete für das Brecht- und das Mozartfestival und betreute als Regieassistentin Opernproduktionen am Theater Augsburg.

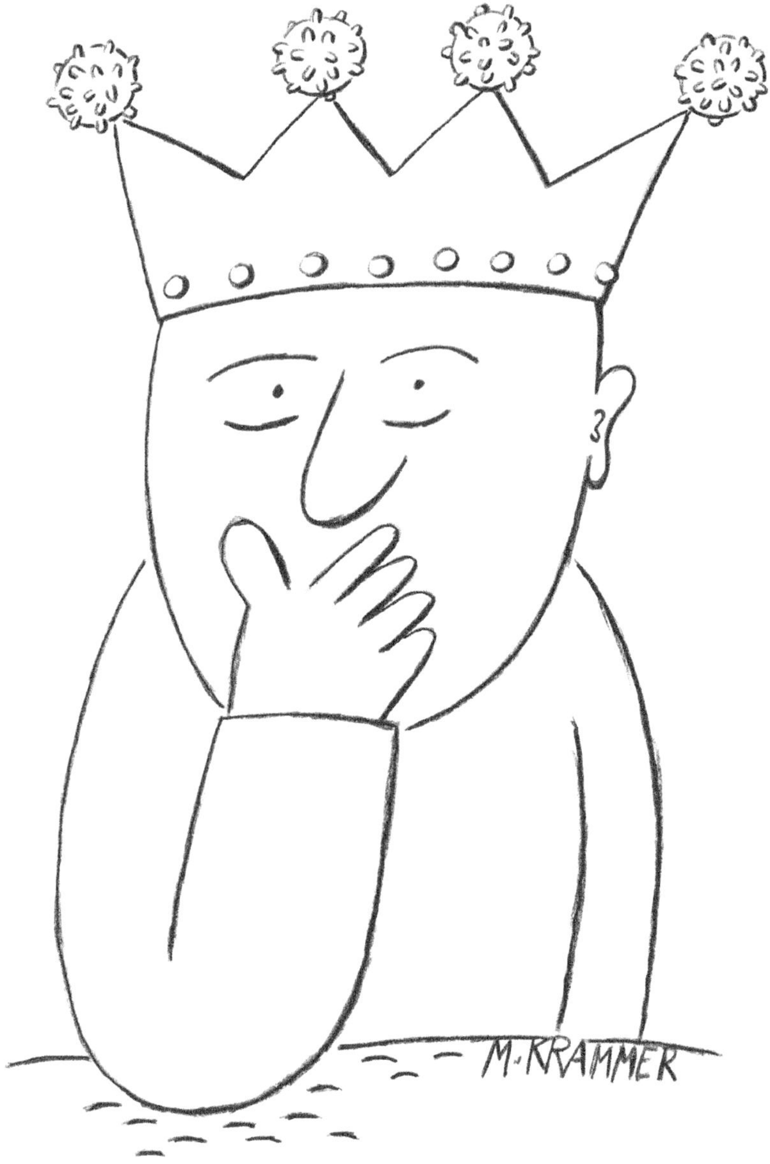
M. KRAMMER

Lampenfieber

Stefan Suske

Vor einiger Zeit wurde ich – als Theatermann – gefragt, ob ich einen Artikel zum Thema „Angst" – in meinem Fall zum Thema „Lampenfieber" – beisteuern könnte. Da war noch nicht im entferntesten daran zu denken, dass dieses Thema plötzlich durch die Corona-Krise so nah an uns heranrücken würde.

Angst um die Liebsten, Angst um den Job, Angst vor der Zukunft, Ängste ohne Ende.

Jetzt erfahre ich gerade, dass ich den Text in ein paar Tagen abliefern muss und habe Angst, dass ich das nicht schaffe.

Es kommt mir nämlich mehr als seltsam vor, mich in dieser Situation mit dem Phänomen „Lampenfieber" zu befassen, das durch die im Moment fehlenden Auftrittsmöglichkeiten für alle Kunstschaffenden ja ohnehin nicht virulent (!!!) ist.

Ich werde es trotzdem versuchen. Versprochen ist versprochen.

Lampenfieber in erträglicher Form ist ja etwas durchaus Normales, das der Tatsache gerecht wird, dass Menschen anderen Menschen bei deren öffentlichen Auftritten zuschauen oder zuhören, in den meisten Fällen sogar etwas dafür bezahlen und deshalb eine Leistung erwarten dürfen.

Es ist auch eine Art Beschleuniger, der hilft, auf Touren zu kommen, das Maximum an Energie abzurufen, das für einen gelungenen Auftritt nötig ist.

In seiner starken Ausprägung ist es allerdings eine berufsverhindernde Attacke auf das Nervensystem.

Ich kenne nicht wenige Inspizienten (meistens sind es Männer), und Souffleusen (meistens sind es Frauen), die das Zeug zu einer guten Sängerin oder zu einem guten Schauspieler gehabt hätten, denen aber die Nerven einen Strich durch ihre Berufsrechnung gemacht haben.

Immerhin haben sie sich so eine räumliche Nähe zu ihrer „eigentlichen Profession" bewahrt, wohingegen andere Geplagte den Beruf wechseln mussten.

Ich habe einige Jahre an der Berner Hochschule der Künste als Dozent ein Fach für MusikerInnen aller Gattungen unterrichtet: „Stagemanagement". Dabei ging es um die Verbesserung des Gesamtauftrittes von MusikerInnen.

Lampenfieber in diesem Metier ist natürlich noch einmal etwas ganz anderes. Ein Pianist zum Beispiel, dessen Hände plötzlich zu zittern beginnen oder gar feucht werden, ist in einer entsetzlichen Situation. Ein Schauspieler kann ja zur Not immer noch improvisieren, seine zitternden Hände verstecken oder die mitzitternde Teetasse einfach abstellen.

Der Pianist hingegen muss hilflos zusehen, wie ihm seine Finger nicht mehr gehorchen und immer wieder von den Tasten rutschen.

Nachgefragt, wie die Studierenden das Phänomen Lampenfieber beschreiben würden, war es immer dasselbe: Angst vor dem Scheitern. Dem Scheitern an einer bestimmten Passage, dem Scheitern an einer schwierigen Stelle, dem Scheitern insgesamt.

Ich habe dann immer entgegnet, dass es da nur zwei Möglichkeiten gibt: Zum einen, sich so gut vorzubereiten, dass die Gefahr, falsch zu spielen, gering ist, und andererseits, sich zu vergegenwärtigen, dass das Publikum oft sehr dankbar ist, wenn etwas Unvorhergesehenes passiert, dass das Scheitern an sich also gar nicht so fatal ist, es auf den Umgang damit ankommt.

Mit zwei Beispielen aus den Bereichen Musik und Theater, deren Zeuge ich war, möchte ich das Gesagte verdeutlichen:

Das eine war ein denkwürdiges Konzert mit Sprecher (ich war der Sprecher): Moliere: „Der Bürger als Edelmann". Musik von Lully. Der Solist, ein junger Geiger, durfte das Konzert mit einer echten Stradivari spielen, eine Honorierung seiner Sonderbegabung durch eine Firma, die die Miete dafür sponserte.

Nach circa 20 Minuten riss ihm plötzlich eine Saite. Wie selbstverständlich reichte ihm der erste Geiger sein eigenes Instrument, griff sich die Stradivari, spannte in aller Ruhe eine neue Saite auf und gab an einer musikalisch geeigneten Stelle ihm diese wieder zurück.

Der Applaus am Ende war frenetisch. Der gelassene Umgang der Beteiligten mit dem Missgeschick war es, der so beeindruckte.

Das andere war auch Molière, aber diesmal auf der Bühne:

Obwohl ich in meinem ganzen, langen Berufsleben nie von übertriebenem Lampenfieber, von Hängern und Blackouts geplagt wurde, hat es mich dennoch einmal arg erwischt. Ich musste dreimal für einen erkrankten Kollegen im „Menschenfeind" von Molière einspringen. Zweimal absolvierte ich die Auftritte praktisch fehlerlos. Beim dritten Mal war ich mir scheinbar schon zu sicher, stürzte wie immer die große Treppe hinunter, schoss meinen Text gekonnt ab … und wusste plötzlich nicht mehr weiter.

Ein Satz, auf den der bei Molière übliche Reim folgte, fehlte mir im Hirn.

Der Versuch, weiterzumachen, scheiterte am Blick des Kollegen, der mir – was nicht stimmte, wie sich im Nachhinein herausstellte – signalisierte, dass ich etwas Entscheidendes vergessen hatte. Also entschied ich mich in meiner Panik für ein a part ins Publikum: „Ich glaube, ich komm noch mal". (Große Irritation beim Kollegen, Gelächter im Publikum.) Und das tat ich dann auch: Stürmte die Treppe hoch und auch gleich wieder runter in der Hoffnung, dass mir der fehlende Satz doch noch einfallen würde, was dann auch Gott sei Dank geschah. Schweißüberströmt spielte ich die Szene zu Ende. Bei meinem Abgang gab es Szenenapplaus. Und die Stimmung war auch den Rest des Abends über eine exzellente. Die Leute mochten auch hier das Unvorhersehbare und den zwar todesmutigen, aber entschlossenen Umgang mit dem Scheitern. (Die Souffleuse, die viel zu weit weg saß, hätte mir nicht helfen können.)

Wahrscheinlich sind es diese Momente, die sich dann in die Träume hineinfressen, zu Albträumen werden. Denn die habe ich. Oft sogar. So wenig mich das Lampenfieber im wachen Zustand plagt, in den Träumen ist es omnipräsent: Ich irre kurz vor dem Auftritt durch endlose Gänge und suche verzweifelt den Aufgang zur Bühne. Oder: Ich weiß, dass gleich der Auftritt kommt, habe aber noch kein Kostüm an und muss durch die Zuschauer hindurch, um in die Garderobe zu gelangen. Oder: Ich muss ganz schnell auf die Bühne, aber dort läuft ein mir völlig unbekanntes Stück.

Solange sich diese Dinge aber nur in meinem Unterbewusstsein abspielen, bleibe ich trotzig bei der Haltung, dass es spannender ist, mit einem Scheitern zu rechnen, als dieses um jeden Preis zu vermeiden.

„Immer versucht. Immer gescheitert. Einerlei. Wieder versuchen. Wieder scheitern. Besser scheitern." (Samuel Beckett)

Aber was ist das Scheitern auf der Bühne oder im Konzertsaal im Vergleich zum grandiosen Scheitern im Augenblick, mit diesem Virus fertigzuwerden.

In der Lombardei und in Ostfrankreich werden auch heute wieder viele Särge gebraucht.

Stefan Suske, geboren und aufgewachsen in Wien; Suske gab nach dem Abitur ein kurzes Gastspiel an der medizinischen Fakultät in Graz, um bald darauf Schauspiel an der dortigen Kunstuniversität zu studieren. Nach ersten Engagements in Österreich und Deutschland war er 19 Jahre lang in Bern tätig. Als Schauspieler, Regisseur (und für kurze Zeit auch als Schauspieldirektor) am damaligen Stadttheater Bern, als Dozent für „Stagemanagement" an der HKB und als Filmschauspieler. Für die Figur des Linus in „Große Gefühle" von Christoph Schertenleib erhielt er 2000 seinen bislang einzigen Preis: den Schweizer Filmpreis als bester männlicher Hauptdarsteller. Seit 2015 ist er festes Ensemblemitglied am Wiener Volkstheater.

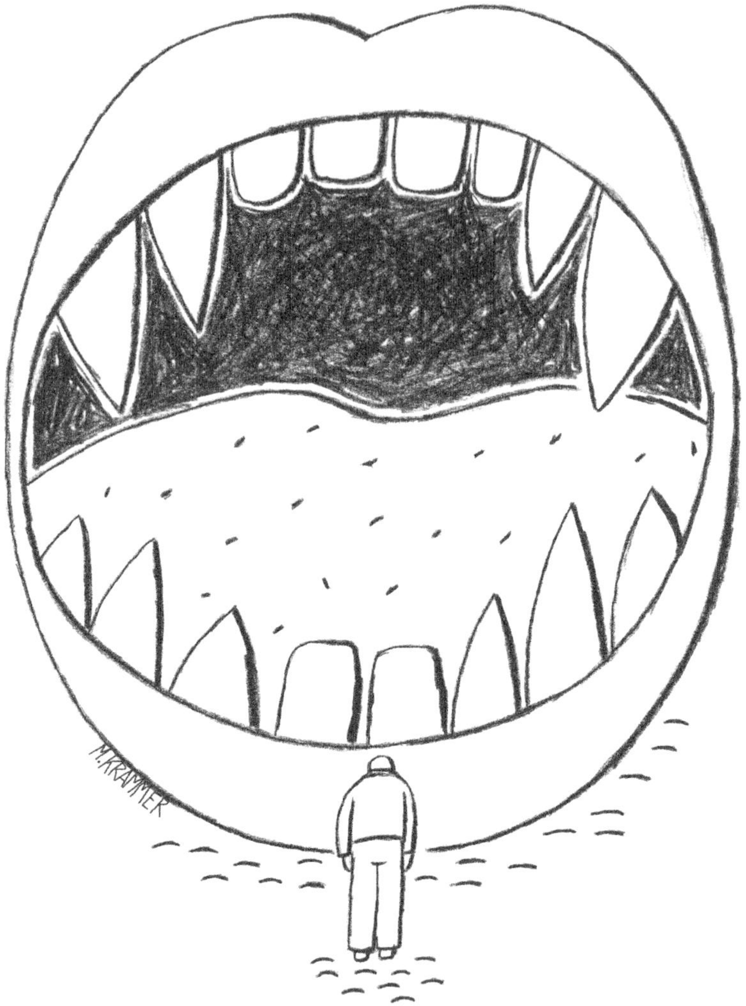
M.KRAMMER

Mit Mut und Freude auf die Bühne – und was sich dem manchmal entgegenstellt

Elisabeth Grabner-Oprießnig

Ah – beruflich Musik zu machen! Tag für Tag sich nur mit Schönheit, Wohlklang, Kunst zu beschäftigen! In dieser Universalsprache der Menschheit, die alle sprachlichen Begrenzungen übersteigt, ständig kommunizieren zu können. Mit seinem Tun Freude und Begeisterung zu vermitteln. Was für ein grandioser, herrlicher Beruf!

Ja, wahrhaftig.

Aber.

Für so manche von denen, die ihn ausüben, hat er jedoch einen hohen Preis.

„Bevor ich aufs Podium gehe, krampft sich mir die Brust zusammen; ich leide Qualen. Schon der Gedanke an ein öffentliches Auftreten ist für mich immer noch ein Alptraum."[1]

Als der spanische Cellist Pablo Casals seinem Biografen dieses Eingeständnis diktierte, war er 93 Jahre alt; seit mehr als sieben Jahrzehnten hatte er da bereits international auf Konzertpodien das Publikum begeistert. Er galt als der größte Cellist der Welt.

Casals ist mit seinen Ängsten unter den großen Namen in der Musik nicht allein; die Literatur zu „performance anxiety" nennt aus der Musikgeschichte unter anderen Frédéric Chopin, Maria Callas, Enrico Caruso, Luciano Pavarotti, Vladimir Horowitz, Arthur Rubinstein, Sergei Rachmaninoff, Glenn Gould, George Harrison, Barbra Streisand als Betroffene.

Nicht alle von ihnen schafften es, trotz ihrer Ängste eine friktionsfreie Bühnenkarriere zu leben. Von möglichen Bewältigungsstrategien, die ihnen halfen, ihren Weg zu gehen, der sie bis in den Olymp der Musik führte, erzählen die Anekdoten leider nichts.

Der Blick zu Größen der Aufführungsgeschichte macht freilich nur ein Phänomen an der Spitze sichtbar, das auf allen Ebenen der Musik-Performanz seit jeher existiert – bei Menschen jeden Alters, jeden Könnens, jeden Erfahrungsschatzes: Beunruhigung bis hin zu starker Angst vor oder während eines Auftritts. Mündet eine solche als starke emotionale Belastung empfundene Situation in einen Misserfolg – zum Beispiel bei einer Prüfung, einem Wettbewerb, einem Konzert –, kann das eine Abwärtsspirale in Gang setzen, in der jeder weitere Auftritt die Angst vermehrt und bereits die Angst vor der Angst zu einem Hauptproblem wird.

In der englischen Sprache kann dieses Phänomen „Angst" viel präziser beschrieben werden als im Deutschen: *stage fright* und *performance anxiety*, konkreter noch *musical performance anxiety*. Begriffe, die dem Phänomen noch genauer gerecht werden wollen, sind z. B. *music-performer's stress syndrom, musical performance stress, psychological stress of musicians, anxiety in musical performance, career stress in musicians* oder schlicht *musicians' stress*.

„Lampenfieber" ist ein Begriff, der jedem Menschen vertraut ist, der in irgendeiner Form schon einmal Publikum hatte. Von vielen als anregend erlebt, wird es in seiner übersteigerten Form als Aufführungsangst allerdings als massiv behindernd erfahren.

Unter Musiker*innen ist das ein ebenso heißes wie meist noch ziemlich verschwiegenes Thema; für viele, die daran leiden, ist es ein Tabu. Was in der Folge auch bedeutet, dass Hilfe oft gar nicht oder sehr spät gesucht wird.

Ein Auftritt als Musiker*in heißt, dass eine sehr differenzierte Leistung in höchster Perfektion zu einem ganz bestimmten Zeitpunkt erbracht werden muss – meist vor einem Publikum mit hohen Erwartungen; das „Produkt" entspricht im Idealfall dem interpretatorischen *state of the art*, ist lebendig, ausdrucksstark, inspirierend und berührt die Zuhörenden.

Der chilenische Pianist Claudio Arrau beschrieb die Herausforderungen an die Psyche von Musiker*innen in deutlichen Bildern: Sie müssten für einen Bühnenauftritt „so sensibel sein wie eine Mimose, und gleichzeitig so stabil wie eine Autobahnbrücke aus Beton".

Wie dieser Spagat gut zu bewältigen sei – darauf gab es lange allerdings wenig bis kaum Antworten für junge Menschen, die die Musik zum Beruf machen wollten und die nicht schon eine Bühnenpersönlichkeit im Naturell mitbrachten.

Eine Musikausbildung im klassischen Bereich ist nach wie vor nach dem Meister-Schüler-Prinzip organisiert; das Erlernen und Verfeinern des Könnens am Instrument erfolgt über viele Jahre zu einem großen Teil in der Zweierbeziehung Professor*in – Studierende*r.

Und spätestens in dieser Zeit der Ausbildung sollte auch erlernt werden, wie mit den Herausforderungen eines Auftritts möglichst gut umgegangen werden kann.

Glücklich die Studierenden, deren Lehrer*innen selbst eine gute Strategie für Auftritte haben und diese vermitteln können; weniger glücklich diejenigen, die gar keine Hilfestellung erhalten oder allenfalls einen Vorschlag wie den, sich das Publikum nackt, in Unterwäsche oder als Krautköpfe vorzustellen, wie es noch der Autorin dieser Zeilen von einem ihrer Professoren geraten wurde.

Bis vor noch nicht allzu langer Zeit waren viele Lehrende der Ansicht, die Bewältigung von Ängsten sei eben ein Gradmesser für die Bühnentauglichkeit und damit für die Berufsfähigkeit von Studierenden.

Mittlerweile aber wird an immer mehr Ausbildungsstätten weltweit dem Thema hohe Aufmerksamkeit geschenkt, meist eingebettet in den Bereich „Musikergesundheit". Das Verständnis dafür, dass es vielfältiger Angebote bedarf, um sich auch in diesen Fragen professionalisieren zu können, zeigt sich zunehmend in entsprechendem Kursangebot.

Ein Meilenstein in der Bewusstseinsbildung diesbezüglich war eine große Studie in den 1980er-Jahren unter professionellen Orchestermusiker*innen in den USA.[2] Das Hauptziel der Studie war es, medizinische Probleme zu erheben, von denen Musiker*innen betroffen sind. Eines der Studienergebnisse war, dass – neben vielen physischen Beschwerden – der Bereich berufsbedingter Ängste wie *stage fright* von einer signifikanten Zahl der Befragten als schwerwiegendes, ihr Spiel beeinträchtigendes Problem genannt wurde.

Spätestens ab da war es auf dem Tisch: Der psychisch-mentale Bereich wurde vom verschämt verschwiegenen, vermeintlich individuellen Problem zu einem Thema, dem auch strukturell in Ausbildung und Berufsalltag Aufmerksamkeit zuteil werden musste.

Viele weitere Studien wurden und werden seither gemacht.

Die Ursache für hemmende Angst vor oder bei einem Auftritt wird je nach Ausrichtung der Forschenden unterschiedlich gedeutet. So wurde sie zum einen als eine neurotische Angstform gesehen, die in psychopathologischen Persönlichkeitsmerkmalen der Künstler*innen begründet sei, zum anderen als eine Form der Sozialphobie mit Angst vor dem Publikum, oder als eine Variante der Prüfungsangst mit Angst vor Bewertung.

Erfolgsdruck und die Angst, zu versagen, können auch mit der früh erlebten Situation in der Ursprungsfamilie zusammenhängen, wenn etwa „Liebe für Leistung" ein gelebtes Prinzip war. Auch kann die Unterrichts-Situation im Instrumentalunterricht als andauernd problematisch und damit beeinträchtigend erlebt werden, wenn das persönliche Verhältnis zwischen Lehrender und Studierendem belastet ist.

Die enormen technischen Möglichkeiten führen zu makellosen Aufnahmen und erhöhen so den Leistungs- und Perfektionsdruck, unter dem viele Musiker*innen stehen, selbst wenn sie wissen, dass die Aufnahmen quasi unter Laborbedingungen mit zahllosen Korrekturen entstanden sind. Nicht zuletzt wirkt auch die Kultur der geringen Fehlertoleranz in allen Bereichen des Lebens daran mit, dass viele kaum lernen, frei, ungehindert und ausprobierend zu arbeiten, und so ihre Möglichkeiten und zugleich auch ihre Widerstandskraft im Falle von Widrigkeiten zu vergrößern.

Nach neueren Studien sagen sogar über 70 Prozent der Musiker*innen, dass sie Aufführungsangst kennen; man nimmt an, dass es eine hohe Dunkelziffer gibt. Auch können einige der körperlichen Symptome, z. B. Erkrankungen im Schulter-, Nacken- und Wirbelsäulenbereich, psychosomatisch sein, also körperlicher Ausdruck seelischer Befindlichkeit – Muskelverspannungen als eine Folge ständiger innerer Anspannung. Dabei ist oft nicht eindeutig zu klären, was der Grund ist und was die Folge bzw. gibt es starke Wechselwirkungen.

Bei ein und derselben Musikerin kann eine Aufführung verschiedene Reaktionen auslösen, je nach Situation – ob es eine Prüfung ist, ein Wettbewerb, Probespiel oder Konzert. Ihre momentane persönliche, körperliche und psychische Verfassung kann eine wichtige Rolle spielen, ebenso der Grad der Vorbereitung, aber auch äußere Faktoren, z. B. die Zusammensetzung des Publikums.

Mildes Lampenfieber ist für viele eine durchaus leistungsförderliche Grunderregung, um fokussiert, lebendig, intensiv und mit großem Ausdruck musizieren zu können.

Als *flow* bezeichnete der Psychologe Mihály Csíkszentmihályi den Zustand, der auch gelingendes Musizieren kennzeichnet: vollkommen hingegebenes, vertieftes Tun im Augenblick, gleichsam mühelos und „wie von selbst", alle Sinne wach, alle Fähigkeiten präsent und damit einhergehend großes Glücksgefühl.

Eine Ahnung davon steckt in der Bezeichnung der im Musikerberuf ausgeübten Tätigkeit, die in allen Sprachen gleich ist: ein Instrument zu *spielen*.

Bei Menschen mit Angst hingegen reagiert der Körper so, als ob sie sich in großer Gefahr befänden: Eine Situation oder auch ein einzelner, über die Sinne wahrgenommener Stimulus löst einen Alarm im Körper aus.

Die körperliche Folge dieses Alarms ist ein dem Menschen eingebauter, multipel wirksamer Schutzmechanismus, der ihn angesichts einer Gefahr automatisch so reagieren lässt, dass sein Überleben möglichst gesichert ist – mit dem als *fight or flight-response* bekannten, vom Autonomen Nervensystem gesteuerten Verhalten, dem sich als dritte Möglichkeit noch *freeze/fright* hinzugesellt. Dieser Totstellreflex bewirkt im Tierreich eine Muskellähmung, die das bedrohende Raubtier veranlasst, sich von der Beute abzuwenden. Von einer Art Lähmung berichten denn auch manche Musiker*innen – sie erleben sich als neben ihrem Körper stehend, ohne Möglichkeit, in ihr weiteres Tun einzugreifen.

Weder *fight*, das kraftvolle Agieren gegen eine Gefahr, noch *flight*, die Flucht, ist auf einer Bühne möglich: Man muss auf der Bühne bleiben, die Stressreaktion bleibt im Körper. Es ist ja auch keine reale Gefahr da; vielmehr gibt es ein diffuses Gedanken- und Gefühlskonglomerat in Zusammenhang mit der Situation der Aufführung. Das starke Bedürfnis, sich zurückziehen zu können, kollidiert mit der extremen Exposition auf einer Bühne.

Die Auswirkungen von Auftrittsängsten mindern oft, aber nicht immer die Qualität der Aufführung. Es gibt kein einheitliches Erleben von Angst auf der Bühne – das macht sie auch zu einem so komplexen Geschehen.

Kognitiv kann sich diese Angst in einer verzerrten Bewertung der Situation äußern: „Von diesem Vorspiel hängt mein weiteres Leben ab!" oder in einer ebenso verzerrten Bewertung des Selbst: „Ich bin einfach nicht gut genug!"

Dabei spielt auch die Überzeugung von der eigenen Wirksamkeit eine Rolle: Wird die eigene Fähigkeit, die Aufführung zu meistern, als gering eingeschätzt, steigt die Angst.

Die Folge kann der Verlust der Konzentration sein, das Gefühl, die Kontrolle zu verlieren, erhöhte Fehlerhäufigkeit, ein genereller Abfall der Leistung bis hin zum Black out.

Die körperlichen Symptome nach Ausschüttung der Stresshormone reichen von Zittern über trockenen Mund bis hin zu Schwindelgefühlen, Herzrasen, Schweißausbrüchen und panikartigen Zuständen.

Je nach gespieltem Instrument sind es denn auch unterschiedliche Teil-Symptome, die die Leistung eines Musikers massiv mindern können, vom trockenen Mund der Bläserin über die zitternde Bogenhand beim Geiger zu den schweißnassen Fingern, die von Tasten, Klappen oder Saiten rutschen; die Feinmotorik kann stark beeinträchtigt sein.

Dieses Erleben der Angst und der dadurch verminderten Fähigkeit, das erarbeitete Können adäquat abzurufen, hat oft Gefühle wie vermindertes Vertrauen in die eigenen Fähigkeiten, extreme Selbstabwertung, Scham, Ohnmacht, Ausgeliefertsein, geringes Selbstwertgefühl und Trauer zur Folge.

Die Belastung kann sich im Laufe der Berufsjahre verändern; z. B. ist nach dem Studium der Stress bei Probespielen extrem, wenn wenige Augenblicke Karriere-entscheidend sind. Während der Orchesterkarriere können es u. a. schwierige Kommunikationsstrukturen im Orchester, ungünstige Arbeitszeiten oder Konkurrenzsituationen sein, die offenbar zunehmend schlecht zu bewältigen sind.

Von diesen Phänomenen können junge wie alte Musiker*innen betroffen sein, unerfahrene ebenso wie erfahrene, Studierende wie langgediente Orchestermitglieder. Es spielt auch kaum eine Rolle, ob das Auditorium klein oder groß ist.

Was also kann jemand tun, der von Auftritts-Ängsten betroffen ist?

Da starkes Lampenfieber und Aufführungsangst kein einheitliches Erscheinungsbild haben, gibt es auch keine Methode, die für alle Fragestellungen hilfreich ist.

Daher sind vielfältige Lösungsangebote nötig. In manchen Fällen wäre therapeutische bzw. fachärztliche Behandlung anzuraten; in vielen kann jedoch frühzeitige beratende Begleitung helfen zu verhindern, dass sich pathologische Angststörungen manifestieren.

Es ist kein Geheimnis, dass manche Künstlerinnen und Künstler Hilfe in legalen Mitteln (wie Alkohol oder Medikamenten) suchen, andere wenden sich auch illegalen Substanzen zu. Beides sind keine echten Lösungen. Ein unter Musiker*innen eher verschwiegen, unter Fachleuten kontrovers diskutiertes Thema ist die Einnahme von Betablockern vor Aufführungen zum Überwinden von Aufführungsangst. Diese Medikamente mindern die Wirkung von Stress-Hormonen; problematisch ist vor allem, dass viele, die sie anwenden, das ohne fachärztliche Verschreibung tun und sie unter der Hand weitergeben.

Während die Einnahme punktuell sinnvoll sein kann, ist der Dauer-Einsatz vor allem psychisch problematisch, wenn Erfolg als von einer Substanz abhängig erlebt wird.

Als eine ehemals selbst von Auftrittsangst Betroffene, die sich später über viele Jahre auch beruflich mit dem Thema beschäftigt hat, stimmt es mich hoffnungsfroh, dass in den letzten Jahren eine Vielzahl von hilfreichen Methoden entwickelt wurde – deren Wirksamkeit auch wissenschaftlich untersucht wird. Im Grunde geht es darum zu lernen, Emotionen und ihre physischen und psychischen Auswirkungen selbst regulieren zu können und ihnen nicht ausgeliefert zu sein. Neuere Methoden gehen auf das Zusammenwirken von Denken und Fühlen, Körper und Verhalten ein. Dabei sind Mischformen, die körpertherapeutische Ansätze mit kognitiven und verhaltenstherapeutischen Ansätzen verbinden, besonders wirksam. Als ein Beispiel seien die sogenannten achtsamkeitsbasierten Ansätze genannt, deren Wurzeln zum Teil Jahrtausende alt sind. So helfen zum Beispiel das Erlernen von Atem- und Entspannungstechniken sowie der Einsatz von Visualisierungen und Affirmationen beim Bewältigen von Ängsten. Nachgewiesen ist auch die heilsame Wirkung von Meditation. Zunehmend wird etwa, auch in unseren Breiten, das Konzept der MBSR, der *Mindfulness Based Stress Reduction*, gelehrt und praktiziert, das bereits seit den 1980er-Jahren in klinischen Bereichen in den USA eingesetzt wurde

Die *Positive Psychologie* gewinnt seit Ende der 1990er-Jahre mit der Erforschung all dessen, was Menschen stärkt, zunehmend Bedeutung auch in der praktischen Anwendung ihrer Erkenntnisse, vergleichbar der *Salutogenese* im Bereich Medizin, die danach forscht, was den Menschen gesund macht und erhält.

Der Blick auf den Sport zeigt, dass Mentaltraining und Mentalcoaching wesentlich zum Erfolg und zur Berufszufriedenheit von Sportlern beitragen können. Ähnliches wird zunehmend in der Welt der Musik erkannt.

Im Sport wurde diese Einsicht aber erst ab den späten 1970er-Jahren umgesetzt – und zunächst durchaus zögerlich und gegen einigen Widerstand. So berichtete der ehemalige Skispringer Toni Innauer bei einem Vortrag vor Musikern, dass die damals neuen Methoden seines Trainers Baldur Preiml nicht von Anfang an auf Begeisterung gestoßen seien, und auch er selbst als Cheftrainer Ende der 1980er-Jahre starke Skepsis mancher seiner Schützlinge gegenüber allem „Mentalen" erfuhr.

Es scheint, dass man diesbezüglich in der Musik dem Sport noch weit hinterherhinkt. Die lange geltende Meinung, wer psychologische Unterstützung in Anspruch nehme, zeige Schwäche, die sollte mittlerweile aber überholt sein.

Eine Angst zu benennen, ihr gleichsam ins Gesicht zu schauen, ist mit ein erster Schritt, sie zu zähmen. Gespenster sind machtvoll vor allem, solange es dunkel ist.

In Seminaren, die ich leitete, erlebte ich oft, wie groß die Erleichterung war, wenn Teilnehmer*innen klar wurde, dass sie nicht die Einzigen mit derartigen Problemen waren. Diese Erkenntnis und die Möglichkeit, sich mit anderen Betroffenen auszutauschen und gemeinsam zu erkennen, dass Lösungen gefunden werden können in einer Situation, die man bis dahin für ausweglos und schicksalshaft gehalten hatte, war schon eine erste hilfreiche Intervention.

Ebenso wie die Einsicht, dass die überwältigenden, wenn auch hinderlichen Reaktionen ihres Körpers ursprünglich eine sinnvolle Einrichtung der Evolution waren und ein Anzeichen dafür, dass ihr Körper mit diesem eingebauten Frühwarnsystem namens „Angst" aufzeigt, dass er gut funktioniert.

Die Aufgabe ist dann, herauszufinden, wie dieses System kontrolliert und gesteuert werden kann, sodass die durch Angst gebundenen Energieressourcen freigesetzt und, im optimalen Fall, dann im Auftritt sogar genutzt werden können.

It's okay to have butterflies in your stomach. The key is to make them fly in formation, macht ein geflügeltes Wort anschaulich.

Wie das zu bewerkstelligen ist, ist individuell sehr unterschiedlich und braucht sorgfältiges, behutsames Eingehen auf die konkrete Person, die Unterstützung sucht.

Bei manchen liegt ein Lösungsansatz darin, die eigene Arbeitsorganisation umzustrukturieren und neu üben zu lernen. Das kann auch heißen, zu verstehen, dass exzessives Üben bis zur Erschöpfung nicht mehr bringt, sondern dass Pausen eingesetzt werden müssen.

Bei anderen ist es hilfreich, ein Vor-Aufführungs-Ritual zu entwickeln, das erlaubt, sich zu sammeln, zu konzentrieren und sich selbst einzustimmen auf die Aufführung, vergleichbar dem Stimmen des Instruments.

Oft ist es hilfreich, unreflektierte handlungsleitende Gedankenkonstrukte zu hinterfragen und zu erkennen, dass geistige Prozesse nicht einfach von selbst passieren. Diese gilt es bewusst zu dirigieren und die Gedanken als unterstützende Werkzeuge zu verwenden.

Wie schnell taucht zum Beispiel ein selbst-abwertender innerer Monolog auf, wenn etwas nicht gelingt, und wie kann der verändert werden? Wie stark darf die Anerkennung der eigenen Leistung sein und gezeigt werden? Wie können Erfolgserlebnisse und die damit verbundene Freude und Zufriedenheit dauerhaft in ein Fundament der eigenen Persönlichkeit eingewoben werden? Wie können überhaupt Erfolg und auch Misserfolg gelingend in die eigene Biografie integriert werden?

Was nährt – jenseits der Musik – Kreativität, Fantasie und Lebensfreude, womit also werden die Krüge gefüllt, aus denen im Akt der Kreation auf der Bühne geschöpft wird?

Affirmationen, selbstbejahende Sätze, eine Form der Selbstsuggestion, sind ein seit Langem probates Mittel, die Selbstwirksamkeit zu stärken. Sie erweisen sich als umso tauglicher, je besser maßgeschneidert sie für die Musikerin sind. Visualisierungen, die bis in Details sinnlich wahrnehmbar machen, wie der Auftritt optimal verlaufen kann, sind eine Form des mentalen Übens. Zugleich hat der Musiker dabei die Möglichkeit, auch Handlungsalternativen zu entwickeln für möglicherweise auftauchende Herausforderungen zum Beispiel instrumentaltechnischer Natur, um umfassender gerüstet in die Aufführung gehen zu können.

Der momentane Verlust der Konzentration muss nicht den Beginn einer Abwärtsspirale bedeuten. Ihm kann mit einer konkreten mentalen Struktur begegnet werden, die ursprünglich für den Sport entwickelt wurde, unter Anleitung erlernt und schon im Übe-Alltag gut trainiert werden kann. Übungen zur Körperwahrnehmung können darauf vorbereiten, dass die Musikerin auch angesichts des Publikums gut bei sich bleiben und dann gleichsam geerdet mit ihm interagieren kann. Einige konkrete Übungen aus meiner praktischen Arbeit als Coach mit Musiker*innen, die von vielen als hilfreich empfunden werden, seien noch genannt:

- Eine Erste-Hilfe-Maßnahme, anwendbar jederzeit, von jedem und überall, ist auch eine der einfachsten Übungen: bewusst zu atmen. Ein paar Atemzüge bewusst in einen Punkt etwas unterhalb des Nabels zu machen, aktiviert den Parasympathikus, den Gegenspieler des stressauslösenden Sympathikus im Autonomen Nervensystem, und trägt damit physisch und psychisch zur Entspannung von Überspannung bei.
- Bewusst wahrzunehmen, wie die eigene Körperhaltung in einer guten Erfahrung ist, und zwar bis in kleine Details wie zum Beispiel den Grad der Aufrichtung der eigenen Halswirbelsäule, ermöglicht dann, frühzeitig zu erkennen, wenn körperliche Stress-Symptome sich einstellen. Damit kann man rechtzeitig reagieren und über kleine körperliche Adaptionen den Stress-Level senken.
- Viele Menschen tendieren dazu, nach einem Auftritt ansatzlos in unbarmherzige Selbstkritik zu verfallen, die wenig gelten lässt. Eine kleine Änderung des eigenen Verhaltens nach dem Auftritt kann wesentlich dazu beitragen, gestärkt in einen nächsten Auftritt zu gehen, nämlich, den Schwerpunkt der Eigenreflexion regelmäßig, auch beim täglichen Üben, zuerst auf all jene Details zu legen, die gut gelungen sind. Für viele, die in unseren Schulsystemen groß geworden sind, klingt das einfacher, als es für sie umzusetzen ist. Das bewusste Wahrnehmen, Sammeln und Speichern von positiven Momenten eines Auftritts unterstützt dabei, den Fokus in der Vorbereitung auf das nächste Mal auf erwünschte, sinnlich konkret vorstellbare Erfahrungen zu legen. So werden auch die neurobiologischen Strukturen im Gehirn anders geprägt als über die multisensorischen Katastrophenszenarien, die sonst gewohnheitsmäßig ablaufen, und können diese entmachten.
- Ein „Erfolgs-Journal", in dem positive Erfahrungen auch scheinbar minderer Natur festgehalten werden, verstärkt diesen Ansatz und kann zusätzlich in dürren Zeiten zur Stärkung des Selbstvertrauens beitragen.

- Eine von amerikanischen Sportpsychologen entwickelte kurze Übungsabfolge namens *Centering*, bis in die jüngste Zeit von Olympiateilnehmer*innen angewendet und für Musiker*innen adaptiert, ermöglicht, die Stressreaktionen des Körpers zu kontrollieren, die überschießende Energie zu kanalisieren und für die Aufführung zu nutzen. Es beinhaltet die sinnliche Vergegenwärtigung der Intention, mit der man in einen Auftritt geht, sowie Elemente zur Fokussierung auf das Tun im Moment. Nach kurzer Übungszeit kann diese Sequenz in den letzten Minuten vor einem Auftritt eingesetzt werden.
- Vor einem Auftritt für kurze Zeit, circa zwei Minuten lang, in eine expandierende Körperhaltung zu gehen – Kopf hoch, die Schultern gesenkt, den Brustkorb wie einen Schirm nach vorne aufgespannt, die Hände vielleicht sogar in die Hüften gestemmt, wie bei Wonder Woman oder Superman – ist eine Power-Pose, die von der Sozialpsychologin Amy Cuddy in ihrem TED Talk[3] vorgestellt wurde. Damit verändert sich das Selbstgefühl, mit dem man auf die Bühne geht, in Richtung Selbstvertrauen und Vertrauen in die eigenen Kompetenzen und Fähigkeiten. So werden zudem auch auf eine ganz subtile Weise die Zuhörer*innen in ihrer Bereitschaft zuzuhören beeinflusst.

Eindrücklich in meiner Erinnerung geblieben von den Erfahrungen, die ich als Coach von Musiker*innen machen durfte, ist das Erlebnis mit einem sehr gläubigen Menschen. Nach einem längeren Begleitprozess war der alles entscheidende Impuls zur Bewältigung großer Auftrittsangst ein Zitat aus dem Buch des Geigenbauers Martin Schleske. Der sagt darin „Musikern etwas ins Herz" zum überpersönlichen Sinn ihres Tuns; nämlich, dass ihre Berufung nicht sei, Darsteller ihres Könnens, sondern Diener zu sein, die die Menschen dadurch segnen dürfen, dass sie „Gott durch den Klang ihrer Stimme" sprechen ließen. Daher sollten sie ihren Ängsten nicht erlauben, ihnen diese Vollmacht zu rauben.[4]

Nicht zuletzt sei auch dem Publikum gesagt, dass es am Gelingen eines Auftritts wesentlich mitwirkt – durch die Haltung, in der es in eine Aufführung geht und dort präsent ist.

Was in einem Konzert geschieht, ist immer eine Co-Kreation von denen, die auf der Bühne agieren, und jenen, die ihnen zuhören und zuschauen, es ist ein ständiges Wechselspiel von Senden und Empfangen auf vielen Frequenzen.

Die amerikanische Forscherin Brené Brown, zu deren Forschungsgegenständen unter anderem Mut, Scham, Verletzlichkeit, Vertrauen und Empathie gehören, zitiert in ihrem Buch „Verletzlichkeit macht stark" (Originaltitel „Daring Greatly") aus einer Rede von Theodore Roosevelt:

„Es ist nicht der Kritiker, der zählt, nicht derjenige, der aufzeigt, wie der Starke gestolpert ist oder wo der, der Taten gesetzt hat, sie hätte besser machen können. Die Anerkennung gehört dem, der wirklich in der Arena ist; [...] der sich tapfer bemüht; der irrt und wieder und wieder scheitert; der die große Begeisterung kennt, die große Hingabe, und sich an einer würdigen Sache verausgabt; der, im besten Fall, am Ende den Triumph der großen Leistung erfährt; und der, im schlechtesten Fall des Scheiterns, zumindest dabei scheitert, dass er etwas Großes gewagt hat ..."[5]

Elisabeth Grabner-Oprießnig konzertierte viele Jahre als Bratschistin, unterrichtete an der Kunstuniversität Graz und an der Musikuniversität Wien und arbeitete als Auftritts-Coach für Musiker*innen.

Anmerkungen

Mehr Informationen zu Forschungsergebnissen und Beratungsmöglichkeiten u. a. auf der Website der Österreichischen Gesellschaft für Musik und Medizin, www.ögfmm.at, sowie auf der Website der Deutschen Gesellschaft für Musikphysiologie und Musikermedizin, www.dgfmm.org. Von den vielen Informationen, die online zu finden sind, sei noch die Website des New Yorker Musikpsychologen Dr. Noa Kageyama genannt, der regelmäßig über Studienergebnisse auch aus anderen Wissenschaftsgebieten berichtet, die für Musiker*innen relevant sein können: www.bulletproofmusician.com.
Auf Anfrage sendet die Verfasserin gerne eine Literaturliste zum Thema zu, www.musicoach.at.

1. Pablo Casals, Licht und Schatten auf einem langen Weg. Erinnerungen aufgezeichnet von Albert E. Kahn. Frankfurt am Main – Wien – Zürich 1977, S. 31.
2. Martin Fishbein – Susan E. Middlestadt – Victor Ottati et al., Medical Problems Among ICSOM Musicians: Overview of a National Survey, in: Medical Problems of the Performing Artists, 1988, 3/1, S. 1–8. ICSOM ist die International Conference of Symphony and Opera Musicians, in der 48 vor allem US-amerikanische Orchester durch ihre Mitglieder vertreten sind.
3. https://www.ted.com/talks/amy_cuddy_your_body_language_may_shape_who_you_are.
4. Martin Schleske, Der Klang. Vom unerhörten Sinn des Lebens. München 2015, S. 87.
5. Brené Brown, Verletzlichkeit macht stark. Wie wir unsere Schutzmechanismen aufgeben und innerlich reich werden. München 2017, S. 11.

Danke für den Schauder, liebes Kino ...
... aber manche Szenen verzeih ich dir nie

Katrin Nussmayr

Wer ins Kino geht, muss bereit sein, sich in eine Orgel zu verwandeln. Jedenfalls, wenn er Alfred Hitchcock glaubt. „Ernie", sagte dieser während der Dreharbeiten zu „Der unsichtbare Dritte" zu seinem Drehbuchautor Ernst Lehman. „Erkennst du, was wir hier machen? Das Publikum ist eine gigantische Orgel, und du und ich, wir spielen sie. Im einen Moment drücken wir auf diese Taste und bekommen diese Reaktion, im nächsten drücken wir jene und das Publikum reagiert auf jene Art."

Und wie wir dabei reagieren! Dankbar lassen wir uns den Hals zudrücken, bis uns das Schlucken schwerfällt; in den Bauch boxen, dass sich die Eingeweide verkrampfen; wir lassen uns mit langen Fingernägeln über den Rücken streichen, dass sich die Haare aufrichten. Manchmal stockt uns der Atem, und wenn es besonders gruselig wird, dann stockt uns auch – so fühlt es sich zumindest an – das Blut. Ein gruseliges Detail am Rande: Eine Studie der Universität Leiden hat 2015 ergeben, dass im Blut von Probanden, die einen Horrorfilm gesehen haben, tatsächlich ein bestimmtes Protein, das für die Blutgerinnung zuständig ist, anstieg. Bereitet sich der Körper schon auf den Blutverlust vor, den Zombiebisse und Kettensägenmassaker anrichten könnten? Akute Thrombosegefahr wurde immerhin nicht festgestellt. Aber um die medizinischen Auswirkungen von furchterregenden Filmen soll es hier auch nicht gehen: Befassen wir uns lieber damit, wie sie uns emotional packen. Welche Töne unsere Orgel von sich gibt, wenn ein Film die dunkleren Tasten drückt. Und warum wir manche Noten genüsslich erdulden, während uns andere einen Schrecken einjagen, der in uns noch lange quälend nachhallt.

Es wird jetzt ein bisschen persönlich, das müssen Sie mir verzeihen, liebe Leser, denn eine ehrliche Betrachtung der Angst, die Filme auslösen, kann nicht funktionieren ohne eine Offenlegung der ureigenen Schauerszenarien und Bewältigungsstrategien. Ich will hier also auch meine persönlichen filmischen Angstzustände erkunden und auch Sie dazu einladen. Immerhin traue ich mich zu behaupten: Ich kann mit vielen der gängigen Horrormomente emotional gut umgehen. Wenn Jack Nicholson in „The Shining" sein entrücktes Lächeln lächelt, wenn die beiden kleinen Mädchen in ihren adretten Söckchen und Kleidern plötzlich im Gang stehen, wenn sich aus dem Aufzug eine rote Flut über den knalligen Teppichboden ergießt und dabei diese gespenstisch krächzenden Streicherlaute erklingen – und plötzlich verstummen: Dann bin ich hellwach und freue mich über das Kribbeln unter der Haut. Wenn ich mir heute Hitchcocks „Psycho" anschaue, amüsiere ich mich ein wenig über die ausgeklügelten technischen Tricks, die vor 60 Jahren aufgefahren werden mussten, um einen Messermord unter der Dusche zu inszenieren. Zugleich kitzelt mir dennoch vor Beklemmung die Wangenhaut, wenn hinter dem Duschvorhang ein Schatten zum Vorschein kommt oder wenn Detektiv Arbogast in die Villa hinter dem Bates Motel eindringt, dicht gefolgt von der Kamera einen Blick in jede Richtung wirft, zu langgezogenen Geigentönen die Treppe hochsteigt, im Glauben, allein zu sein, während sich oben im ersten Stock, von Arbogast unbemerkt, die Tür öffnet ...

Ist es wirklich Angst, was uns da körperlich erfasst? Doch eher Angstlust! Wir fürchten uns auf lustvolle Art, manchmal auch auf lustige, wenn uns ein Jump-Scare-Effekt so erschreckt wie eine Plastikfigur in der Geisterbahn: Wo ist das Schreckgespenst? Da ist es! Auch wenn Horrorclown Pennywise in „Es" aus der Kanalöffnung hervorschießt und dem kleinen Georgie in seinem putzigen gelben Regenmantel mit einem Biss den Arm vom Schulteransatz an abtrennt, kann ich das gut weglachen. Das heißt: Ich lache nicht wirklich, nicht laut, ich würde auch nicht zu jenen Kinobesuchern zählen wollen, die anderen ihren wohligen Schreckensmoment dadurch zerstören. Aber innerlich, das muss ich zugeben, lasse ich doch diesen gefinkelten Überlistungsmechanismus zu, der sich einschaltet, wenn einem zum Beispiel vor einem Monster doch mehr graut, als man gerne zugeben möchte: Ha, das ist doch ein alter Hut, so eine Fratze, die aus einer Box springt! Haha, ist das nicht übertrieben, wie hier der Schleim quillt und das Blut spritzt! Und überhaupt, hahaha, wie eindeutig hier Computereffekte eingesetzt wurden! Der Schatten fällt doch falsch, das Ungetüm ist doch viel zu glatt, zu körnig, zu glibberig, zu steril!

Natürlich belüge ich mich selbst. Während mich diese Gedanken überkommen, weiß ich schon, dass sie ein Versuch meines Gehirns sind, sich vom Horror zu distanzieren – was umgekehrt wohl bedeutet, dass der Horror gewirkt hat, und mein Gehirn für einen kurzen Moment an das Monster geglaubt hat, bevor es nun nachdrücklich feststellt: Alles nur ein Film! Erdacht von fantasiebegabten Leuten, basierend auf uralten Mythen und über Jahrzehnte gereiften Genre-Konventionen, gebaut mit Theaterblut, Motion-Capture-Anzügen, aufwendigen Computerprogrammen. Das Spiel mit Nähe und Distanz ist eine klassische Funktion von furchterregenden Filmszenen – und wohl mit ein Grund, warum manche von uns sich ihnen immer wieder hingeben. Wer furchterregende Filme schaut, trickst sein Gehirn aus, erklären Psychologen. Ein Teil von uns weiß: Wir sitzen im Kino, das ist alles nicht echt. Ein anderer reagiert dennoch auf die Gefahr und setzt sich damit über die Ratio hinweg: Wir schreien, zittern, haben Gänsehaut. Das Erlebte ist fiktiv und fühlt sich doch real an, wir spüren die Bedrohung, der die Filmfiguren ausgesetzt sind, reagieren darauf körperlich – wissen aber auch, wem wir dabei gerade die Fingernägel in den Arm bohren oder wo die Fernbedienung liegt. Und können uns dadurch in einer kontrollierten Umgebung Ängsten aussetzen, die uns in der Realität überfordern würden.

Welchen Ängsten? Fragen wir einen, der die Wirkung von Schreckens(kopf)kino durchschaut hat wie vielleicht keiner sonst. Guter Horror könne auf verschiedenen Ebenen wirken, schreibt Stephen King in seinem Sachbuch „Danse Macabre": Einerseits spiele er nämlich mit den Ängsten, die eine Gesellschaft als Gesamtheit plagen, „nationale phobische Druckpunkte" nennt King diese. Als in den 1950ern die Angst vor einem globalen Atomkrieg groß war, entstanden auch viele Filme über Weltuntergangsszenarios, mutierte Rieseninsekten, generell Monsterfilme („creature features") – prominentes Beispiel: „Godzilla". Stephen King selbst interpretiert Zack Snyders „Dawn of the Dead" (2004) als filmische Antwort auf die Verunsicherung der US-Bevölkerung nach den Anschlägen vom September 2001: Diese Zombies seien wie Terroristen, sie verschwinden nicht, man kann nicht mit ihnen verhandeln, man kann ihnen nicht einmal drohen. Regisseur Darren Aronofsky beschrieb seinen symbolgeladenen Film „Mother!" (2017), in dem er gar biblische Plagen auffährt, als vor dem Klimawandel warnende Metapher. Und Jennifer Kents „Der Babadook" (2014) beschäftigt sich auf kluge Weise mit den abgründigen Gefühlen einer Frau, für die Mutterschaft auch mit negativen Gefühlen verbunden ist – ein Thema, das vor einigen Jahren Eingang in die gesellschaftliche Debatte gefunden hat.

Zugleich weckt „Der Babadook" die kindliche Angst vor dem Monster unter dem Bett. Er zielt also auch auf persönliche phobische Druckpunkte, um zu Stephen Kings zweiter Kategorie zu kommen: „Diese Art von Filmen möchte keine politischen Punkte sammeln, sondern uns eine Scheißangst machen, indem sie gewisse Tabugrenzen überschreitet." Es seien mystische, oft auch märchenhafte „Zonen des Unbehagens", die hier abgesteckt würden. Angst vor einem qualvollen Tod? Wie wäre es mit dem Anblick von Sägeblättern, die von der Decke fallen? Angst vor Spinnen, vor engen Räumen, hoher Fallhöhe? Vor dem Erblinden, vor Nadeln, vor Kontrollverlust, davor, dass unsere Liebsten nicht die sind, für die wir sie halten? Vor Kakerlaken hinter dem Kühlschrank, vor kleinen Mädchen, die aus Brunnen kriechen? Egal, wovor Sie sich fürchten, sei es noch so irrational, es gibt ziemlich sicher einen Film, der das Irrationale zur berechtigten Möglichkeit erklärt. Und eine Weile lang dazu einlädt, diese Furcht zuzulassen.

Das Schöne daran: Wir merken, dass wir gar nicht so alleine sind mit unseren – wie wir vielleicht meinen – verkorksten, tagsüber weggesperrten Horrorvorstellungen. Kein Wunder, dass manche Schauerbilder zum Standardrepertoire der Filmemacher zählen: Das unbekannte Etwas, das sich unter der Haut zu bewegen beginnt und hinaus will. Das Böse, das plötzlich im Spiegel auftaucht. Der Mörder, der bereits da ist, wenn eine Filmfigur nach Hause kommt (was natürlich nur der Zuschauer weiß). Der blanke Augapfel, dem ein spitzer oder scharfer Gegenstand immer näher kommt (ich erschaudere bereits beim Schreiben). Es müssen auch gar keine Horrorfilme sein, die mit unseren Ängsten spielen. Das Szenario vom Wasserspiegel zum Beispiel, der steigt und steigt, während eine Filmfigur festsitzt und zu ertrinken droht, wurde in „Titanic" genauso ausgeweidet wie in der Netflix-Serie „Locke & Key". Wer hält da nicht den Atem an? Die Publikumsorgel, von der Hitchcock sprach, sie reagiert nicht nur auf atmosphärische Töne, geschickt gesetzte Schnitte, sorgsam aufgebaute Spannungsbögen und Überraschungsmomente – sondern auch auf universelle Schreckvorstellungen.

Ein klug angedeutetes Grauen ist dabei oft wirkungsvoller als ein tatsächlich ausgestelltes. Im besten Fall verschaffen uns solche

Szenen eine wohlig-quälende Erregung und helfen uns zugleich, unsere eigenen Angsträume zu erkunden. Im schlechteren Fall sind sie unfreiwillig komisch, weil zu übertrieben, zu absurd. Im allerschlimmsten Fall aber – und ich räume ein, dass die Grenzen dieser Kategorie für jeden woanders liegen mögen – liefern sie nichts als reißerische Grausamkeit: Solche Szenen graben sich mit spitzen Klauen in unseren Gehirnwindungen fest und verschaffen uns jedes Mal, wenn wir bei ihnen nur ankommen, neue Schmerzen.

Auch Sie werden wohl Filmszenen gesehen haben, von denen Sie wünschen, Sie könnten Sie zurückgeben. Bei mir sind es meist Stellen, an denen Menschen – von sich selbst oder anderen – verstümmelt werden. Dass Scott Ridley in seinem Thriller „Alles Geld der Welt" von 2017 den Kamerablick nicht abwendet, als dem 16-jährigen Entführungsopfer mit nichts als ein bisschen Schnaps als Betäubung ein Ohr abgeschnitten wird, verfolgt mich bis heute aufs Unangenehmste. Das Schlimmste ist das quiekende Geräusch der Klinge im Fleisch, während einer der Entführer dem Teenager sanft zuredet, dass er still halten soll, gleich sei es vorbei … Da ist keine Beklemmung, kein Spiel mit der Angst, das tut einfach nur weh.

Muss das sein? Muss es nicht. Danke für viele Stunden Angstlust, liebes Kino, aber Szenen wie diese verzeih ich dir nicht. Es sind die Orgeltasten, die ich mir nicht drücken lassen will. Nicht, so lange es so viele andere gibt, die mich auf erfüllende Art zittern und fürchten lassen.

Katrin Nussmayr, geboren in Graz, ist seit 2014 Redakteurin im Feuilleton der Tageszeitung „Die Presse", wo sie unter anderem über Film und Serien schreibt. Daneben jongliert sie für datenjournalistische Projekte mit Zahlen und Statistiken.

Der verpasste Moment der Schönheit

Markus Rogan

Ich hab Angst.
Ich hab Angst, dass mir etwas passiert, während meine Söhne mich noch brauchen.
Ich hab Angst, dass meinen Söhnen etwas passiert, bevor sie wissen, was sie tun.
Ich hab Angst, dass mich meine Eltern und Schwiegereltern genau dann am meisten brauchen werden, wenn meine Söhne Teenager sind und ich gerade dann für sie da sein sollte.
Ich habe Angst, dass meine Frau eine schwere Krankheit bekommt.
Ich hab Angst, dass ich langsam aber sicher Deutsch verlerne und den Charme von meinem austro-kalifornischen „Kopatrioten" Arnold Schwarzenegger, der – abseits seines perfekten Steirisch – auch kaum mehr Deutsch kann, nie haben werde.
Ich hab Angst, dass das nächste Jahr nicht so gut sein kann wie das vorangegangene.
Ich hab Angst, nicht genug Angst zu haben und mich zu sehr zu entspannen.
Ich habe Angst.

Angst ist anstrengend. Vor allem die eigene.

Ich werde im Folgenden versuchen, meine Erfahrungen mit Angst zu teilen. Auf persönlicher Ebene. Auf beruflicher Ebene. Und auf praktischer Ebene.

Angst: Die klinisch psychologische Definition so wie ich sie verstehe

Angst ist ein nicht klar einzuordnender Reiz, der das sympathische Nervensystem aktiviert, das dafür zuständig ist, dass unser Körper auf Belastungen und Anforderungen wie Stress und Gefahren reagieren kann. Der Reiz versetzt den Menschen in eine kurze Analysephase, gefolgt von einer Schockstarre, Flucht oder Kampfreaktion.

In meiner Zeit als aktiver Schwimmer habe ich diese Angst als eine Art Motivationsmotor genutzt. Denn die Angst zu versagen oder nicht gut genug zu sein, die Angst, nie der Beste der Welt gewesen zu sein, war immer da, hat mich sieben Jahre lang als Weltranglistenzweiter angetrieben, weiter zu trainieren. Irgendwo ist es traurig, aber ich kenne es von mir selbst und ich sehe es bei vielen Leuten, die viel leisten wollen: Ich fühle mich ohne tolle Leistung als Mensch nicht gut genug. Diese Angst war genau das, was mir immer geholfen hat, um 3:45 Uhr aufzustehen und um 4:30 Uhr ins Wasser zu springen. Das war hart – und trotzdem kein Erfolgsgarant. Gerade im Augenblick der Niederlage darf man die Angst aber nicht gewinnen lassen. Es geht in solchen Momenten darum, die Schmerzen einer Niederlage genau zu spüren, um sie im Training mit den Trainingsschmerzen vergleichen zu können: Solange die Trainingsschmerzen geringer sind als die Niederlagenschmerzen, kann man problemlos weiter trainieren. Die Angst kann so Fundament von Siegen und damit innerer – wenn auch kurzfristiger – Zufriedenheit werden.

Und hat nichts mit einer möglichen Furcht vor Niederlagen zu tun. Denn Angst unterscheidet sich klar von Furcht. Furcht hat einen eindeutig definierten Reiz, zum Beispiel ein Löwe, der auf mich zurennt, oder jemand, der eine geladene Pistole auf mich richtet.

Im Gegensatz dazu ist Angst vage und bezieht sich auf einen Reiz, der Ergebnis unterschiedlicher Schäden, Schmerzen oder auch Harmlosigkeiten sein kann. Ein lautes Geräusch mitten in der Nacht. Ist es ein Einbrecher? Ist es ein Baum, dessen Äste der Wind bewegt hat? Oder ist es ein Gartensessel, der umgekippt ist?

Die Unklarheit der Angst macht die Analysephase besonders spannend: Der Reiz passiert. Wir nehmen ihn wahr. Wir überlegen: Sollen wir uns fürchten? Oder nicht?

Allerdings ist es keine rationale Überlegung, sondern eine blitzschnelle intuitive Einordnung des Reizes in das Repertoire der Reize unserer Erinnerung. Ein Soldat ordnet einen lauten Knall anders ein als ein Teilnehmer eines Faschingsumzugs und reagiert dementsprechend intensiver. Daher auch der klinische Prozess des PTSD (Post Trauma Stress Syndrom).

Die Analysephase ist ein blitzschneller intuitiver Versuch, Warnsignale zu verstehen. Das bezieht sich nicht nur auf externe Reize. Oft sind es interne Reize, körperliche Signale, die Angst auslösen: Ein mulmiges Gefühl im Bauch. Ein hoher Puls. Schweiß auf der Stirn. Diese körperlichen Signale werden gedanklich interpretiert: „Oh, ich fühle mich nicht wohl im Bauch, es passiert sicher gleich etwas Schlimmes", oder: „Mein Herzschlag ist viel zu hoch, irgendwas ist nicht in Ordnung."

Die Signale und die Interpretationen bilden zusammen eine sich selbst verstärkende Spirale. Das mulmige Gefühl im Bauch gepaart mit dem Gedanken, dass es sicher gleich schlimmer wird, führt zu höherer muskulärer Anspannung, auch im Bauchbereich, und löst dadurch Bauchschmerzen aus. Diese wiederum werden als Bestätigung gesehen, dass die Gedanken, dass es gleich schlimmer wird, richtig waren. Und die Spirale dreht sich weiter und schneller. Bald sind die Bauchschmerzen so stark, dass auch jemand anderer sie leicht erkennen kann und vielleicht besorgt danach fragt. Das wiederum verstärkt die Gedanken weiter. Die Symptome eskalieren im Gleichschritt.

Generell nehmen wir Reize dramatischer wahr, als sie sind. Das hat einen guten Grund: Besser man überschätzt eine Gefahr als umgekehrt. Blickt man in der Menschheitsgeschichte zurück, hat jemand, der angstauslösende Reize nicht ernst genug genommen hat, nicht lange überlebt. Wir sind alle Kinder von ängstlichen Menschen. Dass die Welt inzwischen deutlich weniger lebensgefährlich geworden ist, als sie es zur Zeit unserer Vorfahren war, hat unser Stammhirn noch nicht mitbekommen.

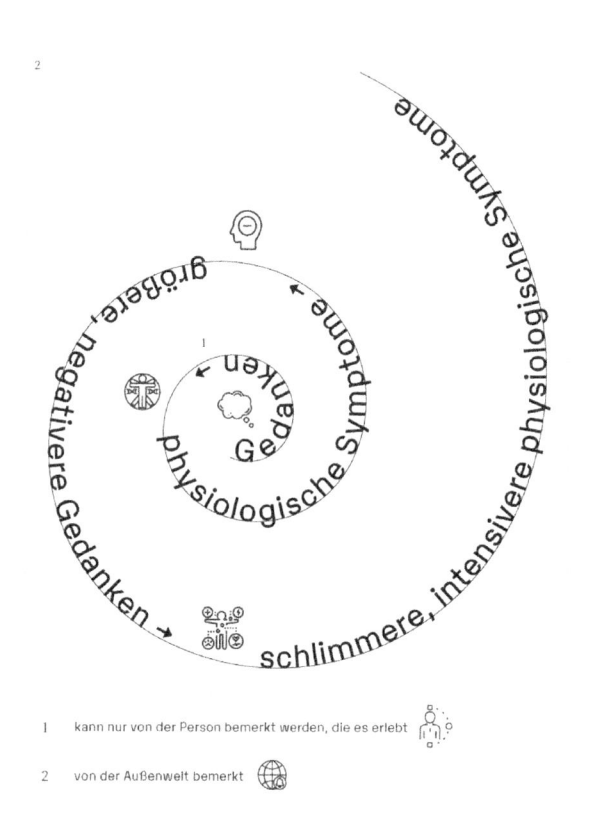

Spiraldiagramm mit den Beschriftungen: Gedanken → physiologische Symptome → schlimmere, intensivere physiologische Symptome → größere, negativere Gedanken

1 kann nur von der Person bemerkt werden, die es erlebt
2 von der Außenwelt bemerkt

Angst: Haben wir. Was nun?

Das Schöne an der Angst ist, dass sie klar messbar ist. Man muss nur genau hinschauen. Das mulmige Gefühl, die besorgten Gedanken und das zögernde Verhalten funktionieren wie ein GPS. Drei bestimmt georchete Punkte erlauben uns genau zu wissen, wo wir sind. Im Falle eines GPS ist es auf einer Karte. Im Falle unserer Angst ist es die Verortung unserer Erfahrungen, Einschätzungen und Gefühle.

Wenn objektive Symptome, subjektive Gefühle und beobachtbares Verhalten auf Angst hindeutet, ist es Angst. In meiner Praxis setze ich gemeinsam mit meinen Patienten diese drei Dynamiken in einen Wirkungszusammenhang: Was sagt dein Körper (meiner Meinung nach am besten erkennbar durch Herzratenvariabilität)? Was sagt dein Kopf? Und was sagt dein Verhalten?

Oft führt allein das Messen zu einer Achtsamkeit, die wiederum in einer Besserung resultiert. Manchmal kann es aber auch schlimmer werden, weil dem Patienten bewusst wird, dass er tatsächliche eine Angststörung hat. Das Schöne ist: Wenn Angst klar definiert und gemessen wird, wird sie zur Furcht. Und Furcht kann man bewältigen. Furcht ist nicht vage. Furcht ist konkret. Wenn ich mich vor dem Löwen, der auf mich zuläuft, fürchte, kann ich entweder davonrennen, ihn erschießen oder ihn streicheln.

Hat man die Furcht definiert, kann man also konkret darauf reagieren. Ich übrigens fürchte mich manchmal, dass ich gar kein so guter Psychotherapeut bin, weil ich mir immer noch schwer tue, Stunde um Stunde still zu sitzen. Deswegen habe ich einen Großteil meiner Praxis auf „Experiential Performance Psychology" aufgebaut: Anstatt die ganze Zeit über die Probleme zu reden, bauen und kreieren meine Patienten und ich Angstsituationen „in vivo" – im Lebendigen –, holen die Angst also bewusst ins Leben. Beispielsweise beim Höhlentauchen.

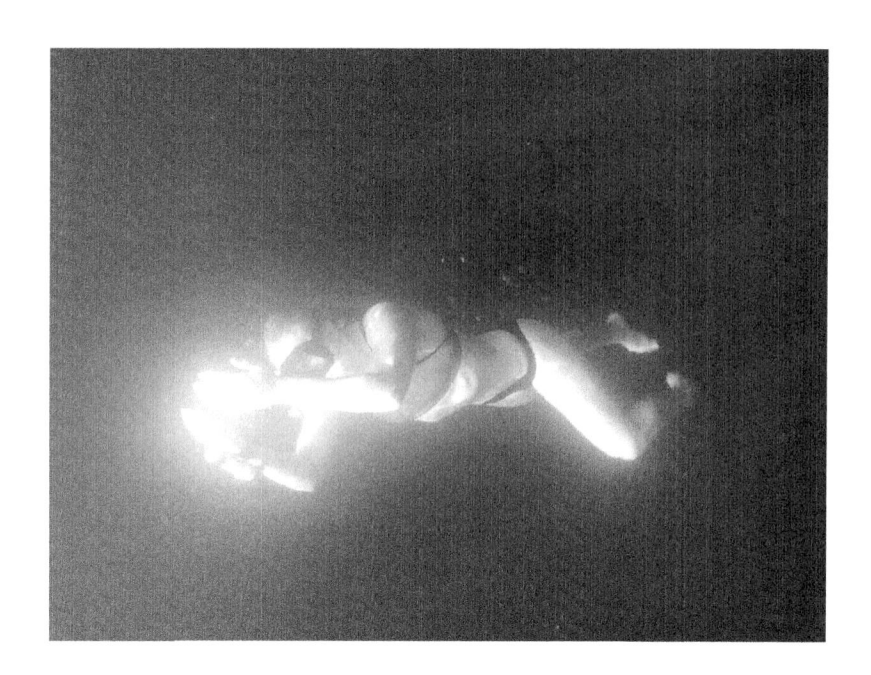

Angst: Abtauchen und genießen.

Angst und Atmung sind enge Verwandte. Panikattacken sind leicht an Hyperventilation zu erkennen. Also gehe ich mit meinen Patienten Höhlentauchen. Ohne Sauerstoff. Tief in dunkle, steinige, mit Wasser gefüllte Reiche unendlicher Freiheit und Schönheit. Wenn man nur genug Luft hat.

Ein halbwegs gesunder Erwachsener kann gut 45 Sekunden lang die Luft anhalten. Mit ein paar einfachen Techniken kommt man schnell auf eine Minute. In einem Schwimmbecken.

Der gleiche Erwachsene schafft dann zehn Minuten später bei einem Höhlentauchversuch aber meist nur knapp zehn Sekunden. Warum? Die Antwort wird einem bei einem derartigen Versuch sofort bewusst: Es hat mit meiner Lunge nichts zu tun. Es ist im Kopf.

Die Angstspirale wird zur Realität. Greifbar. Ich hole tief Luft und tauche ab. Ich sehe den Eingang zur Höhle und denke mir: „Das ist zu gefährlich." Meine Muskeln verkrampfen und verlangen mehr Sauerstoff. Ich denke mir: „Oh-oh, ich habe weniger Kraft als ich dachte." Das Herz pumpt schneller. Ich denke mir: „Das wir kaum gutgehen." Die Lunge und das Herz arbeiten intensiver, um sauerstoffarmes Blut wieder anzureichern. Ich denke mir: „Mir geht die Luft aus." Ich kehre um und tauche auf. Und sehe nie, wie schön es unter Wasser sein kann.

Es ist schade, wie viel Schönheit und Freiheit wir durch Angst verpassen. Und umso erhebender ist es, wenn wir erkennen und erleben, dass wir unsere Angst kontrollieren können.

Wie das funktioniert?

Indem ich abtauche, den Höhleneingang sehe und mir denke: „Wow, das ist aufregend." Dann tauche ich langsam, mit kontrollierten Bewegungen hinein. Die Bewegung im Wasser fühlt sich frei an. Dann wird es dunkel. Das Sonnenlicht verschwindet hinter mir. Ich schalte die Tauchlampe an. „Was für eine riesige Höhle, so groß wie ein Theater, so reich geschmückt wie eine Kathedrale." Mein Körper schickt mir Signale, die Lunge drückt sich etwas zusammen. Ich denke: „Achtung! Endlos Luft werde ich nicht haben, aber ich kann das hier länger genießen, wenn ich ruhig bleibe."

Ich fühle mich schwerelos, besser als fliegend, frei schwebend, tief unter der Erde. Nur kleinste Fische und riesige Steinstalaktiten und -stalagmiten teilen diesen Moment mit mir.

Die Zeit steht still. Mein Herz pocht. Ich spüre Dankbarkeit, dass ich am Leben bin. Dass ich das erleben darf.

Die Tausenden Kilometer meiner Zeit als Profischwimmer machen Sinn. Gleichzeitig schmerzt es, dass ich dieses Gefühl, diese Momente des Glücks, mit nur wenigen Menschen, die keine guten Schwimmer sind, teilen kann. Ich spüre eine Träne in meiner Tauchmaske. „Ist es Freude oder ist es Leid?" Egal, es ist Zeit, wieder aufzutauchen, denn meine Lunge drückt kräftiger und kräftiger.

Der Weg zurück nach oben ist ein neuer Rausch. Es ist, als ob man mit Anlauf abspringen und abheben kann. Es zieht mich nach oben. „Achtung auf den Kopf, man kann da in der Eile schnell wo dagegen krachen."

Das Sonnenlicht wird wieder klar. Es blendet leicht. Noch ein paar Züge. Der Druck in der Lunge wird geringer, aber dadurch verlangsamt sich der Sauerstoffaustausch im Körper und der Drang nach Luft steigt schneller. „Gleich gibt es Luft."

Und es ist ein Atemzug wie kein anderer. Er gleicht dem ersten Schluck eines beinahe verdurstenden Wüstenwanderers, aber mit dem Genuss eines französischen Weinbauers. Ein Rausch in der Lunge, ein Kitzeln im ganzen Körper. Und ich komme in eine überirdische Welt zurück, die ganz anders ist als die, die ich vor kaum zwei Minuten verlassen habe.

Angst: Was jetzt?

Ich habe Angst, dass ich diese Erfahrung, unter Wasser Angst zu überwinden, nie perfekt beschreiben werde können. Und auch, dass ich es Nichtprofischwimmern nie richtig zeigen werde können. Aber ich versuche es jeden Tag.

Ich denke, dass wir alle unsere Höhle haben, in die wir lieber nicht hineintauchen. Wo wir, sobald wir den Eingang sehen, lieber umkehren. Eine Höhle, die wir vielleicht sogar mit Ablenkungsmanövern versperren. Wenn wir lieber noch ein Bier mehr trinken, noch einen Joint mehr rauchen oder uns daran abarbeiten, dem Kontostand die nächste Null dranzuarbeiten, um uns selbst vorlügen zu können: „Ja, das ist das Leben."

Ja, das ist das Leben. Aber eines mit Angst. Sie sich einzugestehen, mit ihr zu arbeiten, Menschen dabei zu helfen, sie aufzulösen, gehört zu den beglückendsten Momenten meiner beruflichen Tätigkeit. Sie an sich selbst zu erkennen, sich ihr zu stellen – das kann härter und definitiv einsamer sein als ein Olympia-Finale.

Markus Rogan war Schwimmer, der versuchte, seiner Angst mit Weltrekorden und Medaillen zu entkommen, was nur bedingt gelang. Danach legte er sich so lang bei seinem Psychologen auf die Couch, bis er selbst einer wurde. Heute berät er diverse Universitäten (Harvard Medical School, ucla, Stanford) und Profi-Sportler und lebt mit etwas weniger Angst und seiner Familie in Los Angeles.

Nicht nur des Tormanns

Heinz Palme

Der Happel-Angstfaktor

Bis in die späten neunziger Jahre gab es wohl keinen charismatischeren Trainer in der Welt des Fußballs als Ernst Happel, schon als Fußballer ein Ausnahmekönner, als Trainer allerdings eine eigene Klasse und Kategorie.

Große, starke, vereinnahmende Augen, ein klarer Blick auf das Wesentliche, eine knappe, deutliche Wortwahl und sehr viele gedachte, aber nicht allzu viele gesagte Sätze. Ein Sprachgemisch aus Ur-Wienerisch, Französisch, Flämisch, Holländisch und Deutsch sowie der von ihm selbst geschaffenen Trainersprache mit ganz „spezifiken" Ausdrücken, die auch nur aus seinem Mund Sinn gemacht haben.

Von vielen als Grantler bezeichnet, von Menschen, die ihn gut kannten aber als guter und liebevoller Menschen beschrieben.

Ernst Happel war eine derart prägende Respektsperson, dass der Begriff Angst in der Begegnung mit ihm wohl äußerst zutreffend ist. Er selbst schien vor niemandem und nichts Angst zu haben, vielleicht auch ein Grund, warum er für viele Fußballer, die unter seiner Führung trainieren und spielen durften (oder mussten), für Funktionäre, vor allem aber auch für Journalisten mit Angst in Verbindung zu bringen war.

Es waren seine Klarheit, seine Kompromisslosigkeit und seine Selbstsicherheit in der Kommunikation, die für Menschen oft ungewohnt und Angst einflößend waren.

Wie würde es wohl sein, mit diesem besonderen Mann zusammenzuarbeiten? Müsste man Angst vor Happel haben oder einfach Respekt vor dem, was er in seinem Leben geleistet hat?

Als der „Wödmasta" von ÖFB-Präsident Beppo Mauhart nach mehrfachen Versuchen im Dezember 1991 zum Teamchef gekürt wurde, war für mich – in meiner Doppelfunktion als Organisationschef der Nationalmannschaft und der viel schwierigeren Aufgabe als Pressechef – besiegelt, dass ich mich dem Thema „Angst vor Happel" in irgendeiner Form würde stellen müssen ... Happels Lebenspartnerin Veronika flüsterte meiner Frau anlässlich eines Treffens zu, dass sie „den Herrn Palme nicht beneide" und es schwierig sein könne, mit Ernst zusammenzuarbeiten.

Mein erstes Arbeitsmeeting mit Happel führte mich auch gleich an die Grenzen, indem ich den unverzeihlichen Fehler machte, mit ihm die Termine der bislang mit allen anderen Nationaltrainern routinemäßig abgehaltenen Pressekonferenzen abzustimmen. Happel fauchte mich an, was ich denn überhaupt mit den Journalisten wolle, ob ich ihr Freund sei, und dass es keine Pressekonferenzen geben würde. Na bumm ... das saß und ich musste überlegen, wie ich die Angst, ihn noch ein zweites Mal mit diesem Thema zu konfrontieren, überwinden und einen brauchbaren strategischen Vorschlag entwickeln könnte.

Drei Tage später – und zugleich nur drei Tage vor der ersten anberaumten und von mir schon eingeladenen Pressekonferenz – schlich ich also in Happels Büro und begann, mit ihm über verschiedene Nebensächlichkeiten zu reden.

Ich wusste, dass ich nur einmal und somit nur jetzt eine Chance hätte, ihn für mein Anliegen zu gewinnen. Ich fasste Mut und sagte: „Trainer (er wollte so angesprochen werden) – ich habe mir das mit den Pressekonferenzen noch einmal überlegt ... Du hast recht, wir müssen das nicht machen, aber ich hätte eine andere Idee. Wie wäre es, wenn wir uns immer nach dem Vormittagstraining mit ein paar Journalisten gemütlich auf einen Kaffee zusammensetzen und du erzählst ihnen vom Training und wie es der Mannschaft geht?"

Happel antwortete bestimmt und klar: „Kaffeetrinken – jo natürlich, des können mia imma mochn – sogst den Journalisten, sie können kommen!"

Mir fiel ein Stein vom Herzen, da ich den Medienvertretern schon tägliche Pressetermine angekündigt hatte … Jetzt hießen sie halt „Kaffee mit dem Teamchef".

Ich bin mir bis heute nicht sicher, ob Happel mich nicht einfach herausfordern und erfahren wollte, wie ich mit der Angst ihm gegenüber umgehe und das Thema der Pressekonferenzen lösen würde. Worüber ich mir aber sicher bin, ist, dass es viele Menschen in der Fußballbranche gab, die an der Angst vor Happel gescheitert sind.

Und möglicherweise habe ich den Schlüssel mit dem Umgang mit Angst schon viel früher, und vermutlich auch in Verbindung mit Sport, gefunden.

Der kleine Junge im Anlauf der Sprungschanze – wenn Mut die Angst besiegt

Ein Knirps, 11 Jahre, 1,20 cm kurz, 30 kg leicht, blond, schmächtig – man könnte denken, er müsste Angst vor einem Hundebellen, vor der Dunkelheit im Keller oder vor der Schelte der Mutter haben – ja, die Angst kennt er gut, die begleitet ihn auch durch das noch kurze Leben.

Aber bald lernt er eine neue Form der Angst kennen, die sich diametral zum Gegenteil bewegt, nämlich dem Mut, der in ihm steckt.

Was macht der kleine Mann? Kann man sich vorstellen, dass er zwei Meter lange, ultraschwere Abfahrtsskier seines Vaters, mit fetten Stahlkanten ausgestattet, umfunktioniert zu Fluggeräten, auf seine rechte Schulter hievt und einen 150 m hohen Hügel hochwandert? Er kommt oben an und schaut hinunter – ein steiler Hang liegt unter ihm, er blickt ins Tal. Er steigt in die Spur einer 50-Meter-Schanze, da er sich entschieden hat, als Skispringer in die Fußstapfen seiner Vorfahren zu treten. Der Blick ins Tal multipliziert die wahre Distanz und lässt den „kleinen" Bakken so groß wirken, als wäre es der legendäre Kulm, der einst sowohl von Bubi Bradl als auch vom eigenen Opa besprungen wurde.

Er spürt, wie groß der Respekt davor wird, den entscheidenden Schritt zu setzen, die im rechten Winkel zur Anlaufspur befindlichen Latten mit einer ruckartigen Bewegung dorthin zu bugsieren, wo es kein Zurück mehr gibt, von wo die Skier unaufhaltsam in Richtung Schanzentisch rasen und nur die Entscheidung zum Absprung die ultimative Chance bietet, einen kapitalen Sturz und mögliche schwere Verletzungen zu verhindern.

Der kleine Junge steht also oben – und er weiß jetzt definitiv, dass die Angst vor einem Hundebellen, vor der Dunkelheit im Keller oder vor der Schelte der Mutter eine andere Qualität hatte. Er weiß, dass er diese Angst überwinden muss, wenn er etwas erreichen möchte im Leben, wenn er lernen will, bei jedem nachfolgenden Sprung ein bisschen weniger von dieser Angst zu spüren und vielleicht nach 100 weiteren Sprüngen jeder Anflug von Angst Geschichte ist.

Die Angst eines Jungen in der Anlaufspur einer Sprungschanze ist etwas Außergewöhnliches. Der Mut und der Wille des Springers sind die Eigenschaften, die es braucht, um die Angst zu besiegen und zu Stärke zu verwandeln.

Der kleine Junge schreckt vor dem Riesen nicht zurück – wenn Angst hilfreich sein könnte

Dass es im Leben aber sehr schmerzhaft sein kann, Angst auszublenden oder als nicht existent einzustufen, muss der Junge nur knapp nach dem Zeitpunkt des „Fliegenlernens" feststellen. Nicht nur begeistert auf Skipisten und Sprungschanzen unterwegs, kommt bald die warme Jahreszeit – und die ist zum größten Teil dem wichtigsten Lebensinhalt gewidmet – dem Fußballspiel.

Als 11-Jähriger in der heimischen U15-Mannschaft zu spielen, ist dem eigenen Talent geschuldet – oder zumindest der Talent-Beurteilung des Trainers –, aber auch damit verbunden, auf Gegenspieler anderer Teams zu treffen, die an Körpergröße und Gewicht dem kleinen Jungen weitaus voran sind.

Und so kommt es zu einer folgenschweren Begegnung zwischen dem angstlosen „David" und dem um 40 cm größeren und wohl 40 kg schwereren, ebenso angstbefreiten „Goliath". Dem kleinen Mann mit dem Mut eines Löwen wird ein nahezu perfekter „Steilpass" zugespielt, der Weg zum Tor hat sich geöffnet und auf der 30-Meter-Strecke bis zur Strafraumgrenze läuft der Junge, so schnell er kann, um wenige Sekunden später in Torjubel ausbrechen zu können.

In solchen Momenten denkt man natürlich auch keine Sekunde an Angst. Der große, schwere Torhüter des Gegners wiederum sieht den kleinen, federleichten Knirps auf sich zukommen und kann wohl erst recht kein Angstgefühl aufkommen lassen.

Es kommt, was kommen muss: Die zwei so unterschiedlichen Burschen prallen exakt an der Strafraumgrenze in vollem Lauf und mit voller Wucht gegeneinander – der kleine Schmächtige zieht sein Bein voll durch, um den Ball im Tor unterzubringen, der große Kolossartige holt mit voller Kraft Schwung, um den Ball mit seinem Fuß aus der Gefahrenzone zu befördern. Klein-Bein und Groß-Fuß crashen ineinander – (Schien-)Bein ist dem Zusammenprall weniger gut gewachsen als Tormannfuß. Und der Kleine fliegt wieder, im Gegensatz zum Skispringen allerdings nur drei Meter weit, durch die Luft. Der Aufprall am Elfmeterpunkt ist hart und wenig herzlich, die bald heraneilende Rot-Kreuz-Einsatztruppe kann nur feststellen, dass sich jemand, der geglaubt hatte, die Kunst zu beherrschen, ohne Angst zu leben, einfach noch zu jung, zu klein und zu leicht ist.

Das Glück stand dem Schmächtigen aber beiseite und die ärztliche Diagnose lautete auf „glatter Schienbeinbruch", zehn Tage im Krankenhaus, acht Wochen Gehgips und viel Zeit, über Angst nachzudenken.

Der kleine, schmächtige Junge mit Angst vor dem Skispringen und zu viel Mut zum Fußballspielen war übrigens ich, der Autor. Dass der Sport ein Lebensbegleiter sein würde, war mir schon in jungen Jahren klar. Dass das Kapitel Angst im Zusammenhang mit meinen Abenteuern rund um den Sport immer wieder präsent sein würde, konnte ich nicht ahnen, vielleicht auch deshalb, weil ich mich selbst nicht grundsätzlich als ängstlich einstufe.

Todesangst oder eine Ahnung davon, wie nahe sie kommen kann

Südafrika und Brasilien – nach übereinstimmenden Erlebnisberichten von Reisenden und Bewohnern zwei der schönsten und aufregendsten Länder der Welt. Genauso übereinstimmend ist wohl die Meinung, dass es sich um Länder mit besonderen Gefahren handelt – hohe Kriminalitätsrate, begleitet von besonders brutalen und hemmungslosen Verbrechen. Für ein „Handy" mussten schon manche ihr Leben lassen, so auch in Südafrika der ehemalige österreichische Fußball-Torhüter Peter Burgstaller. Sich zu wehren, wenn man Opfer eines Raubüberfalls wird, kann das Todesurteil bedeuten.

Zwei Jahre lang durfte ich im wunderschönen Land am Kap der guten Hoffnung leben, hatte aber auch das zweifelhafte Vergnügen,

Angst für mich selbst in einer besonderen Dimension kennenzulernen, was sich auch bei meinen Brasilien-Besuchen bewahrheitete.

Einige Erlebnisse – und weitere blieben mir glücklicherweise verwehrt – werden in meinem persönlichen Angstregister abgelegt.

Der Nelson-Mandela-Square im Herzen von Johannesburg ist ein markanter Platz, der nicht nur eine Shopping-Mall, Hotels und Restaurants beheimatet, sondern auch ein altes, schon etwas baufälliges Regierungsgebäude der Stadt. Die Organisatoren in Südafrika standen vor dem Problem, nur fünf Monate vor Beginn des FIFA Confederations Cup 2009 kein vom Welt-Fußballverband verpflichtend vorgeschriebenes „Headquarter", das den Ansprüchen an die größte Sportveranstaltung der Welt gerecht wird, vorweisen zu können. Ich hatte schon die Verantwortung für die Planung und den Betrieb des Headquarters der WM 2006 in Deutschland, weshalb mir der Umfang und die Komplexität dieses Projekts bestens bekannt waren.

Im November 2008 – die UEFA EURO in Österreich war erfolgreich über die Bühne gegangen – nahm ich an verschiedenen Besprechungen in Johannesburg mit besorgten Mienen des Organisationsteams teil. Ich bot an, den Status und die Möglichkeiten für das Headquarter zu prüfen und mich einzubringen, um den wichtigen Turnierbereich – die Nervenzentrale für 450 Mitarbeiter von FIFA und LOC mit allen technischen Einrichtungen, Büros, Besprechungsräumen und Lagerräumen – noch zeitgerecht zu sichern.

Im Februar 2009 war es soweit, alle Planungen hatten einen akzeptablen, wenngleich nicht perfekten, Stand erreicht und die Bauarbeiten begannen – langsam, aber doch, wurden in dem 10.000 Quadratmeter großen Gebäude auf sieben Etagen Wände niedergerissen, Teppiche und kaputte Fenster entfernt, alles in allem entstand also eine Riesen-Baustelle mit viel Schutt und Schmutz.

Es gefiel mir, diese Monsteraufgabe zu lösen und bis in das kleinste Detail, also bis hin zur Planung des Schreibtisches für den FIFA-Präsidenten, Hand anlegen zu können.

Was mir zu diesem Zeitpunkt noch nicht gegenwärtig war, waren die Folgen des herannahenden Baufortschritts und die damit in Verbindung stehenden dunklen Angstnächte in Johannesburg.

In den letzten beiden Wochen vor Fertigstellung und Inbetriebnahme unternahm ich jede Nacht zwischen 02:00 und 03:00 Uhr noch Kontrollgänge durch alle Etagen.

Ich wusste, dass dies aber die einfachere Übung sein und die Angst mich zweifellos in jeder Nacht einholen würde, galt es doch, zu früher Stunde den Mandela-Square zu überqueren, durch eine Tiefgarage zu gehen und noch ein kleines Stück des Weges bis zu meinem Hotel im Freien zu bewältigen. Ein Weg von fünf bis sieben Minuten, bei dem ich Nacht für Nacht versuchen musste, schlechte Gedanken oder die Angst vor dem plötzlichen Tod in der Finsternis von Südafrika beiseitezuschieben. Ich hatte immer 100 bis 200 Rand eingesteckt und trug eine ziemlich wertlose Armbanduhr, um für einen möglichen Überfall gewappnet zu sein und einem Räuber schnell etwas „anbieten" zu können, nachdem mir ja die grausamsten Geschichten bekannt waren, wie Überfallopfer behandelt oder eben auch sehr schnell getötet werden.

Es war ein gespenstischer Weg, auf dem sich zu dieser Zeit prinzipiell keine Menschen mehr aufhielten, sieht man von der einen oder anderen Prostituierten in einer dunklen Ecke ab, die mir auch noch ein „Baby, Baby" zuriefen, vereinzelt trieben sich auch deren Freier herum – insgesamt kein gutes Gefühl …

Ich wusste, dass jede falsche Bewegung, jede eigenartig anmutende Reaktion meinerseits, jede Absicht eines Kriminellen, mich auszurauben, den Tod bedeuten könnte. Ich bewegte mich also selbstbewusst, aufrechten Ganges, aber für mich selbst gefühlt wie auf rohen Eiern, durch diese Passagen und war Nacht für Nacht heilfroh, den Eingang meines Hotels unbeschadet erreicht zu haben.

Das Nacht-Abenteuer ging gut, wenngleich mir bewusst ist, dass ich das Schicksal schon gehörig herausgefordert hatte.

Von 2009 bis 2014 führte mein Weg auch mehrfach nach Brasilien, dem Austragungsland der FIFA WM 2014.

Während der Endrunde verbrachte ich zwei Wochen in Rio de Janeiro und wohnte direkt an der berühmt-berüchtigten Copacabana. Pulsierendes Leben, Caipirinha-Bars entlang des Strandes, der herrliche, weitläufige Strand und das Meer zeichnen eine eigene Atmosphäre, in der man kaum an Gefahren denkt. Natürlich kennt man die Verhaltensregeln: nicht zu viel Bargeld bei sich zu haben, keinen teuren Schmuck zu tragen oder auch, sich nicht in dunkle Gassen abseits der Hauptstraßen zu bewegen.

Mein Kollege Helmut Spahn, viele Jahre als Leiter des Polizei-Sonderkommandos in Hessen mit vielen schweren Kriminalfällen konfrontiert und vertraut, später Sicherheitschef der WM 2006 und des Deutschen Fußball-Bundes, und ich machten uns auf den Weg zum Abendessen in einem Restaurant direkt an der Copacabana. Beide keine ausgemachten Angsthasen, verlassen wir nach dem Dinner das Lokal und machen uns auf den Rückweg zum Hotel.

Es ist nicht spät, vielleicht 22:30 Uhr, ruhig, wenige Menschen auf der Straße, wir gehen entlang der auf dem Strand gegenüberliegenden Straße. Vor uns und hinter uns ist im Abstand von je 100 Metern niemand. Kurz vor einer Baustelle springt ein großer, schlanker Mann aus einer Seitenstraße heraus und steht ganz plötzlich neben mir. Er deutet an, eine Waffe in seiner Jacke zu haben, und sagt „give me the money, give me the money". Mein Freund Helmut Spahn bemerkt nicht, was abgeht … Ich weiß, dass ich Geld im Wert von ca. € 400,– im linken Hosensack eingesteckt habe, in der rechten Hosentasche meine Kredit- und andere Plastikkarten. Ich trage bewusst eine billige Uhr. Mr. „give me the money" wird ungeduldig, ich weiß zwar, er könnte mich jederzeit abknallen, bleibe aber ruhig und denke mir, ich spiele noch ein paar Sekunden auf Zeit und werfe ihm dann einen Teil meines Geldes hin. Gerade, als ich mit zwei Fingern der linken Hand das Geld im Hosensack sortiere, springt aus der Seitenstraße ein zweiter Mann heraus, läuft auf uns zu, gestikuliert und schreit mit meinem vermeintlichen Räuber, der fluchtartig die Szene verlässt.

Mein Herz schlägt ziemlich schnell und laut ... Todesangst ist Todesangst, auch wenn sie nur wenige Sekunden dauert!

Flugangst oder ein Hauch davon, was es sein oder werden könnte

Die Statistik gibt bekanntlich nicht immer die ganze Wahrheit preis. Deutlicher kann sie allerdings im Vergleich der Gefahrenquellen von Transportmitteln nicht sein: Fliegen zählt definitiv zu den sichersten Fortbewegungsformen, die der Mensch nützen kann.

Als kühler Realist bin ich also während des größten Teiles meines Lebens nicht auf die Idee gekommen, darüber nachzudenken, dass mich jemals Flugangst befallen könnte. Umso verwunderter war ich, diese Angst oft auf gemeinsamen Reisen zu Fußball-Länderspielen konstatieren zu müssen.

Herbert Prohaska, den ich fünf Jahre lang während seiner Zeit als U21-Nationaltrainer und als Teamchef der A-Nationalmannschaft begleiten durfte, war ein besonderer Flug-„Angsthase". Bald nach seiner Ernennung zum Teamchef flogen wir beide nach Rom, um uns in der Nähe der italienischen Hauptstadt ein Trainingszentrum als möglichen Ort eines Team-Trainingslagers anzusehen. Ich war felsenfest davon überzeugt, dass Herbert Prohaska beim Flug in seine Lieblingsstadt nur ein begeistertes Leuchten seiner Augen begleiten würde, nie jedoch hätte ich geglaubt, dass meinem freundschaftlichen Weggefährten wegen einiger geringer Turbulenzen der Angstschweiß auf der Stirn stehen könnte.

Es war vielleicht keine Todesangst, die ihn befiel, aber doch hatte ich das Gefühl, dass er vermutlich in diesen Angstmomenten einem anderen, vermutlich weitaus gefährlicheren Transportmittel, gerne den Vorzug gegeben hätte.

Der bekannte dänische Nationalspieler und Arsenal-Star Dennis Bergkamp, furchtlos und elegant auf dem Spielfeld, bekämpfte ja seine Angst vor Flugreisen dadurch, dass er tatsächlich alternative Transportmöglichkeiten zu Spielen seiner Mannschaften gewählt hat, meist die Bahn oder das Schiff. Prominente Flugangst-Kollegen aus Deutschland waren u. a. der legendäre Fritz Walter, der nicht weniger geschichtsträchtige Gerd Müller oder auch Ulf Kirsten. Übrigens ist keiner der genannten Helden des runden Leders bei Flugabenteuern jemals ums Leben gekommen …

Dass aber auch ich mit dem Thema Flugangst in Berührung kommen könnte, war für mich viele Jahre lang unvorstellbar. Meine Flugbewegungen waren zwischen den Jahren 2001 und 2017 intensiv und meinen beruflichen Aufgaben und Auslandsaufenthalten in Deutschland, Südafrika und Katar geschuldet.

Fliegen war und ist für mich immer noch ein sehr angenehmes und ungefährliches Reisen und prinzipiell nicht mit Angst verbunden. Doch eines Tages passierte es – und ich weiß nicht mehr, wann es genau geschah, auf welchem Flug und aus welchem Anlass. Kurz vor dem Landeanflug entstand in meinem Kopf der Gedanke, dass das Flugzeug bei der Landung nach rechts oder links kippen könnte, dass es nicht ausreichend Balance finden würde, um diesen technischen Vorgang zu verhindern.

Ich begann darüber nachzudenken, wie viele Flugzeuge wohl schon auf diese Weise umgekippt seien und was die Konsequenzen daraus wären.

Obwohl ich keine logische Begründung finden konnte, ließ mich der Gedanke nicht mehr aus, dass es bei einem meiner kommenden Flüge – vermutlich sogar beim allernächsten – zu einem derartigen Zwischenfall kommen und so ein schiefes Aufschlagen der Räder auf der Landepiste unweigerlich zum Kippen führen würde.

Zehn bis zwanzig Flüge lang wird es wohl gedauert haben, bis ich von dieser Form der Angst wie von selbst befreit war und ich der Flugzeugtechnik wieder vorbehaltlos vertrauten konnte!

Doch nicht nur in Flugzeugen herrscht in der Sportszene Angst.

Es geht wieder um Herbert Prohaska, zumindest am Beginn der Geschichte. Seit Jahrzehnten begibt sich die „Alte Austria", also die Ex-Kicker der Wiener Veilchen, Anfang Januar ins Zillertal und verbringt dort eine Skiwoche. Angeführt wird die Gruppe traditionell von Herbert Prohaska, begleitet von der glorreichen Austria-Generation der 70er- und 80er-Jahre.

In Mayerhofen erwartet traditionell Uli Spieß die Gäste und betreut sie eine Woche lang vorbildlich. Uli Spieß wäre ja selbst mindestens ein Kapitel zum Thema Angst wert – die Kurzfassung lautet: Uli war der Verrückte, der als erster Mensch die berüchtigten (drei) Kamelbuckel auf der Grödener Abfahrt in einem Sprung überwunden hatte und damit Geschichte schrieb. Uli Spieß und Angst sind keine Verwandten, so viel dürfte feststehen.

Im Begleittross der Fußballer sind zumeist auch der langjährige ORF-Sportchef Hans Huber und der Kurier-Fußball- und Wintersportexperte Wolfgang Winheim. Und auch ich hatte fünf Jahre lang das Vergnügen, dieser Runde anzugehören.

Uli Spieß ist immer kreativ im Bemühen, auch den Medien interessante Stories zu bieten.

Im Jahr dieser Geschichte, die mit Angst zu tun hat, engagiert er zwei Paragleiter. Herbert Prohaska ist, wie immer bei den Mediengeschichten, ein wichtiger Darsteller. Uli informiert Prohaska, dass dieser mit dem Paragleiter im Tandem im flachen Gelände kurz in die Luft steigen und nach einigen Metern wieder den Boden betreten werde. Der nicht allzu mutige Fußball-Teamchef stimmt nach einigen Verhandlungsgesprächen zu, schwört jedoch Spieß, die Freundschaft mit ihm zu brechen, falls er weiter als nur ein paar Meter fliegen müsse.

Mit Ausnahme von Herbert Prohaska weiß nahezu die gesamte Gruppe allerdings schon, dass der Prohaska-Flug über die Bergkuppe hinweg ins Tal gehen würde.

Ein ORF-Kamerateam und 30 Personen beobachten den Start von Herbert, jubeln ihm zu, als er mit seinem Piloten abhebt und fliegt, fliegt und fliegt ... Nach ca. 100 Metern hört man noch seine Schreie: „Spieß, du Verbrecher, du woast amoi a Freind ...", bevor er hinaussegelt ins weite Zillertal.

45 Minuten später kehrt Prohaska zurück auf den Berg, prahlt mit seiner Leistung und damit, doch nie und nimmer Angst vor dem Flug gehabt zu haben.

Ein Bier und ein Schnapserl später: Uli Spieß bedankt sich bei Herbert. Uli Spieß bedankt sich bei Hans Huber und Wolfgang Winheim für ihre Treue und die tollen Bilder und Geschichten von den Austria-Skiwochen.

Huber und Winheim sind nicht gerade für ihre Abenteuerlust bekannt, würden ganz sicher nicht freiwillig einen Paragleit-Flug buchen oder daran teilnehmen.

Uli Spieß bedankt sich nochmals bei Huber und Winheim – mit einem Paragleiter-Flug ins Tal ... Den beiden Parade-Journalisten steht die Angst ins Gesicht geschrieben, aber auch für sie gibt es kein Zurück!

Die Angst, die Depressionen und der Tod

Sportler sind umjubelte Helden, ihr Bekanntheitsgrad ist riesig, sie verdienen großes Geld und sie gehören der Allgemeinheit. Und Sportler sind zumeist jung, oft knapp über zwanzig, unerfahren im Umgang mit der Öffentlichkeit, nicht geschult für den Moment eines Misserfolgs. Oft treten sie in Arenen vor Zigtausenden Zuschauern auf, ein Millionenpublikum verfolgt ihre Bewegungen, ihre Gestik und ihre Mimik dringen hautnah in die Wohnzimmer der Fans, die sie heroisieren, wenn sie Sieger sind, die sie aber oft rasch verdammen, wenn der Erfolg ausbleibt. Ein enormer Druck lastet auf diesen jungen Menschen.

Der 15. November 1989 war ein besonderer Tag in der Fußballgeschichte zweier Länder. Österreich traf in der WM-Qualifikation in Wien auf die DDR, es war gerade eine Woche seit dem Berliner Mauerfall vergangen.

Österreich hatte knapp zuvor ein 0:3-Debakel im Auswärtsspiel gegen die Türkei erlitten und die Mannschaft stand unter großem Erfolgsdruck, gegen die DDR gewinnen zu müssen. Zugetraut hat den Jungs niemand einen Sieg.

Ein Spieler bekam schon monatelang sein Fett ganz besonders ab – Toni Polster wurde medial kritisiert, eine Wut ungeahnten Ausmaßes ergoss sich über den Star vom FC Sevilla.

Wie viel Angst muss ein Mensch in sich tragen, der praktisch vom gesamten Heimatland zum Sündenbock gestempelt wird, obwohl er Woche für Woche Topleistungen in einer der stärksten Ligen der Welt, der „La Liga" in Spanien nämlich, bringt?

Wie viel Angst muss ein Sportler spüren, der in das Stadion einläuft, um sein Team zum Sieg zu führen, wenn er von 50.000 Zuschauern vor dem entscheidenden Spiel gnadenlos ausgepfiffen wird?

Wie viel Angst hat der Fußballer in so einer Situation vor der ersten Ballberührung? Springt der erste Ball vom Rist, ist der Versager- und Idiotenstatus eingebrannt in die Seele und frisst den jungen Mann wohl innerlich auf.

Die Mannschaft nimmt im Spielertunnel Aufstellung, um aufs Feld zu laufen, es knistert, die Spannung ist zum Zerreißen. Als Teammanager bin ich mittendrin statt nur dabei – Toni Polster ist hoch konzentriert und strahlt eine schier unglaubliche Stärke aus, von Angst scheint es keine Spur zu geben – noch weiß er aber nicht, was auf ihn zukommen wird, dass ihn drei Minuten später das gellende Pfeifkonzert fast zurückspült in die Kabine.

Toni muss Hunderte Gedanken im Kopf haben, ich klopfe ihm auf die Schulter und flüstere ihm „Toni, du haust ihnen heute zwei Trümmer rein!" zu. Dann geht es für die Spieler hinaus in die Löwengrube ...

Der Rest ist legendär und einmalig. Der 25-jährige Polster transformiert jede Form von Angst in Erfolgsmomente. Der wahre Beweis dafür, dass er die Angst besiegen wollte, ist ganz sicher die Entscheidung, beim Stand von 1:0, das er selbst erzielte.

Der Schiedsrichter entscheidet für Elfmeter für Österreich. Polster schnappt sich den Ball und nimmt das ganze Risiko auf sich, das Tor zum 2:0 zu erzielen oder zu verschießen, zu versagen und die 50.000 zu bestätigen, ihn wieder zum Versager zu stempeln.

Die Angst des Polster vor dem Elfmeter – mitnichten! Er trifft, schießt schließlich noch das 3:0 und Österreich ist für die WM in Italien qualifiziert.

Schlusspfiff, grenzenloser Jubel, Ehrenrunde der Mannschaft – ohne Polster, der läuft direkt in die Kabine und weiß, nie wieder im Leben vor irgendetwas Angst haben zu müssen!

Nicht jeder Sportler steht so tief verwurzelt und unerschütterlich robust im Leben wie Toni Polster. Es gibt Beispiele im internationalen Sportgeschehen, die an dieser Mischung zwischen bewundert und umjubelt oder vom Erfolgsdruck in Angst, Depression oder sogar den Tod getrieben zu werden, zerbrechen.

Sebastian Deisler war eines der großen Talente des deutschen Fußballs. Einstieg ins Profigeschäft bei Borussia Mönchengladbach – unter anderem als Mannschaftskollege von Robert Enke, von dem auch noch die Rede sein wird –, rascher Wechsel mit noch 19 Jahren zu Hertha BSC, wo er die Aufmerksamkeit der Topklubs auf sich zog, im Jahr 2002 schließlich weiter zum FC Bayern München als Nachfolger von Stefan Effenberg, der Angst vermutlich auch nur aus Erzählungen kannte ...

Was passierte nun mit Deisler – hatte er Depressionen, die in einen Strudel von Druck zu Angst und wieder zu Depressionen führten? Schon mit 23 Jahren hielt er der Versagensangst, beim FC Bayern eine Schlüsselrolle einzunehmen und zum Erfolg verdammt zu sein, nicht stand und pausierte einige Monate. Er kam zurück, spielte in der Nationalmannschaft und eine ganze Nation setzte auf Deisler, Schweinsteiger, Lahm und Podolski als Hoffnungsträger für die Weltmeisterschaft 2006 im eigenen Land. Deisler erlitt schwere Verletzungen, verpasste die WM 2002, bestritt am 1. März 2006, also nur vier Monate vor dem Sommermärchen, sein letztes Länderspiel, ein 1:4-Debakel im WM-Test gegen Italien in Florenz.

Im Januar 2007 erklärte er seinen Rücktritt, alle Versuche von Bayern-Manager Ulli Hoeness, ihn zum Weitermachen zu bewegen, blieben erfolglos.

Welcher Stein muss vom 26-jährigen Deisler gefallen sein, wie viel Angst konnte er über Bord werfen, indem er sich aus dem Rampenlicht, aus dem täglichen Wettbewerb, dem Kampf um Leistung, sich behaupten zu müssen, den Medien Rede und Antwort zu stehen und in einer seelischen Zwangsjacke gefangen zu sein, zurückziehen konnte.

All die dicke Kohle, der Luxus, die Berühmheit, das geile Gefühl, in vollen Stadien zu spielen, konnten ihn nicht aus seiner Angst und den Depressionen befreien – er selbst musste die Ketten sprengen, die ihn fesselten, und zog sich in die Anonymität zurück.

Ausgerechnet einem früheren Mitspieler von Deisler gelang dieser Schritt nicht. Er wählte einen anderen Weg, nämlich den in den Freitod. Es war Robert Enke, dessen Suizid eine im deutschen Fußball bis dahin noch nie dagewesene Erschütterung und Welle des Mitgefühls auslöste. Das Thema Depression und somit auch das mögliche, damit in Verbindung stehende Thema Versagensangst, zogen eine weitreichende Diskussion nach sich, die auch zu einer anderen, neuen Betrachtungsweise des Krankheitsbildes führte.

Wie Deisler besaß auch Enke ein besonderes Talent, in seinem Fall war es allerdings nicht jenes, das Spiel zu gestalten und Tore zu erzielen, vielmehr bewies er seine Fähigkeiten als Torhüter. Er wuchs in der DDR auf, die ja auch bekannt war für gezielte Talentauswahl und eine kompromisslose Ausbildung unter starkem physischem und psychischem Druck. 1995 begann sein Profi-Dasein bei FC Carl Zeiss Jena, sein Weg führte über Hannover 96 in die Bundesliga nach Borussia Mönchengladbach, wo er wie schon erwähnt auch Deisler traf. Zwei Jahre Ersatzbank, dann plötzlich Stammtorhüter, trotz guter persönlicher Leistungen folgte aber der Abstieg der Mannschaft. Für Enke ein erster großer Wendepunkt, er wechselt zu Benfica Lissabon, erlebt dort eine großartige Lebensphase, er und seine Frau fühlen sich rundum wohl und er wurde sogar Mannschaftskapitän. Nach drei Jahren in der portugiesischen Hauptstadt klopfte der große FC Barcelona an, eine enorme Last an Erwartungshaltung mit dem als knallhart und Angst einflößend bekannten Louis van Gaal als Trainer. Das spanische Abenteuer wird zum Flop und zu einem Einschnitt, Enke kommt nur zu ganz wenigen Einsätzen und wird zu Fenerbahce Istanbul verliehen. Dort heißt sein exzentrischer Trainer Christoph Daum, der auch kein Faserschmeichler für einen sensible Tormann ist. Erstes Spiel, erste Niederlage, das Desaster ist perfekt, als Enke von den eigenen Fans mit Gegenständen beworfen wird. Nach einigen Monaten Vereinslosigkeit wechselt er leihweise zum CD Teneriffa und kann sich sportlich wieder stabilisieren. Im Sommer 2004 kehrt Enke nach Deutschland zum Bundesligisten Hannover 96 zurück. Obwohl er sein Zuhause gefunden hat, zweimal zum Torhüter des Jahres gewählt wird, ab 2007 Kapitän ist und in der Nationalmannschaft zu Einsätzen kommt, nimmt sein unruhiger Werdegang kein gutes Ende. Zu großer Druck, zu hohe Erwartungen, eine Krankheit, die Versagensangst als zentrales Thema in sich trägt.

Robert Enke nimmt sich am 10. November 2009 im Alter von 32 Jahren das Leben.

Seine Frau Teresa ging schon am Tag nach dem Unglück in die Öffentlichkeit, um über die Ängste und Depression ihres Mannes zu sprechen: „Robbie dachte, er sei allein. Seine größte Angst war immer, dass er seinen Platz im Tor verliert, wenn er seine Krankheit öffentlich macht. Aber die wäre ihm genommen worden. Er hätte um diesen Platz im Tor nicht fürchten müssen, wenn er sich hätte erfolgreich behandeln lassen und wieder zurückgekommen wäre.

Es ist wie bei einer anderen Verletzung auch: Ist die Behandlung erfolgreich, wird ein Fußballer wieder genauso gut spielen können wie davor." Ihr Mann hatte das einige Jahre zuvor schon bewiesen, nach schweren depressiven Phasen in Barcelona und Istanbul. Aber er hatte die Hoffnung verloren, das noch einmal zu schaffen. In sein Tagebuch schrieb er, er sei ein Versager, er könne nichts, das Leben sei nicht lebenswert.

Angst hat im Leben und somit auch im Sport viele Facetten – die eigene, hoch gesteckte Erwartungshaltung, vielleicht auch jene der Eltern, der Trainer oder der Medien, kann zum gefährlichen Multiplikator werden und Auslöser psychischer Erkrankung werden. Angst kann aber auch als Antreiber und positiver Leistungsfaktor wirken, wenn diese Faktoren in einem gesunden Verhältnis zueinanderstehen. In jedem Fall sollte sich jeder Sportler, aber auch jeder Trainer und Betreuer bewusst sein, dass Angst Teil der Entwicklung ist und einer fachlichen Begleitung bedarf.

Heinz Palme, geboren 1958 in Rottenmann, Absolvent der BHAK Liezen, verschrieb sich von Jugend an dem Sport, war von 1978 bis 2000 beim Österreichischen Fußball-Bund tätig. Selbstständig seit 2000 im Bereich Sport- und Eventmanagement, von 2001 bis 2006 General Coordinator der FIFA-WM 2006 Deutschland, Chefkoordinator der Österreichischen Bundesregierung für die UEFA EURO 2008, Special Advisor der FIFA-WM 2010 in Südafrika und von 2012 bis 2017 Vice Director General beim International Centre for Sport Security in Doha/Katar. Seit 2017 GmbH-Geschäftsführer beim Wiener Sport-Club und Leiter Sportmanagement bei Vienna Smart Contracting.

Gegen eine Politik der Angst. Rück- und vorwärtsblickende Reflexionen

Franz Voves

Jeder Mensch macht in seinem Leben Angsterfahrungen, die ihn als Individuum prägen und ihm auch – über die einzelnen Lebensstationen hinweg – wichtige Erfahrungen für den Umgang mit der Angst mitgeben.

Ich möchte daher vorweg auf eigene Erfahrungen mit der Angst eingehen und versucht daraus verständlich zu machen, wie diese Erfahrungen seine Einstellung zu diesem Thema in der späteren, verantwortungsvollen Arbeit in der Politik geprägt haben.

Wie es Fritz Riemann in „Grundformen der Angst"[1] schon sagt, gehört das Erlebnis Angst zu unserem Dasein. Jeder Mensch hat seine persönliche, individuelle Form der Angst, die zu ihm und seinem Wesen gehört, wie er seine Form der Liebe hat und seinen eigenen Tod sterben muss.

Angst tritt immer dort auf, wo wir uns in einer Situation befinden, der wir nicht oder noch nicht gewachsen sind. Jede Entwicklung, jeder Reifungsschritt ist mit Angst verbunden, denn er führt uns in etwas Neues, bisher nicht Gekanntes und Gekonntes, in innere oder äußere Situationen, die wir noch nicht und in denen wir uns noch nicht erlebt haben. Dabei müssen wir beachten, dass die Art der jeweils erlebten Angst und ihr Intensitätsgrad in großem Maße abhängig sind sowohl von unserer mitgebrachten Anlage, von unserem Erbe, als auch von den Umweltbedingungen, in die wir hineingeboren werden. Anlage und Umwelt, zu welcher neben der Familie, dem „Milieu", auch die Gesellschaft gehört, können also bestimmte Ängste begünstigen, andere zurücktreten lassen.

Persönliche Begegnungen mit der Angst
… in Kindheit und Jugend

Anfang der 1950er-Jahre hineingeboren in das „Milieu" einer Arbeiterfamilie der damaligen Zeit (fünf Personen in einer Zimmer-Küche-Wohnung, Wasser und Toilette auf dem Gang …) waren wir wohl mit Armut konfrontiert, die aber für uns Kinder aufgrund der unermesslichen Liebe und Zuneigung unserer Eltern nicht spürbar wurde. Wir Kinder hatten das Glück, dass unsere Eltern Ausnahmesituationen wie Krieg, Gefangenschaft, Lebensgefährdung, aber auch innerseelische Erlebnisse und somit die Toleranzgrenze für Ängste ohne „Schäden"/Neurosen überwunden hatten.

Jedes Alter hat seine ihm entsprechenden Reifungsschritte mit den dazugehörenden Ängsten, die gemeistert werden müssen (erste selbstständige Laufschritte, Schulanfang, Pubertät, erste Begegnungen mit dem anderen Geschlecht, Berufsbeginn, Gründung einer Familie …). Überall dort, wo alters- und entwicklungsgemäße Ängste zu bewältigen waren – wissen wir nun im Erwachsenenalter! – sind unsere Eltern uns mit höchster Einfühlsamkeit zur Seite gestanden. Es war eine unglaubliche Lebensleistung unserer Eltern, dass sie uns den Besuch einer höheren Schule (Gymnasium) und letztlich ein Studium an der Universität ermöglichten. Bildung und damit die Chance auf ein „besseres Leben" (sozialer Aufstieg), das wollten sie ihren Kindern mitgeben.

Die Angst, die mich in Jugendjahren am meisten beschäftigte, waren „Prüfungsängste" am Gymnasium und an der Universität, denn ich wollte meine Eltern nicht enttäuschen, die unter völligem Verzicht auf ihre eigenen Wünsche und Interessen alle Kraft in ihre Kinder investiert haben. Ihre drei Söhne haben diese Chance genutzt und letztlich auch ihr Studium erfolgreich abgeschlossen. Unsere Schwester hat die Lehre zur Bürokauffrau absolviert und ist dann schon in sehr jungen Jahren in die Rolle einer fürsorglich liebenden Mutter gewechselt. Unsere Mutter dürfte für sie großes Vorbild gewesen sein.

Bereits an dieser Stelle kann ich glücklicherweise festhalten, dass ich anscheinend meine persönlichen Begegnungen mit der Angst in lebendiger Ausgewogenheit und somit in seelischer Gesundheit „gemeistert" habe. Als Mensch, der dieses Glück hatte, sollte man aber großes Verständnis für jene Menschen haben, die mit Schizoidie, Depression, Zwangsneurose oder der Hysterie zu kämpfen haben. Diese Persönlichkeitsstrukturen resultieren meist aus unverschuldeten Ursachen/Erlebnissen – insbesondere im Kindesalter!

Persönliches Fazit: welch glücklicher Reichtum in Armut!

... als Spitzensportler

Es geht hier weniger darum, auf die Ängste im Spitzensport einzugehen, als vielmehr darum, auf den Wert des Sports als „Lebensschule" hinzuweisen. Zehn Jahre lang war mein „Zuhause" auch die österreichische Eishockey-Bundesliga. Als Spieler wurde ich mit meiner Mannschaft österreichischer Staatsmeister und durfte mit der Nationalmannschaft an sieben Weltmeisterschaften und an den olympischen Spielen 1976 in Innsbruck teilnehmen. Der Sport war eine sehr lehrreiche „Lebensschule"!

- Man lernt mit Niederlagen umzugehen, aber auch mit dem Sieg! (Denn auf jeden Sieg folgt relativ bald auch eine Niederlage!)
- Man entwickelt ehrlichen Respekt vor der Leistung des „Gegners". (Heute war sie/er einfach besser, mit der Motivation, es beim nächsten Mal besser zu machen.)
- Man lernt mit Verletzungen/Rückschlägen umzugehen. (Der Weg zum Ziel geht nicht verloren!)
- Im Mannschaftssport kommt man schnell zur Erkenntnis: Erfolg gibt es nur als Team! (Jeder Spieler hat seine persönlichen, individuellen Stärken und Schwächen. Nur wenn andere Spieler in der Mannschaft meine Schwächen durch ihre Stärken ausgleichen und umgekehrt, wird man gemeinsam erfolgreich sein!)

Unsere Eltern hatten schon instinktiv mit uns Kindern an der ersten „Antinomie"[2] gearbeitet, die die gegensätzlichen Forderungen beinhaltet, „Individuation" zu ermöglichen (ein Individuum zu werden), aber auch sich in überindividuelle Zusammenhänge (ein großes Ganzes) einzufügen. Insbesondere die Erfahrung im Sport, die vermittelten Werthaltungen über den Sport, haben dieses Verständnis für den Umgang mit Individualität und Gemeinschaft noch besonders geprägt und gestärkt.

Die Art und Weise der erlebten Kindheit verbunden mit dem „Werte-Vorleben" der Eltern und den über den Sport vermittelten Werten in der Jugend waren rückblickend ein wichtiges Fundament für den beruflichen Werdegang.

… als Vorstandsmitglied eines Privatversicherungskonzerns (1989–2002)

Nach dem Studium der Betriebswirtschaftslehre (1978) habe ich im Rechnungswesen eines steirischen Privatversicherungsunternehmens seine berufliche Laufbahn begonnen. Nachdem ich alle Jobs und Ebenen im kaufmännischen Bereich absolviert hatte, wurde ich schon im Alter von 33 Jahren mit der Leitung des Ressorts „Finanz- und Rechnungswesen/Controlling" betraut. Im jungen Alter von 36 Jahren war ich bereits „Finanzvorstand" des Unternehmens.

Als sehr junger Manager gab es zunächst natürlich viele Ängste zu überwinden, aber es reifte sehr stark auch das Bewusstsein, für Ängste „anderer" zuständig zu sein und auch schnell mit dieser Verantwortung richtig umgehen zu müssen.

Unternehmen und damit Menschen im beruflichen Leben sind laufend mit notwendiger Veränderung konfrontiert. Für erfolgreiche Manager erscheint es mir sehr wichtig, diese Veränderungen unter rechtzeitiger Einbindung/Mitnahme und Motivation aller Führungskräfte und Mitarbeiterinnen und Mitarbeiter umzusetzen. Ausschließliche „Top-Down-Ansätze" würden schnell zu Ängsten (Existenzängsten) bei Mitarbeiterinnen und Mitarbeiter führen und dies ist nicht nur menschlich, sondern auch unternehmerisch gesehen der falsche Ansatz.

Als das Unternehmen in den 1990er-Jahren vom privaten „Krankenversicherer" in die Spezialisierung als „Gesundheitsversicherer" transformiert wurde, ist der damalige Vorstand dem Führungsprinzip der „Partizipation" gefolgt. Es zeigt sich noch heute:

Das Unternehmen und seine Mitarbeiterinnen und Mitarbeiter sind in eine erfolgreiche Zukunft gegangen.

… als Mitglied der steirischen Landesregierung (2002–2015) auch konfrontiert mit „Politik mit der Angst"

Als Regierungsmitglied (ab 2002) und dann als Landeshauptmann der Steiermark (2005–2015) gesellschaftliche Entwicklung mitgestalten zu dürfen, war mit Abstand die interessanteste Aufgabe in meinem beruflichen Leben. Ich empfand diese Funktion nicht nur als großes Privileg und Ehre, es war mir auch immer bewusst, welch große Verantwortung für „das Ganze" damit stets verbunden war. Die großen Aufgaben in der Politik bedeuten mit Sicherheit, dass auch Politikerinnen und Politiker Ängste haben.

In vielen Situationen stellt man sich die Fragen:

– Mache ich wohl das Richtige?
– Erkenne ich die Sorgen/Ängste, aber auch Wünsche der Menschen richtig?
– Und wie gehe ich mit den Ängsten der Menschen um?

Denn bei all dem Wissen, das von Expertinnen und Experten und den unmittelbar beratenden Teams einfließt, liegt letztlich die endgültige Entscheidung immer bei der Politik! Im österreichischen Parteiensystem damit sehr oft bei der oder dem Vorsitzenden konzentriert!

Spitzenpolitikerinnen und -politiker sind also mit einiger Macht ausgestattet; daher sollte auch „eine gesunde Angst" vor der Ausübung dieser Macht eine gute Politikerin, einen guten Politiker auszeichnen!

Neben einer Kenntnis der wesentlichen Standortfaktoren (hard facts) und deren Interdependenzen ist daher vor allem auch das Wissen/Verstehen der Ängste/Sorgen/Wünsche der Menschen in allen gesellschaftlichen Gruppierungen von höchster Bedeutung für die politische Arbeit. Ohne Wissen darüber, wie Gesellschaft „tickt" (soft facts), kann man keine gute politische Arbeit leisten.

Wenn es um das Thema Angst in der Bevölkerung geht, dann hat Politik die Aufgabe, Rahmenbedingungen/Maßnahmen rechtzeitig und damit präventiv so zu setzen, dass Existenzängste oder Ängste vor Veränderung in der Gesellschaft nie ein Ausmaß annehmen, das unsere liberale Demokratie in Bedrängnis bringen könnte. Und dennoch wird in den letzten Jahren mit Angstmachen und gleichzeitig einfache Lösungen anbieten (die es nicht gibt!), also mit Angst in der Politik kalkuliert und Angst auch politisch-strategisch eingesetzt. Auch auf den Ausgang der Landtagswahlen 2015 in der Steiermark hatte diese Art von Politik bereits starke Auswirkung. Die steirischen Regierungsparteien SPÖ und ÖVP entschlossen sich in den Jahren 2010–2015 zu einer „Reformpartnerschaft" für die Steiermark. Ziel war es, die Steiermark zukunftsfähig zu machen, um der nachfolgenden Generation Handlungsspielräume zu erhalten und ihr die notwendige Gestaltungsfreiheit zu geben.

Von dieser Reformagenda umfasst waren u. a. die Abschaffung des Proporzes in der Steiermärkischen Landesregierung, die Reduzierung der Zahl der Mitglieder in der Landesregierung und der Abgeordneten zum Landtag Steiermark, die Zusammenlegung von Bezirkshauptmannschaften und die deutliche Reduktion von Führungseinheiten im Amt der Steiermärkischen Landesregierung.

Herzstück dieser Reformagenda war sicherlich die Gemeindestrukturreform, die die Politik und die Landesverwaltung vier Jahre lang intensiv forderte und nicht nur große mediale Aufmerksamkeit bekam, sondern vor allem die Bürgerinnen und Bürger in den involvierten Gemeinden sehr stark beschäftigte.

Beide Reformpartner-Parteien verloren bei der Landtagswahl 2015 um die 8–9 Prozent ihrer Wählerstimmen, wobei viele Kommentatoren diese Verluste ausschließlich auf die gesetzten Reformen zurückführten. Dabei wurde völlig außer Acht gelassen, dass einige Wochen vor der Landtagswahl 2015 eine erste „mittlere" Migrationswelle Österreich erreicht hatte. Es wurden erste Zeltunterkünfte für Asylwerber in Oberösterreich errichtet und dies war der eigentliche Grund für das außerordentliche Wahlergebnis der FPÖ Steiermark. Aus meiner Sicht war der Wahlverlust der Reformpartner SPÖ und ÖVP auch damals schon in höchstem Maße einer „Politik mit der Angst" durch die steirische FPÖ zuzuschreiben.

Diese Interpretation des Wahlergebnisses in der Steiermark 2015 hatte aber auch zur Folge, dass andere Bereiche der österreichischen Politik – aus Angst vor Wahlverlusten – notwendige große Reformen in ihrem eigenen Einflussbereich nicht in Angriff genommen haben!

Damit sei noch auf die große persönliche Angst bei der Mehrheit der Politikerinnen und Politiker hingewiesen: Es ist die Angst vor der Abwahl und damit vor dem Verlust von Funktion und Einkommen! Gerade in der gegenwärtigen Umbruchsituation in allen westlichen Demokratien sind aber große Reformen/große politische Entscheidungen besonders notwendig. Damit ist auch die Frage der persönlichen Qualität/Qualifizierung für eine politische Funktion von noch größerer Bedeutung geworden.

Ausreichend Qualität in der Politik wird es auf Zeit nur geben, wenn künftig die Abwahl aus einer politischen Funktion nicht gleichbedeutend mit finanziellen Existenzsorgen für die abgewählte Person ist (unabhängig davon, in welchem beruflichen Umfeld diese Person zuvor tätig war!). Dazu müssten die politischen Parteien in Österreich bereit sein, über Personalfindungsprozess, Entlohnung, gesetzlich verankerte Einstiegs- und Ausstiegskriterien etc. für Politikerinnen und Politiker neue zukunftsweisende Bestimmungen zu erarbeiten und zu beschließen.

Ich bin jedenfalls der Überzeugung, dass eine noch qualitätsvollere Demokratie westeuropäischen Zuschnitts künftig notwendig ist und eine solche – auch wenn sie Mehrkosten bedeuten würde – von einer Mehrheit der österreichischen Bevölkerung mitgetragen werden würde.

Will man Populismus und Nationalismus erfolgreich politisch bekämpfen, dann darf man keinesfalls selbst zu diesem Mittel greifen, sondern man muss sich die Ursachen für ihren derzeitigen Erfolg genau vor Augen führen.

Ursachen der Angst in der modernen Klassengesellschaft

Etwas scheint falsch gelaufen zu sein mit der Globalisierung. Sie ist im Begriff, ihr eigenes Gegenteil aus sich hervorzutreiben: eine weltweite Renaissance des Nationalismus gegen globale Kooperation und Multilateralismus! Nationalisten und Populisten rütteln heftig und mit beträchtlichem Erfolg an unserem schwer errungenen europäischen Gemeinschaftsprojekt EU.

Woher kommt das?

Die ehemals großen europäischen Volksparteien (insbesondere die Sozialdemokratie) schwächeln, weil sie ihre Politik zu sehr auf Fragen der sozio-kulturellen Identitätspolitik wie etwa die „Ehe für alle", das richtige Gendern der Sprache etc. ausgerichtet haben – in jüngster Zeit sehr verschärft durch unklare Positionen in der Frage der Kontrolle von Grenzen und der Migration, die mittlerweile zum übergreifenden Symbol für den gesamten neuen Konflikt geworden ist. Die eigentlichen Kernanliegen der liberalen Mitte, soziale Gleichheit, gute Arbeit, soziale Sicherheit und ökologische Nachhaltigkeit blieben im Hintergrund.

Der fatale Aufschwung des Rechtspopulismus ist daher nichts anderes als die Antwort der sozial und kulturell Verunsicherten auf diese Vernachlässigung ihrer existenziellen Interessen (Ängste!)

zugunsten der abgehobenen Bedürfnisse einer neuen Mittelklasse. Die große Entfremdung zwischen der „neuen Arbeiterklasse" aus prekär Beschäftigten sowie Teilen der „alten Mittelklasse" (kleine Selbstständige, Facharbeiter) und den Volksparteien der Mitte dürfte nicht erst von der unklaren Migrationspolitik verursacht worden sein. Sie ist vielmehr der Ausdruck grundlegender gesellschaftlicher und sozialer Wandlungsprozesse infolge einer ungeregelten Globalisierung, welche die politische Landschaft in fast allen Demokratien weltweit dramatisch verändert! (Das jedenfalls belegen auch jüngste sozialwissenschaftliche Forschungen!)

Gegenwärtig befinden sich alle westlichen Demokratien in einer prägenden Umbruchsituation. Der Gesamtzusammenhang der Globalisierung kann wegen der tiefgreifenden Umwälzungen des kompletten gesellschaftlichen Lebens als eine soziale Revolution angesehen werden. Wie ihre historischen Vorgänger wird sie neue Konflikte, neue „Ideologien" und eine neue Parteienkonstellation hervorbringen. Sie erzeugt v. a. eine scharfe Entgegensetzung zwischen Globalisierungsgewinnern und -verlierern. Ein neuwertiger, sowohl ökonomisch wie kulturell und sozial geprägter Konflikt zwischen jenen, die die Grenzen weit öffnen wollen, und jenen, die die eigene Gemeinschaft abgrenzen und schützen wollen, war/ist vorprogrammiert. Dieser Konflikt geht durch die (ehemals) großen Parteien und Organisationen mitten hindurch und prägt das gesellschaftliche Klima. In vielen liberalen Demokratien hat dies rechtspopulistische Parteien in Parlamente gebracht! Die andere Folge der unbeherrschten Globalisierung besteht im starken Anwachsen der Migrationsströme von Süd nach Nord!

Die unbeherrschten Wechselwirkungen zwischen diesen beiden Entwicklungen haben die Tendenz, unsere Gesellschaft zu spalten sowie populistische Bewegungen und Ideologien zu fördern, die sich als „eigene Gemeinschaft-Abgrenzer und -Schützer" verstehen. Durch sie werden demokratisch-autoritäre Führer populär (Trump, Orban, Salvini etc.). Die Demokratie selbst kann dabei mit der Zeit von innen ausgehöhlt oder ganz zur Disposition gestellt werden!

Der beschriebene Globalisierungskonflikt, verwoben mit der digitalen Revolution, die er begünstigt und die ihn wiederum vorantreibt, verursacht das Entstehen einer neuartigen Klassengesellschaft. Die ökonomische Globalisierung führt zu einer „Paternoster-Gesellschaft"[3], in der das eine Drittel, nämlich die Angehörigen der von ihr profitierenden Berufe des Digital-, Finanz-, Beratungs- und Kulturbereichs, finanziell und sozial steil aufsteigt, während die beiden anderen Drittel, die alte Mittelklasse der kleinen Selbstständigen plus Facharbeiter und die neue Arbeiterklasse der geringfügig qualifizierten Dienstleistungsbetriebe nicht nur finanziell stagnieren oder absteigen, sondern zudem eine kränkende Abwertung ihrer Lebensstile und Alltagskulturen erfahren.

Wer von Globalisierung profitiert, neigt in der Regel zu einem sehr weltoffenen Habitus in allen Belangen, wirtschaftlich, kulturell und sozial, im persönlichen Lebensstil, in Partnerschaft, Freizeit, Kunstgeschmack, Erziehung und politischer Kultur.

Wo hingegen die Globalisierungsfolgen als Bedrohung und Verlust von Einkommen, Sicherheit und Wertschätzung real erfahren werden, prägen ANGST und damit Abwehr des Wandels, Festhalten an der gewohnten Lebenskultur und das Verlangen nach Schutz das Verhalten. Das kann zu wechselseitiger Fremdheit bis hin zur Verachtung führen!

Diese neue Lage hat sich schon seit den 1990er-Jahren schrittweise herangebildet, ehe dann rund um das Jahr 2015 die stark anwachsende Migration von beiden Seiten zum Sinnbild des beschriebenen Konflikts gemacht wurde. Das Symptom der großen Migration mit ihren realen und befürchteten Folgen erschien uns als Ursache der ganzen neuen Konflikte!

Angst – in weiten Teilen der Bevölkerung – darf keinesfalls politisch, strategisch eingesetzt werden! Von jenen politischen Parteien, die weiterhin an einer liberalen Demokratie interessiert sind, ist vielmehr gefordert: Volle Konzentration in der politischen Arbeit auf den Brückenschlag, den unsere Gesellschaft heute dringend braucht. Dies verlangt, vorweg zu verstehen, was falsch läuft an der Globalisierung und unserem Umgang mit ihren Folgen in der Gesellschaft. Und dann die Widersprüche aufzuzeigen, ernstzunehmen und entschlossen, spürbar (!) zu entschärfen.

Das verlangt, dass wir eine neue Form für die globale Kooperation, die Prozesse, die sie tragen, und ihre Folgen in jedem Land finden, bei der die ganze Gesellschaft wirtschaftlich, kulturell und politisch gewinnt. Inzwischen wurde bereits da oder dort deutlich, dass Populisten – sind sie erst einmal an der Macht – ihre Versprechen nicht einlösen können!

An vielen Orten beobachten wir deshalb jetzt eine Revolte gegen die Revolte – die urbane Mittelschicht steht auf gegen die Populisten (Venezuela, Mexiko, Handelskrieg USA-China …). Mit den Populisten kam zudem die Korruption! Die populistisch-autoritären Regime verlieren an Legitimität (Hongkong, Indonesien …).

Über all den Protesten (auch in Frankreich) steht die Erkenntnis, dass die Fehler der liberalen Globalisierung real sind – aber der Populismus als Alternative funktioniert eben auch nicht!

Welche große Frage bleibt? Was passiert als Nächstes?

Die Führungen in nahezu allen Ländern stehen vor der Aufgabe, einen neuen Gesellschaftsvertrag, der sowohl den gebildeten urbanen Eliten wie auch den arbeitenden Menschen abseits der Städte etwas von dem bringt, was sie vor allem wollen.

Den Schichten, die sich hinter die Populisten gestellt haben, weil sie sich bedroht und abgehängt fühlten von der Globalisierung, muss ein Weg gezeigt werden, wie sie auch in der digital beschleunigten Wirtschaft gut leben können.

Und die Bildungselite und Globalisierungsgewinner müssen sicher sein können, dass ihre demokratischen Freiheiten genauso geschützt werden, wie das Recht in offenen, ethnisch vielfältigen, pluralistischen Gesellschaften zu leben.

Wer auch immer diesen sozialen Ausgleich schafft, dem gehört auch politisch die Zukunft! Angst als politisch, strategisches Mittel einzusetzen ist jedenfalls der völlig falsche Weg! Denn: ANGST hat die amerikanische Philosophin Martha Nussbaum dargelegt, sei für die Demokratie das gefährlichste aller Gefühle. Über Angst kann man nicht abstimmen, Angst ist nicht verhandlungsfähig, Angst untergräbt jedes Vertrauen in den, der sie nicht teilt, und berechtigt jeden, der sich auf sie beruft, zu diktatorischen Maßnahmen ...

Franz Voves, geboren 1953 in Graz, Steiermark, studierte 1972 bis 1978 Sozial- und Wirtschaftswissenschaften und schloss als Magister ab. 1995 wurde Franz Voves in den Landesparteivorstand der SPÖ Steiermark kooptiert, 2002 zum SPÖ-Landesparteivorsitzenden gewählt. Von 2002 bis 2015 war er Landesparteivorsitzender der SPÖ Steiermark, 2002 bis 2005 Landeshauptmann-Stellvertreter und vom 25. Oktober 2005 bis 16. Juni 2015 Landeshauptmann der Steiermark. Seine sportliche Laufbahn begann 1967 als Mittelstürmer im Eishockey (Kampfmannschaft des ATSE Graz), 1970 kam er in die österreichische Nationalmannschaft und nahm mit dieser an den Olympischen Winterspielen 1976 in Innsbruck teil. Von 1995 bis 2003 war Voves Präsident des ASKÖ-Landesverbandes, bis 2005 Vizepräsident der ASKÖ-Bundesorganisation.

Anmerkungen

1 Fritz Riemann, Grundformen der Angst. München 1961 [2019]. Einleitung: „Vom Wesen der Angst und von den Antinomien des Lebens".
2 Ebd.
3 Andreas Reckwitz, Das Ende der Illusionen, Politik, Ökonomie und Kultur in der Spätmoderne. Berlin 2019. Kapitel: „Von der nivellierten Mittelstandsgesellschaft zur Drei-Klassengesellschaft", S. 63ff.

Aus der Hoffnung Wirklichkeit machen!

Alfred Stingl

Wie oft begegnet man Menschen, die während eines Gespräches sagen: „Ich habe Angst". Gleichzeitig sagt der eine oder andere Gesprächspartner: „Ich habe keine Angst" und brüstet sich ob der inneren Stärke. Da denkt man sich entweder: so möchte ich auch durchs Leben gehen – oder der oder die ist ein Angeber, eine Angeberin. Nach einigem Nachdenken wird einem bewusst, dass Angst ein individueller Gefühlszustand sein dürfte, wo Einflüsse aus der Begegnung mit Menschen, Reaktionen von Gehirn und Nerven, prägend sind und daher bei jedem Menschen anders gedeutet werden können. Angst/Furcht sind lebensbegleitende Faktoren eines jeden Lebewesens – Mensch und Tier, in unterschiedlicher Weise.

Der Mensch hat die Fähigkeit, Angst einflößende Vorkommnisse zu deuten und dagegen etwas zu tun. Beispiele: Krankheit – Gesundheit; Arzneimittel – Operation; Hoffnung – Aussichtslosigkeit; Schmerzen – Schmerzbefreiung; Lebensbedrohliches – Lebensfreude; Angst – Sicherheit etc. Ein Vergleich – Menschenwelt/Tierwelt – zeigt, dass ständige Vorsicht ständige Angst zur Lebensgrundlage hat. Vorsorge und Kampf ums Leben sind in der Tierwelt die lebenserhaltenden Prinzipien, also Angst ums Leben und daher auch Kampf ums Überleben.

Meine Lebenserfahrung, angereichert durch Beruf und Arbeitswelt, zeigt auf die Chancen des Menschen, dem Leben einen Sinn zu geben. Ich habe gelernt, mir selbst eine Antwort auf die Frage nach dem Sinn des Lebens zu geben. Natürlich standen im Mittelpunkt Ehe, Kinder und Familie. Mein Lebenslauf in „meiner" Arbeitswelt des Graphischen Gewerbes brachte eine Erweiterung des Wissens und Könnens. Lesen und Lernen waren Rezepte z. B. für das Begreifen von Staat und Politik, von Demokratie und Parteien und deren Grundprinzipien. Letztlich ging und geht es bis heute darum, welche Voraussetzungen und Ziele es sind, um Mitarbeit, Mitgestaltung und Übernahme von Verantwortung zu einem Teil des Lebens werden zu lassen. An diesem Punkt der persönlichen Entwicklung können Bedenken und auch Ängste auftauchen, ob man als Mensch geeignet ist, die Voraussetzungen zufriedenstellend für die Menschen zu erfüllen.

Verantwortungsbewusstsein, Gestaltungswillen, mit Fleiß die Interessen bündeln, Respekt vor dem Denken und der Meinung der Mitmenschen und einen wachen Sinn für Kultur, soziale Gerechtigkeit und die Menschenrechte sind Wegweiser des Handelns. Letztlich ist öffentliches Wirken nur durch das Vertrauen der Menschen möglich – dessen muss man sich immer bewusst sein.

Zur Verteidigung des Lebens hat der Mensch die vielfältigen Chancen der Selbstverteidigung. Die breit angelegten Chancen sind bekannt!

Fähigkeit des Denkens
– für alle Lebenserfordernisse;
– für das Handeln des Menschen in allen Lebenssituationen;
– für die Selbstverantwortung zum Leben;
– für die Mitverantwortung des Menschen für andere Menschen;
– für eine lebensfähige Umwelt für Mensch und Tier.

Dies alles – nicht in weitere Details gegliedert – sind wesentliche Faktoren, um Ängste zu minimieren und gleichzeitig die Lebenschancen und Lebensvoraussetzungen zu sichern.

Wie begegnen wir dem Phänomen Angst?

Auf alle Fälle ist Angst ein spürbares Ganzkörperphänomen, das sich bei jedem Menschen anders zeigt: von körperlichen Schmerzen bis zu psychischen Störungen. Die Entscheidung, wie und wo Angst den Menschen erfasst, wird durch das Gehirn getroffen, gewissermaßen in der Reaktion auf die unterschiedlichsten Lebensfragen und Probleme. Es erhebt sich die Frage: Wie können wir Ängste eindämmen und sogar überwinden. Natürlich kann man sagen – durch Medikation, die Erleichterung bringen kann; aber die Auswirkungen auf Organe können mittel- und langfristige Folgen haben, die wiederum neue Ängste hervorrufen können. Man denke an Schlaflosigkeit, verzerrte Traumbilder, Schweißausbrüche, Pulsschlagprobleme, Zittern, ein gequältes Denkvermögen, eingeschränkte Lebensfreude usw.

Viele Menschen mit derartigen Symptomen suchen die Hilfe für Geist und Körper bei deren Stärkung durch Aktivitäten – z. B. in freier Natur, Körpertraining und in gezielter Ernährung. Diese Schwerpunkte können einen Ausgleich zur belastenden Angst erringen. Geistige Beschäftigung mit allen Formen der Kultur – insbesondere mit Musik – sollten dauerhafte Grundlagen gegen Angst sein. Ein Gesundheitsfaktor kann ein sich selbst gegebener Lebenssinn sein, um z. B. mit Familie, Partnerschaft und Kindern ein ausgleichendes Leben führen.

Wo liegen Schwerpunkte von Angst in unserer heutigen Zeit?

Faktor Beziehungsprobleme:
Das Gewissen, wenn es um Liebe geht, um Partnerschaft, Vertrauen, Verantwortung, Trennungsstress, Schuldgefühle, Alleinsein, ein nicht erfülltes Leben spüren.

Da kann Ehrlichkeit zu sich selbst und für den Umkreis der Menschen, die Kontaktpersonen sind, manche Angst lindern und Normalität einer Lebensführung fördern.

Faktor Arbeit:
Dieses Thema darf nicht ausgeblendet werden. Also: Angst, eine Arbeit, die den Fähigkeiten entspricht, zu finden. Angst, den Arbeitsplatz behalten zu können, weil die Ökonomisierung der Gesellschaft bis hin – derzeit – zur Digitalisierung neue Szenarien für die Arbeitswelt bereithält. Dies im angstvollen Gefühl, der Mensch zählt nicht mehr alles! Dazu das Problem, Leistung und Abgeltung der Leistung dauerhaft als ungerecht zu empfinden. Das sind soziale Aspekte für die Frage eines gerechten Lebens. Dem müssen sich Gesellschaft und Politik stellen!

Bedrohungen

Angst – wo das Gute, Schöne, Wertvolle, Unvergessliche im Mittelpunkt steht und wir mit Angst reagieren, wenn das Positive im Leben bedroht ist, wenn wir es verlieren!

Beispiele aus dem Leben gegriffen: eine Schwangerschaft ist gekoppelt an Freude und Angst. Die freudvolle Hoffnung auf die Geburt eines gesunden Kindes; die Angst, ob es so sein wird; es geht eben – zumeist – um ein gewolltes, neues Leben, das geliebt sein will und ein gutes Leben vor sich hat. Letztlich ist die Stunde der Geburt mit einer positiven Angst erfüllt, dass es Mutter und Kind gut geht, vor allem nach schmerzlichen Stunden.

Ängste drohen auch dort, wo Drohung und Gewalt negative Auswirkungen auf ein junges Leben haben. Eltern müssen wissen, dass dies langfristig wirkende negative Einflüsse auf das Leben junger Menschen haben kann. Eltern müssen um ihre Verantwortung wissen und diese auch leben. Der Reife- und Erziehungsprozess verlangt Geduld und ein besonderes Verstehen des jungen Menschen auf dem Weg in die Selbstständigkeit. Diese Zeit ist von Angst und Hoffnung begleitet. Ein verständnisvolles Miteinander – am besten eine Partnerschaft, vor allem in der Phase der Pubertät – ist die beste Voraussetzung, um Ängste vor Fehlentwicklungen zu vermeiden.

Angst ist kein Erziehungsmittel!

Diese Position zieht sich durch Generationen. Drohungen bei unterschiedlichen Meinungen zwischen „Jung und Alt" sind von den Grundsätzen heutiger Erziehung her dem Menschen nicht förderlich.
  Da tut sich ein neues Spektrum auf, das das Miteinander der Generationen nur erschwert. Eltern haben Angst, dass ein Kind durch Unverständnis der Erwachsenen belastet ist, und Kinder haben oftmals Angst, dass die Liebe der Eltern und deren Verständnis für das Heranreifen der Nachwuchsgeneration brüchig wird. Geduld und Zeichen des Verstehens der Jugend können Ängste minimieren.

Gewalt als auslösender Faktor

Angst vor Gewalt: Zu dieser, für viele Menschen existenziellen Frage gibt es unzählige Publikationen, Forschungsergebnisse, psychologische Erkenntnisse, Hinweise auf neue Lebensformen, ökonomische Gründe usw. Dass es auch menschliches Versagen gibt, Charakterfehler, Liebesbezeugungen mit Ablaufdatum, Kindesfreuden zur Gleichgültigkeit verkommen, aber auch permanent finanzielle Sorgen zum Schaden eines harmonischen Miteinanders führen, sind nur einige Stolpersteine der Beziehungskultur.

Der oftmals darin zu suchende Verlust an Respekt, Verlust an menschlichem Verhalten und Gleichgültigkeit der Partner in Pflichtübung übergeht, werden zu einem angsterfüllenden Nebeneinander, Liebe, Zuneigung, menschliche Aufmerksamkeit verlieren ihre Existenz. Dazu kommt so manche Überforderung im Berufsleben. Psychische Störungen sowie Erkrankungen münden oft in Existenzfragen und können Angst vor Gewalt schüren und leider auch spürbar werden lassen. Derzeit – man muss es offen sagen – sind leider Frauen die Hauptbetroffenen. Sie sind es, die oft auch mit Kindern nach häuslicher Gewalt fliehen müssen, wenn der Partner „ausrastet". Die Folgen für eine Beziehung, die Folgen für Kinder, die Folgen für den Lebenserhalt sind bekannt.

Angst vor Gewalt hat sich nicht verringert – im Gegenteil! Und das in einer relativen Wohlstandsgesellschaft, die zu einer „Ich-Gesellschaft" zu werden droht. Also Rücksichtslosigkeit gegenüber dem Schwächeren. Soziale Einrichtungen, Religionsgemeinschaften, VerantwortungsträgerInnen auf allen Ebenen, die NGOs, EntscheidungsträgerInnen der Politik, Bildung, Forschung und Wissenschaft – also das Ganze unserer Gesellschaft: Alle sind aufgefordert, im Geist des Humanismus und der Menschenrechte so zu wirken, dass Menschen nicht zum Spielball von Angst und Gewalt werden.

Angst vor der Zukunft – aber dennoch Hoffnung!

Angst vor den Ängsten der Zukunft:
Was man heute leider bereits sehr oft hört, ist ein Seufzer: „Mein Gott, wie wird denn alles – was man so hört und sieht – noch werden!?" Die heutige Gesellschaft ist verpflichtet, die Ängste der Menschen zu verstehen, darauf einzugehen, vor allem durch die Wissenschaft, die Forschung und die Politik – um durch Bildung und breitgefächerte Information die Entwicklungen unserer Zeit

und des Weltgeschehens – die Ängste verstehbar zu machen. Die Ängste sind nämlich berechtigt. Die Welt ist im Umbruch auf allen Kontinenten – und leider sind es zumeist keine friedlichen Umbrüche. Daher auch die Verunsicherung hinsichtlich der Entwicklungen hin zur Gewalt und der Rückfall von Humanismus und Wahrung der Menschenrechte. Die Schande, lieber den Hunger in der Welt zu übersehen, gleichzeitig aber die Waffenproduktion mit der Gefahr neuer kriegerischer Entwicklungen, Zerstörungen und Menschenopfer, aber auch allenfalls atomarer Gewalt, sind doch Zeichen für Ängste vor einer menschenfeindlichen Form von Machtausübung.

Wenn also noch weiter Schreckliches gegen Menschen und Menschlichkeit passiert, kann man doch von Dummheit, Gleichgültigkeit, Hass und totalen Fehlentwicklungen reden. Die Menschen, die zum Teil aus übrig gebliebener Erfahrung aus der Vergangenheit mahnen, sollen nicht mit einem Achselzucken abgefertigt werden.

Was von der Menschheit an Gutem getan wurde, soll nicht verloren gehen, das gilt für alle Kontinente!

Die UNO ist gefordert – und die EU könnte eine Triebfeder sein –, anstelle der zerstörerischen Elemente gegenwärtiger Weltpolitik, verstärkt Arbeit für Frieden zu leisten. Wenn die Menschen diese Botschaft wahrnehmen können, dann wird es überall auf der Welt weniger Angst geben – davon sind wir leider noch weit entfernt.

Ein Beispiel für Hoffnung:
Schülerinnen und Schüler von dritten Klassen in Oberwart nahmen am 13. Jänner 2020 an einer Einführung zum Konzert von Anton Bruckners 4. Symphonie teil – dem 4. Satz der „Romantischen"; sie verfassten dazu eigene Texte.

Auszug aus einem Text zur Frage „Angst":

Den dunklen Wald betrete ich,
steigende Angst verspüre ich.
Etwas Bedrohliches liegt in der Luft,
ich spüre es in meiner Brust.
Dunkle Schatten verfolgen mich,
treiben mich zu schnellem Schritt.
Die Angst, sie ummantelt mich.
Den Ausweg, den suche ich.
Ein helles Licht ist in Sicht,
die Angst löst sich auf in nichts.

Diese Gedanken sind von einer Generation, die an die Zukunft der Welt, in der sie lebt, denkt. Wohl auch mit Skepsis, aber auch mit Hoffnung.

Machen wir aus der Hoffnung Wirklichkeit! Nur diese kann Angst verdrängen!

Alfred Stingl, geboren 1939 in Graz. 1968 wurde er zum ersten Mal in den Grazer Gemeinderat gewählt, 1973 in den Stadtsenat. Besondere Verdienste errang er sich als Jugendstadtrat. Von 1983 bis 1985 war er Vizebürgermeister von Graz. Am 10. Jänner 1985 wurde er zum Bürgermeister gewählt. 2003 folgte ihm Siegfried Nagl in dieses Amt nach. Alfred Stingl ist Präsident der Österreichischen Gesellschaft für Natur- und Umweltschutz und er ist Ehrensenator der Technischen Universität Graz. Seit Jahresbeginn 2004 ist Stingl ehrenamtlich als Sozial-Ombudsmann für die Aktion *Von Mensch zu Mensch* der Gratis-Wochenzeitung *WOCHE Graz* tätig.

Machiavelli revisited

Meinrad Handstanger

Real power is ... fear.

„Real power is – I don't even want to use the word – fear." Mit seinem in Parenthese gesetzten Zurückschrecken scheint Donald Trump – dem dieser Ausspruch zugeschrieben wird – seinen Inhalt rhetorisch noch zu unterstreichen.[1] Der französische Historiker Patrick Boucheron beginnt damit seine Betrachtungen zu Niccolò Machiavelli (1469–1532) als dem Autor, der uns lehrt, was wir politisch fürchten müssen. Er steht damit in einer Interpretationstradition mit Jean Jacques Rousseau, der Machiavellis „Der Fürst" als Entlarvung unterdrückerischer Herrschaftspraktiken mit dem Ziel qualifiziert, die Völker unter dem Vorwand, die Könige zu unterweisen, gründlich zu belehren. Solche Belehrungen bieten in Zeiten der Krise eine Hilfe zum Nachdenken. Mit Paolo Giordano in seinem eben erschienenen zeitbezogenen „In Zeiten der Ansteckung" ist es gerade Teil der Lösung und Krisenbewältigung, klar zu denken.

„Der Fürst" (1513 verfasst, 1532 erstmals gedruckt) macht Machiavelli zu einem äußerst kontroversiellen politischen Schriftsteller. In diesem Werk bricht er mit der philosophischen, politischen und theologischen Tradition, den Fürsten Ratschläge für eine gerechte Regierung zu geben. Vielmehr analysiert er die realen Techniken des Machterwerbes und der Machterhaltung. Die empirische Fundierung zur Entwicklung eines Konzepts erfolgreicher Herrschaft kennzeichnet diesen neuen Ansatz. In dem damals in viele Kleinstaaten und Fürstentümer gegliederten und dauerhaft in Kriege unter der dominierenden Teilnahme außeritalienischer Mächte gezogenen Italien war es der Versuch einer klaren Analyse. In den politischen Wirren sah sich der zunächst leitende politische Beamte der florentinischen Republik und spätere politische Schriftsteller Machiavelli in einem politischen Ausnahmezustand.

Dabei mutet Machiavelli den Leserinnen und Lesern einiges zu. Den Regierenden – dafür steht die Chiffre Fürst – muss letztlich Grausamkeit, Lüge, Lasterhaftigkeit zur Herrschaftserhaltung offenstehen. Liest man die Kapitel XV bis XIX, die sich auf diese politische Amoral konzentrieren, näher, ergibt sich diese Amoral aus seinem pessimistischen Menschenbild: Menschen seien „im allgemeinen … undankbar, wankelmütig, unaufrichtig, heuchlerisch, furchtsam und habgierig". Auch für den Fürsten gelte: „Ein Mensch, der sich in jeder Hinsicht zum Guten bekennen will, muss zugrunde gehen inmitten von so viel anderen, die nicht gut sind"; die Fähigkeit, nicht gut zu sein, soll der Fürst aber besonnen mit Vorsicht handhaben und nur soweit anwenden, soweit dies notwendig ist. Für eine erfolgreiche Herrschaftserhaltung müsse der kluge Fürst zwar den Hass und die Verachtung seiner Untertanen hintanhalten, er solle aber mehr auf die Furcht als auf die Liebe seiner Untertanen bauen, zumal er Ersteres besser steuern könne. Allgemeiner Hass und Verachtung bedeute freilich allgemeines Misstrauen und begünstige letztlich Verschwörungen. „Die beste Festung, die es gibt, ist, vom Volk nicht gehasst zu werden". Entgegenwirken lässt sich durch Strategien zum Achtungsgewinn. Hier wendet sich die Sichtweise in eine eher positive Richtung: Der Fürst soll mit „Großmut, Kühnheit, Ernst und Stärke" handeln. Vermeiden soll er, für „wankelmütig, leichtsinnig, weibisch, furchtsam und unentschlossen gehalten" zu werden, vor allem darf er nicht „raubgierig und gewalttätig nach der Habe und den Frauen seiner

Untertanen" trachten. Zum Teil klingen diese Formulierungen für heutige Ohren sicherlich fremd und unzeitgemäß. Dennoch richten sie die Aufmerksamkeit darauf, dass der Fürst prinzipiell die traditionelle Moral wahren soll. Allerdings stellt Machiavelli den dadurch erzielbaren politischen Vorteil in den Vordergrund.

Dass amoralisches Verhalten für Herrschaftszwecke eingesetzt nicht automatisch zu einem moralisch positivem mutiert, ist wohl auch Machiavelli nicht zu unterstellen. Klar lehnt er aber im Kapitel VIII – zum Erwerb einer Fürstenherrschaft durch Verbrechen – Mord und Verrat ebenso ab wie „ohne Treue, Mitleid und Religion" zu sein. Wenn er dies als Mangel an „Tüchtigkeit" – nicht an Moral! – qualifiziert, zeigt dies allerdings eine Perspektive, die dem Politischen eine eigenständige Sphäre neben der moralischen Beurteilung einräumt. Diese auf die Eigengesetzlichkeit der Politik gerichtete Analyse bringt Machiavelli (wie oft auch hier unter Hinweis auf antike und zeitgenössische Beispiele) dazu, dass Herrschaft nicht nur durch die Gunst der Mitbürger, sondern auch durch Verbrechen erworben werden kann. Politisch längerfristig nützlich und damit legitim erkennt er aber nur einen „guten Gebrauch" von Grausamkeit: Diese muss „mit einem Schlag" ausgeführt werden und entweder zur Herrschaftssicherung unbedingt erforderlich oder sonst zum größtmöglichen Nutzen der Untertanen sein; wiederholte Un- bzw. Gewalttaten produzieren ein allgemeines Klima der Angst, in dem weder der Fürst dem Volk noch das Volk dem Fürsten weiter vertrauen kann.

Dieser bloß am politischen Nutzen orientierte Proportionalitätsgrundsatz deckt sich ganz offensichtlich nicht mit dem verfassungsrechtlichen Standard unserer verfassten Demokratie, die auf Grundrechten aufbaut und nur verhältnismäßige Rechtseingriffe akzeptiert. Mit dem französischen Philosophen Merleau-Ponty erkennt man aber die „Angstspirale", die Machiavelli – gerade durch seinen Versuch der illusionslosen, politisch-eigenständigen Sichtweise – freilegt: Gelebte Angst pflanzt sich fort, dauerhafte Unterdrückung lebt von Aggression und erzeugt in aller Regel Gegenaggression. Angstzufügung richtet sich letztlich gegen den Zufüger: auch er lebt in Angst, das Böse, das er anderen zufügt, richtet sich auch gegen ihn selbst.

Regierungsfähigkeit – „Tüchtigkeit" („virtù") – bewahrt vor dieser Spirale. Dazu zählen die angesprochene Strategie der Vermeidung von Hass und Verachtung ebenso wie die Förderung des Gemeinwohles, des Wohlstandes des Volkes und – tatsachengestützt und rationalitätsgeleitet – kluge vorausschauende politische Planung und klare politische Handlungslinien (samt Rechtssicherheit, etwa für die Wirtschaft. Dabei (etwas verallgemeinert): Die virtùgeleitete Handlungsweise muss, um erfolgreich sein zu können, den jeweiligen Zeitumständen („fortuna") entsprechen. Zeitumstände wechseln wie das Glück, allein darauf ist für eine stabile Herrschaft kein Verlass, dazu ist vielmehr politische Tatkraft erforderlich.

Angst und Rechte

Machiavelli will die Realität für die beschreiben, die daran interessiert sind, keine (etwa bloß ideologieschwangeren) Fantasiegebilde. Vergleichbar illusionslos verhält es sich mit dem von der baltisch-amerikanischen Politikwissenschaftlerin Judith N. Shklar aus den Traditionen des Liberalismus herausgearbeiteten „Liberalismus der Furcht". Angelpunkt ist nicht ein summum bonum (Ideale der Gerechtigkeit oder des guten Gemeinwesens), sondern das *summum malum*, die Vermeidung des höchsten Übels.

„Dieses Übel ist die Grausamkeit und die Furcht, die sie hervorruft, und schließlich die Furcht vor der Furcht selbst." Grausamkeit bedeute, dass einer schwächeren Person oder Gruppe durch eine stärkere „physischer und, in zweiter Linie emotionaler Schmerz zugefügt wird, um ein materielles oder immaterielles Ziel zu erreichen". Dabei geht es um die Schmerzerfahrung aus befürchteter Tötung und Verstümmelung, die auch um Mitbürger fürchten lässt. „Wir fürchten [letztlich] eine Gesellschaft furchtsamer Menschen". Schmerzerfahrung aus Grausamkeit kennzeichnet gerade die Kriege in den letzten hundert Jahren, zuvor etwa die neuzeitlichen Religionskriege in Europa. Es geht aber ebenso um Furcht infolge Machtmissbrauches und die Einschüchterung Wehrloser. Damit um die Freiheit gegenüber der Willkür eines Stärkeren. In allen Regimen erzeuge der Missbrauch öffentlicher Macht gleiches Unbehagen. Zur „Minimalfurcht, die zur Rechtsvollstreckung notwendig ist", soll nicht noch Willkür hinzukommen. Vertrauen in ein Regierungssystem und seine Funktionäre setzt das Wissen um die Fehlbarkeit gerade seiner Funktionäre voraus und gründet auf dieser Basis letztlich auf einem institutionalisierten Misstrauen; „Furcht und Vorurteil ... [gingen] in der überwältigenden Mehrzahl der Fälle formell oder informell von Regierungen aus". Vergleichbares erkennt Shklar in Bezug auf die ökonomische Macht von Wirtschaftsunternehmen, die sie kraft ihres Einschüchterungspotenzials als „öffentliche Organisationen" qualifiziert. Die Abwehr von Grausamkeit und die Hintanhaltung von Furcht bilden den grundlegenden Maßstab jeder Herrschaftspraxis, die Ausübung von Zwang reguliert der Verhältnismäßigkeitsgrundsatz. Imperative aus welchem postulierten *summum bonum* auch immer – Solidaritätsideologien, das Streben nach Glück, Seligkeit, Pflichterfüllung, nach emotional Positivem (wie auch immer definiert) oder selbst Passivität – treten demgegenüber zurück, sie finden dort eine Grenze. Die Angsterfahrungen der Vergangenheit und der Gegenwart dürfen nämlich nicht vernachlässigt werden. Shklar präsentiert damit ein dem politischen Realismus verpflichtetes Konzept.

Sie legt den Finger darauf, dass es im sozialen und politischen Zusammenleben maßgeblich auf die Hintanhaltung von Angst ankommt. Das politische System muss dementsprechend verfasst werden. Sie setzt dabei auf das Recht und die damit verbundenen Institutionen. Diese schaffen Vertrauen im Klima eines (Rest-)

Misstrauens, das mit der jedem Regierungssystem inhärenten Möglichkeit zur Willkür notwendigerweise einhergeht. Die Kontroll-Logik des demokratischen Verfassungsstaates schafft die empirischen Bedingungen der Freiheit. Dem Recht kommt dabei die zentrale Funktion zu. Indem das Recht dazu dient, die verfasste Demokratie institutionell zu fixieren, bildet es das Schutzschild gegen Machtmissbrauch und ermöglicht die Bewahrung der Freiheit. Rechte fungieren als „Stoppschilder" gegen die ungerechtfertigte Verbreitung von Angst durch Argumente, Gesten, Drohungen und Verbote, sie richten sich dagegen, „dem Erregen von Furcht gesellschaftliche Legitimation zu verschaffen". Gewaltenteilung sowie demokratisch legitimierte Gesetzesherrschaft sind rechtlich organisiert und stabilisiert und basieren auf Grundrechten, die Freiräume vom Staat und die Beteiligung am Staat (an seiner Gesetzgebung in der Form der repräsentativen Demokratie) sicherstellen. Die Elemente bedingen einander und greifen gleichrangig ineinander, Shklar sieht Demokratie, Gewaltenteilung und Recht in einer „Zwangsehe". Das funktionale Ineinandergreifen dieser Elemente ermöglicht Angstbewältigung. Angstbewältigung durch Konstitutionalisierung, die das Konzept des demokratischen Verfassungsstaates verwirklicht. Danach kann nur die „kontrollierte Herrschaft", in der die Regierenden auch zur Verantwortung gezogen werden können, eine „gute Herrschaft" sein.

Die Bedeutung des Rechts erschöpft sich mit Shklar nicht in einer „Herrschaft des Gesetzes" (rule of law), der alle – auch die Herrschenden – unterworfen sind. Es gehe nicht nur um die damit bewirkte Rechtssicherheit. Rechte sind nicht nur Mittel, sondern zentrales Element („Herz") einer gerechten Regierung, das Ziel „aller legitimen Institution[en]" sei letztlich nämlich die Verwirklichung individueller Rechte. Grausamkeit und Furcht trifft nämlich die einzelne Person, zu deren individuellem Schutz durchsetzbare Rechte erforderlich sind. Die Einzelnen haben (als „wichtigstes Recht") ein Recht auf Rechte, nämlich „das Recht, …

[ihre] Rechte geltend machen zu können", Rechte verkörpern ihre Freiheit. „Rechte und Pflichten sind Vokabeln juristischer Verfahren", Gerichte dienen der Durchsetzung individueller Rechte und haben konsequenterweise im politischen System eine herausgehobene Position, sie entscheiden darüber, was Rechte in der Praxis bedeuten. Die rechtliche Freiheitsorientierung verlangt grundrechtliche Positionen, die inhaltlich auf die gesamte Rechtsordnung und Rechtsanwendung ausstrahlen und diese damit freiheitsgerichtet – und angstabwehrend – stabilisieren. „Überlebenswichtig" für die verfasste Demokratie ist ferner insbesondere die Medienfreiheit, die der Information, der Meinungsbildung, dem Meinungsaustausch sowie der Möglichkeit dient, Rechenschaft einzufordern. Nur auf dieser Grundlage findet man „Freiheit in Sicherheit" vor Grausamkeit und Furcht. Angesichts der dafür ausschlaggebenden Gleichursprünglichkeit bzw. Gleichwertigkeit von Demokratie, Gewaltenteilung und Rechtsstaat verwirkt ein Regierungssystem mit strukturellen gewaltenteiligen oder rechtsstaatlichen Defiziten auch die Klassifikation als Demokratie. Für Regierungssysteme, in denen es nicht möglich oder massiv erschwert ist, eine Regierung durch Abstimmung auf der Grundlage freier Wahlen loszuwerden, gilt dies mit Karl R. Popper ohnehin.

Es würde zu kurz greifen, würde man daraus im Interesse des Menschen – einzeln und als Gemeinschaft – bloß (einige) Grenzen für die zweckrationale Herrschaftstechnik in Machiavellis „Der Fürst" ableiten. Vielmehr ergibt sich gerade aus dem Willkürverbot für zweckrational ausgerichtete staatliche Aktivitäten, dass sie nur legitim und gerechtfertigt sein können, wenn sie sich auf eine dementsprechend klare und den Grundrechten samt dem Verhältnismäßigkeitsprinzip entsprechende Rechtsgrundlage berufen können, die sie zudem verhältnismäßig anwenden.

Power tends to corrupt

Shklar und Machiavelli legen ihrer Analyse offensichtlich beide zugrunde, dass Menschen vor Machtmissbrauch und Willkür nicht gefeit sind. Weder (bedacht oder unbedacht agierend) Menschen in Regierungspositionen noch deren Eingriffen ausgesetzte Menschen. Für Letztere zeitigt dies Grausamkeit, Leid und Furcht, Furcht erfasst aber auch – im Sinn der von Machiavelli aufgezeigten Angstspirale – die Ersteren. In seinem Fürsten hat Machiavelli daher Bedenken gegen Willkür und Machtmissbrauch, weil sie einer effektiven und effizienten Regierung abträglich sind. Shklar lehnt Willkür und Machtmissbrauch freilich kategorisch ab, sie stellt konsequentialistisch auf deren negative Folgen ab und fordert Freiheit von Machtmissbrauch und Einschüchterung. In seinen „Discorsi" sieht es auch Machiavelli als Inbegriff der „guten Regierung", wenn sie Gerechtigkeit, Sicherheit, Ruhe und Wohlstand und Meinungsfreiheit zeitigt, insbesondere ohne Angst, Zügellosigkeit oder Bestechung.

Mit einem gewaltenteiligen, rechtsstaatlich und demokratisch organisierten Regierungssystem kann das Willkür- und Machtmissbrauch-Risiko samt der damit einhergehenden Angst beherrschbar gemacht werden. Administriert wird das, typisch für ein solches Regierungssystem, über das Recht mitsamt seinen für die Rechtsverwirklichung unverzichtbaren Institutionen (insbesondere Parlamente und Gerichte). Demgegenüber entfaltet sich die der Machtausübung inhärente Missbrauchsmöglichkeit in gegenläufig organisierten, absoluten Regierungssystemen ungebremst – dahin weist das dem britischen Historiker und Politiker Lord Acton (1834–1902) zugeschriebene Diktum: „Power tends to corrupt, and absolute power corrupts absolutely." Der Missbrauchsmöglichkeit unterliegt dabei nicht zwingend ein negatives Menschenbild, wonach – mit Machiavelli – generell „Menschen mehr zum Bösen als zum Guten neigen". Aber empirisch fundiert lässt sich die „Neigung zum Bösen" nicht ausschließen, und die Inklination „zum Guten" wird durch ein rechtebasiertes demokratisches und gewaltenteiliges Institutionengefüge samt der inhärenten Macht-Kontrolle offensichtlich maßgeblich befördert.

Korruption besteht wesensmäßig in Vertrauensverlust durch den Missbrauch der Vertrauensstellung, die Regierende mit ihrer „treuhänderischen Macht" zum Schutz der Rechte samt Sicherheit der Bürgerinnen und Bürger innehaben. Angst kann dabei nicht nur durch rechtswidriges Verhalten hervorgerufen werden. Ihre Position verschafft einer Regierung – mit der amerikanischen Philosophin Martha C. Nussbaum – prinzipiell eine gewichtige Stellung in der öffentlichen Kommunikation. Im Zentrum medialer Aufmerksamkeit spielen ihre Ansichten (samt einer daran angebrachten Kritik) eine zentrale Rolle. Wird nicht klar, an den Fakten orientiert und im richtigen Ton kommuniziert, resultiert daraus Verunsicherung, die angstfördernd wirkt. Die menschliche Fähigkeit zur Angst, um zu vermeiden, in eine unausweichliche Klemme zu geraten, kann im Klima demokratischer Meinungsfreiheit für Manipulationen ausgenutzt werden. Dabei geht es nicht nur um Propaganda zur systematischen Beeinflussung der öffentlichen Meinung oder gezielte Desinformation. Vielmehr wirken schon ein nachlässiger Umgang mit der feststellbaren Wirklichkeit (dazu zählen auch [verfassungs]rechtliche Handlungsvorgaben) oder eine – versuchte – Verschleierung dieser Faktizität verstörend. *Fake* im Sinn von Wirklichkeitsfälschung ist der zeitgenössische Ausdruck dafür. Schon Machiavelli hat der Täuschung und dem Wortbruch ebenso das Wort geredet wie der Erhaltung eines bloßen Anscheins von Moral. Die Kritik an *fake* selbst als Fake abzustempeln, ist eine (auch in Zeiten der Ansteckung) offenbar gern verwendete Immunisierungsstrategie der *faker*. Diese Fälscher verkennen dabei, dass die Meinungsfreiheit zwar die eigene Meinung, nicht aber „eine eigene" – alternative – Wirklichkeit rechtfertigt.

Kommunikationsmissbrauch kennt noch dichtere Formen des Angstmissbrauches. Martha C. Nussbaum weist darauf hin, dass Zorn, Hass und Neid besonders destruktiv werden können, wenn sie von Angst bzw. von Angst-Erzeugung durchdrungen sind. Ausgehend von Angst, Unsicherheit, Hilflosigkeit, Empörung und Protest gerade betreffend Statusverlust inkludieren diese Gefühle voreilig kollektive Schuldzuweisungen, Stigmatisierungen und das Verlangen nach Rache. „Auch hässliche Rhetorik ist potenziell tödlich", wie es die US-amerikanische Autorin Siri Hustvedt kürzlich fasste. Zu sozialer Ausgrenzung und Unterordnung bis zur Vernichtung führender Ekel geht noch darüber hinaus, wie dies im Rassenwahn des Nationalsozialismus der Fall war.

Be wary then: best safety lies in fear

Dieser Hinweis, den Shakespeare im Hamlet dem Laertes in den Mund legt, lenkt die Aufmerksamkeit auf Vorsicht und Behutsamkeit. Sicherheit und Angst sind die Ansatzpunkte. Sicherheit kann durch die Bedachtnahme auf Angst erzielt werden. Entweder durch die Produktion oder die Beherrschung von Angst. Aus beiden Perspektiven ist die Angst der Angelpunkt. In der Beherrschungsperspektive ergibt sich jene Sicherheit der vom Schleier der Angst befreiten Vorsicht, die klares, sicherheitsbewusstes Denken zur Voraussetzung hat. Im Interesse der Risiko- und Gefahrenvorsorge verlangt sie Vorkehrungen gegen Angst und angstdominierte Verfahrensweisen.

Dazu lässt sich auf Vorsicht und Selbstbeherrschung und Geduld, auf Respekt für andere sowie deren Ansichten und Forderungen verweisen, die Shklar als angstadversielle Formen persönlicher Disziplin sieht, die nur mit persönlicher Freiheit vereinbar sind; ebenso auf Selbstvertrauen, Sturheit und moralischen Mut für wirksamen Protest und Widerstand gegen Unrecht und Machtmissbrauch. Dafür bedarf es für Menschen – als Einzelne und in Gemeinschaft – rechtlich gesicherter Positionen, der Einräumung durchsetzbarer Rechte, um der angstverfangenen Unsicherheit des Ausgeliefertseins gegenüber Mächtigen zu begegnen und sich gemeinsam den Ungewissheiten der Zukunft mit Hoffnung und Optimismus stellen zu können. Das Ziel sind gutinformierte und selbstbestimmte Personen, die Toleranz und Mäßigung hochhalten und als selbstständige und aktive Staatsbürgerinnen und Staatsbürger „eher ihre Unversehrtheit als ihre Individualität verteidigen". „Jeder erwachsene Mensch soll in der Lage sein, ohne Furcht und Vorurteil so viele Entscheidungen über so viele Aspekte seines Lebens zu fällen, wie es mit der gleichen Freiheit eines jeden anderen erwachsenen Menschen vereinbar ist". Vorurteilsfreies, klares und sorgfältiges Denken verringert nicht nur das Irrtumsrisiko, sondern auch das Angstrisiko.

Die verankerten (Grund-)Rechte sind so gesehen in erster Linie Handlungsmöglichkeiten („Konzessionen und Ermächtigungen"), die Bürgerinnen und Bürger haben müssen, um sich vor Machtmissbrauch zu schützen. Diese Möglichkeiten müssen, auch gemeinschaftlich, tatsächlich wahrgenommen werden, um den Schutz realiter zu bewerkstelligen. Der Kampf um ihr Recht ist den Bürgerinnen und Bürgern zumutbar. Auch durch die Wahrnehmung politikgerichteter Grundrechte, etwa für die Beteiligung an der politischen Willensbildung durch Ausübung des Wahlrechts oder durch Versammlungen oder Vereinsbildungen. Das Angstrisiko-Management liegt somit nicht nur bei den Regierenden. Im Rahmen des politischen Gemeinwesens müssen dafür aber die nötigen institutionellen Voraussetzungen geschaffen sein, existieren müssen etwa Parlamente, Parlamentswahlen und unabhängige Gerichte. Insoweit sie diese Bereitschaft von Bürgerinnen und Bürgern in den Fokus nehmen, ergibt sich (mit aller Vorsicht) ein gewisser Berührungspunkt zwischen dem Machiavelli der Discorsi und dem Freiheitsverständnis von Shklar. Dieser Berührungspunkt liegt in der Tradition des Republikanismus, der den Staat auf politische Tugenden als ausschlaggebendes Kriterium für freiheitliche Selbstregierung gründet.

Vorkehrungen gegen Grausamkeit, Furcht, Angst und angstdominierte Verfahrensweisen sind prinzipell für alle von Vorteil. Nur nicht für diejenigen, die darauf aus sind, andere ungebunden und unkontolliert zu beherrschen. Jeder, der die eigene Freiheit im Auge hat, wird hingegen grundsätzlich ein Grausamkeit, Angst und Furcht hintanhaltendes Regierungssystem unterstützen. Dies gilt im Übrigen – mit den deutschen Philosophen Ottfried Höffe und Immanuel Kant – auch für radikale Egoisten, die nur den eigenen Vorteil im Auge haben. Die Abwehr von Grausamkeit, Angst und Furcht wird institutionell in der verfassten Demokratie verwirklicht.

Meinrad Handstanger, Prof. Dr., geb. 1958, Schulzeit und Matura in Linz; Studium der Rechtswissenschaften und Geschichte in Graz; 1977 bis 1983 Studienassistent und Vertragsassistent an der Universität Graz (Institut für Römisches Recht und antike Rechtsgeschichte, Institut für Öffentliches Recht, Politikwissenschaft und Verwaltungslehre); 1984 bis 1995 Tätigkeit im Bundeskanzleramt-Verfassungsdienst; seit 1996 Hofrat des Verwaltungsgerichtshofes; seit 2009 Honorarprofessor an der Universität Innsbruck; seit 2016 Professor an der Universität Graz.

Hinweise und Zitate beziehen sich auf folgende Werke:

Hannes Bajohr (Hg.), Judith Shklars Liberalismen (Vorwort), in: Judith Shklar, Der Liberalismus der Rechte. Berlin 2017.
Patrick Boucheron, Machiavelli. The Art of Teaching People What to Fear. 2018.
Paolo Giordano, In Zeiten der Ansteckung. Hamburg 2020.
Otfried Höffe, Den Staat braucht selbst ein Volk von Teufeln: ein Dilemma der natürlichen Gerechtigkeit, in: ders., Den Staat braucht selbst ein Volk von Teufeln. Philosophische Versuche zur Rechts- und Staatsethik. Leipzig 1988.
Siri Hustvedt, Auch hässliche Rhetorik ist potenziell tödlich, in: Die Presse, 15. April 2020, S. 20.
Geert Keil, Wenn ich mich nicht irre. Ein Versuch über die menschliche Fehlbarkeit. Leipzig 2019.
Marcus Llanque, Republikanismus, in: Dieter Fuchs – Edeltraud Roller (Hg.), Lexikon Politik. Stuttgart 2009.
Niccolò Machiavelli, Der Fürst (1986; erstmals erschienen 1532), vgl. insbesondere Kapitel XV bis XXVI.
Niccolò Machiavelli, Discorsi. Gedanken über Politik und Staatsführung[3] (2007; erstmals erschienen 1531).
Maurice Merleau-Ponty, A Note on Machiavelli, in: Ted Toadvine – Leonard Lawlor (Hg.), The Merleau-Ponty reader. Evanston/Illinois 2007.
Martha Nussbaum, Königreich der Angst. Gedanken zur aktuellen politischen Krise. Stuttgart 2019.
Karl Popper, Zur Theorie der Demokratie, in: ders., Alles Leben ist Problemlösen. München 1996.
Jean-Jacques Rousseau, Vom Gesellschaftsvertrag oder Grundsätze des Staatsrechts (1977; ersmals erschienen 1762).
Klaus Rosen, Marc Aurel. Hamburg 1997, S. 62.
William Shakespeare, The Tragedy of Hamlet, Prince of Denmark, in: Jonathan Bate – Bate Rasmussen (Hg.), William Shakespeare. Complete Works. London 2007, 1. Aufzug 3. Szene.

Judith N. Shklar, Der Liberalismus der Furcht. Berlin 2013.
Judith N. Shklar, Der Liberalismus der Rechte. Berlin 2017.
Walter Schweidler, Der gute Staat. Stuttgart 2004, S. 353f.
Bernard Yack (Hg.), Liberalism Without Illusions. Essays on Liberal Theory and the Political visions of Judith N. Shklar. Chicago – London 1996.

Die einzelnen Nachweise sind beim Autor erhältlich.

Der Beitrag gibt lediglich die Ansicht des Autors wieder.

Müssen wir uns vor dem Klimawandel fürchten?

Franz Prettenthaler

Es ist erklärungsbedürftig, warum ich als einer, der sich mit den Folgen des Klimawandels seit zwanzig Jahren beruflich auseinandersetzt, den Beitrag zu diesem Thema mit einem Fragezeichen versehe, und mich nicht einfach zu einem „Wir müssen uns vor dem Klimawandel fürchten!" durchringe. Es fehlte dafür nicht an belastbaren harten Fakten, an begründeten persönlichen Befürchtungen, dass alles sogar noch viel schlimmer kommen könnte, als durch gute wissenschaftliche Praxis derzeit belegbar ist, oder an realitätsdurchtränkten Zweifeln, was die Selbstorganisationsfähigkeit der derzeitigen Weltgesellschaft betrifft. Dennoch ist das Fragezeichen mehr als nur eine rhetorische Stilfigur. Überall, wo der Zwang zu klar, die Emotion zu eindeutig und allfälliges Abweichlertum vom Kollektiv zu scharf sanktioniert wird, tut ein bisschen kritische Reflexion, ein bisschen in der Frage auch mit dem Verstand herumstöbern – ein klein wenig Abstand – jedenfalls gut. Wer an dieser Nachdenklichkeit jedoch etwas Zögerliches oder gar Verzögerndes auf die Frage „Müssen wir etwas gegen den Klimawandel unternehmen?" zu erkennen vermeint, liegt dagegen falsch: Diese Frage beantworte ich ohne auch nur einmal mit der Wimper zu zucken mit: „Ja!", „Unbedingt!", „Jede/r!" und „Sofort!".

Wenn die zwingende Notwendigkeit von sofortigem Klimahandeln aber nicht infrage gestellt, die Frage nach der zwingenden Notwendigkeit von Angst vor dem Klimawandel aber zumindest zugelassen wird, bekennt man sich nebenbei dazu, dass die Motivation für dieses Handeln jedenfalls aus anderen Quellen gespeist werden kann als aus der Angst. Damit ist eine der klassischen Fragen der praktischen Philosophie angesprochen, nämlich jene, ob durch die bloße rationale Erkenntnis, dass eine bestimmte Handlung durch die praktische Vernunft geboten ist, auch die Motivation, diese Handlung auszuführen, erwächst. Aber nur weil man die Notwendigkeit der Angst – die evolutionsgeschichtlich zweifellos eine sinnvolle Einrichtung für das Überleben des Einzelnen und der Gruppe war und ist – für den Fall des rational gebotenen sofortigen Klimahandelns infrage stellt, schließt man noch nicht aus, dass es vielleicht anderer emotionaler Beweggründe bedarf, um motiviert zu sein, das zu tun, was zu tun ist. Doch die genaue Erörterung dieser Frage würde hier zu weit führen, kehren wir zur ursprünglichen Frage zurück. Ich möchte das in abgewandelter Form jener Unart tun, die die besondere Bestimmtheit von Aussagen, durch. einen. Punkt. nach. jedem. Wort. unterstreichen zu müssen meint:

Müssen? wir? uns? vor? dem Klimawandel? fürchten?

Diese Vorgehensweise kann auch als kleines Experiment dafür dienen, zu untersuchen, ob eine Analyse aller sinnkonstituierenden Teile eines Satzes, also der Wörter, dann auch schon alle möglichen Sinndimensionen des gesamten Satzes ausleuchtet, oder ob es sozusagen einen superadditiven Sinn des Satzes gibt, der sich über die Summe des Sinnes der einzelnen Komponenten erhebt. Darüber freilich können wir bestenfalls am Ende urteilen, machen wir uns also zunächst an die Einzelkomponenten:

Müssen?

Das „Fürchten-Müssen" im Zusammenhang mit dem Klimawandel kann viel bedeuten. Dass die normative Bedeutung: „Es ist aus Gründen der Moral oder der Rationalität absolut geboten, dass wir uns fürchten, denn nur dann sind wir ausreichend motiviert, die richtigen Maßnahmen gegen den Klimawandel zu ergreifen" mit Ja zu beantworten ist, haben wir weiter oben bereits in Zweifel gezogen. Denn man könnte behaupten, Handeln aus Furcht oder aus Angst ist gerade das Gegenteil von dem, was wir als wohl überlegtes, rationales oder moralisches Handeln ansehen. Angst hat mit Enge zu tun, mit In-die-Enge-getrieben-Sein. Flüchten oder Totstellen – sind das nicht die Impulse, die wir aus dem Mandelkernkomplex bzw. dem limbischen System, jener Hirnregion erhalten, die bei Angst aktiviert ist, und gehört diese nicht zu den Regionen, die wir entwicklungsgeschichtlich aus der Zeit geerbt haben, als wir noch als Reptilien auf dem Boden herumgekrochen sind?

Die Fluchtgedanken des Elon Musk auf den Mars in Ehren, aber die lebensfeindlichen Bedingungen durch die dort vorherrschende 95%ige CO_2-Atmosphäre unterstreichen erst die Absurdität des derzeitigen Experiments, eine Atmosphäre, die bis heute das Leben von 7,7 Milliarden Menschen und Milliarden anderer Lebewesen sehr gut unterstützt, so radikal zu transformieren, wie wir es derzeit tun. Machbarkeit und Sinnhaftigkeit einer physischen Flucht nennenswerter Anteile der Weltbevölkerung auf einen anderen Planeten ist also illusorisch, bleibt die psychische Flucht. Auch für sie gibt es popkulturelle Anzeichen und es verbreitet sich eine „Es ist eh schon zu spät"-Mentalität, die das Weitermachen wie bisher, oder sogar gesteigerte Partylaune, einem Tanz auf dem Vulkan gleich, legitimiert.

Wie wohltuend war und ist da das Aufbegehren der Schülerinnen und Schüler gegen die zweite vorherrschende Strategie, ob aus Angst, Ignoranz oder politischem Kalkül, es aussitzen zu können, sei dahingestellt: das sich Totstellen der allermeisten Verantwortungsträger. Das schrille, an unsere Generation gerichtete „Lazarus, Du lebst, und hast hier noch ein Problem zu lösen, und zwar ein dringendes" aus dem Mund der Greta Thunberg und Millionen anderer Jugendlicher hat eine nüchterne, wissenschaftlich abgesicherte Botschaft: Wenn wir eine 67%ige Chance haben wollen, das Pariser Klimaziel zu erreichen, um die Erwärmung bei 1,5 Grad zu begrenzen, verbleibt uns ein Emissionsbudget, das wir beim Weitermachen wie bisher in acht Jahren aufgebraucht haben werden. Die, unter Verweis auf das eigene Lebensrecht in der Zukunft mit moralischer Entrüstung an uns adressierte Handlungsaufforderung kann gemeinsam mit dem gleichzeitig vorgebrachten: „I want you to panic" natürlich genau so verstanden werden: als hätten wir eine moralische Pflicht, uns zu fürchten. Doch bei genauerer Betrachtung kann man die Dinge trennen. Ja, es gibt eine normativ begründete Handlungsaufforderung, aber es gibt einen positiven, also empirischen Grund uns zu fürchten: Beim Blick auf die Zeit, die noch bleibt, und beim Blick auf die Behäbigkeit des Transformationsprozesses hin zu einer klimaneutralen Wirtschaftsweise (hat dieser überhaupt schon begonnen?) vor allem aber: beim Blick auf die Erfolglosigkeit der bisherigen Bemühungen kann einem schon angst und bange werden.

Können oder müssen? Versteht man die Aussage „Wir müssen uns vor dem Klimawandel fürchten" als empirische Tatsachenbehauptung, wird der Nachweis, dass dem so ist, freilich nicht ganz einfach. Der Nachweis eines Individuums, das sich trotz intensiver Studien der Fakten zum Klimawandel nicht fürchtet, würde schon reichen, um den Nachweis einer zwingenden Notwendigkeit zur Furcht vor dem Klimawandel scheitern zu lassen. Wollen wir das Fragezeichen hinter unserer Eingangsfrage also auf empirische Art und Weise loswerden, braucht es empirische Fakten, wobei das „Fürchten-Müssen" auf zwei Arten zustande kommen kann: Es kann in den Eigenschaften des Klimawandels begründet liegen, so wie es vielleicht Krankheiten gibt, die eine Ansteckungswahrscheinlichkeit von 100 Prozent aufweisen. Wenn die Fakten zum Klimawandel so sind, dass sie bei deren Kenntnis jemanden ganz sicher mit Furcht „anstecken", dann werden wir diese Fakten wohl weiter unten, in der Rubrik „Klimawandel?" zutage fördern müssen. Die empirische Gewissheit, dass Furcht unweigerlich auf die Kenntnis der Fakten zum Klimawandel folgen muss, kann aber auch im Subjekt begründet liegen, schließlich soll es ja auch Menschen geben, die sich eine Krankheit mit Sicherheit einfangen, egal wie gering die Ansteckungswahrscheinlichkeit sein mag. Ist also das „wir" vielleicht so beschaffen, dass es, mit einem Phänomen wie dem Klimawandel konfrontiert, jedenfalls mit Furcht reagieren muss? Wir kommen also zu unserer nächsten Frage:

wir?
Die zweite, empirisch begründete, Interpretation von „Fürchten-Müssen", eine, die im Subjekt „Wir" begründet ist, könnte etwa so aussehen: Wir unterliegen kollektiv einer Art innerem Zwang, einem Wollen, einer Lust, uns zu fürchten, auf hypnotische Art damit verbunden, die Zerstörung, vor der wir uns fürchten, uns fast herbeizuwünschen, ja vielleicht sogar damit, sie zwanghaft herbeizuführen. Das wäre freilich eine erstaunliche Wendung: Weil es einen Zwang dazu gibt, uns fürchten zu wollen, oder zu müssen, erschaffen wir die Probleme, damit wir etwas zum Fürchten haben. Jetzt reichen meine Kenntnisse als Hobbypsychologe keinesfalls aus, das Woher und Warum einer solchen kollektiven Angstlust sauber zu argumentieren. Wenn ein solches Phänomen, das Individuen ja nachweislich befallen kann, auch als massenpsychologisches Deutungsmuster zulässig ist, wäre es eine gute Erklärung dafür, warum wir uns, als Kollektiv betrachtet, gleichzeitig fürchten und das eigene Zerstörungswerk, vor dessen Konsequenzen wir uns fürchten, munter weiter vorantreiben. Ähnlich jenen (wenigen) Generationen der Vergangenheit, die schon lange keinen Krieg erlebt hatten, sich diesen als „reinigendes Gewitter" herbeisehnten,

als etwas, das die Dinge wieder einfach macht, als Reduktion der Komplexität, mit der viele angesichts wachsender Vielfalt durch lange Friedenszeiten nicht zurechtkommen.

So, oder so ähnlich wurde bisweilen zumindest die Kriegsbegeisterung in der saturierten Wiener Gesellschaft vor dem Ersten Weltkrieg erklärt. Spricht das nicht dafür, dass eine Generation, die nichts zu fürchten hat, schon dafür sorgen wird, dass sie sich vor etwas fürchten kann? Auch die Naziideologie hat mit einer Verherrlichung einer vermeintlich kathartischen Wirkung des Krieges die Begeisterung dafür geschürt, so als wäre das massenhafte Morden und Sterben nur eine Art gigantische Wehrsportübung für den zu wenig „ertüchtigten Volkskörper", jede Menge Angst als Ansporn inklusive. Dieses Beispiel zeigt auf, wie gefährlich derart kollektivistische Deutungen und Übertragungen vom Einzelnen auf die Gruppe sein können. Was, wenn das „wir" gar kein Subjekt bezeichnet, das eine Empfindung wie Angst haben kann? Manche Individuen mögen Angst haben, andere nicht, aber worin könnte sich zeigen, dass eine Gruppe Angst hat, über die Äußerungen von Angst der einzelnen Gruppenmitglieder hinaus? Die einzige Bedeutung, die der Satz „Wir haben Angst" besitzen kann, wäre also ein Sprechen über die Summe aller Ängste der Einzelnen. So wie wir ja auch, wenn wir vom „Volkseinkommen" sprechen, nicht irgendeine imaginäre kollektive Geldbörse benennen, sondern die buchhalterisch korrekt zusammengezählte Summe der individuellen Einkommen jeder einzelnen Bürgerin und jedes einzelnen Bürgers.

Übersetzen wir den Begriff der Angst in die nüchterne Sprache der Ökonomie, so geht es um Risikoaversion. So nennen wir die Tatsache, dass Menschen ab einem bestimmten Vermögen den Zugewinn von einem Euro an Einkommen oder Vermögen weniger schätzen als sie den Verlust in derselben Höhe befürchten. Die zugrundeliegende psychologische Realität ist jedem einleuchtend: Viele erinnern sich etwa noch daran, was sie mit ihrem ersten selbst verdienten Geld gemacht haben, die Uhr, das lang ersehnte Motorrad, das sie damit gekauft haben. Die meisten könnten mit einem heutigen Monatsgehalt gleich mehrere dieser Güter kaufen, für welches einst mehrere Monate gespart werden musste, dennoch wäre die Erfahrung des Wertes, den ein solcher Kauf besitzt, gänzlich unterschiedlich. Daher ist selbst die Freude über den neunten Rolls Royce in der Garage geringer als über den ersten und folgerichtig sinkt auch die Freude über zusätzliches Einkommen pro Einheit mit jedem Euro Einkommen, das man bereits erzielt hat. Genau das ist aber die geschäftliche Basis für Versicherung: egal um welchen Aktivposten es sich handelt, ob um Vermögen, Einkommen, Gesundheit etc., Menschen sind mit steigendem Einkommen immer stärker bereit, sich gegen einen Verlust dieser Aktiva zu versichern, weil der sichere Verlust durch Zahlung einer Prämie weniger schwer wiegt als der unwahrscheinliche Verlust einer deutlich größeren Summe, selbst wenn der mathematische Erwartungswert dieses Verlustes unter dem der Prämie liegt.

Somit haben wir ein ökonomisches Maß für die Angst einer Gesellschaft gefunden: Wir müssen nur alle individuellen Versicherungsprämien (die mit Vermögen und Risikoaversion stark korrelieren) zusammenzählen und kennen so eine grobe Abschätzung für die Angst des Kollektivs. Die Angst des „Wir" reconstructed.

Es wird jetzt niemanden wundern, dass diese Angst des „wir" in den reichsten Ländern am höchsten ist, und so gesehen haben wir, die wir in diesen Ländern leben, die größte Angst. Aber gilt diese Angst dem Klimawandel? Offensichtlich nicht. Denn pro Kopf befeuern wir in den reichen Ländern nach wie vor das Problem am allerstärksten und verhalten uns somit genau gegenteilig zu jemandem, der vor einem Ereignis Angst hat und versucht, es zu vermeiden. Eine Ursache dafür könnte sein, dass wir für die Bewältigung dieser Angst ja bezahlt haben, und uns durch die dafür erworbene Versicherung als unverwundbar wähnen. Doch genau das ist eine Illusion. In Österreich gibt es beispielsweise nicht einmal eine Versicherung gegen Hochwasserrisiko, die diesen Namen verdient, obwohl unser Land mit Tschechien zu den beiden Ländern mit dem höchsten Hochwasserrisiko in Europa zählt, Tendenz steigend. Im Falle eines Falles ist der Einzelne fast ausschließlich auf die Hilfe des Kollektivs, den Katastrophenfonds, angewiesen, der aber im Schnitt höchstens rund 50 Prozent des Schadens deckt.

Da ist sie also wieder: unsere Angstlust, diesmal individualistisch, nicht durch kollektivistische Spekulationen und Deutungen begründet: Mit voller Hose (und entsprechend vielen Versicherungspolizzen ausgestattet) rasen wir auf die Mauer zu. Unentscheidbar, ob die schaurigen Rufe dem Schauder der Lust oder der Angst entspringen. Darauf, auf die Bremse zu steigen, kommen wir derweil nicht. Anders als man vermuten könnte, hat nicht das limbische System unter Ausschaltung der Großhirnrinde die Kontrolle übernommen, um uns mit den richtigen Reflexen aus der Gefahrenzone zu begeben. Es wirkt eher so, als hätten wir eine Störung in diesem System, wie man es selten aber doch bei manchen Kindern beobachten kann, denen kein Baum und kein Möbelstück zu hoch sind, um sich in völliger Unkenntnis von Schmerz und Gefahr dort hinaufzubegeben und dann zur Freude der Unfallambulanzen auch von dort herunterzustürzen. Bruchpiloten in spe wie wir. Ein Verhalten, das auch Schopenhauer einmal beschrieben hat, wohl ohne zu wissen, dass er damit genau die ökonomische Definition des Gegenteils von risikoaversem, nämlich risikoaffinem Verhalten gegeben hat: Wir verhalten uns so, als wäre eine Einheit Zugewinn mehr wert, als das Verhindern des Verlustes einer Einheit. Schopenhauer deutet das durchaus z. B. auch auf Beziehungen so, dass wir, wenn wir einmal im Besitz einer Sache sind, uns dessen völlig sicher wähnen, und uns gar nicht vorstellen, wie es wäre, z. B. einen lieben Menschen zu verlieren. Umgemünzt auf die vielen unbezahlten Ökosystemdienstleistungen unserer Erde: wir können sie nicht schätzen, weil wir sie für selbstverständlich nehmen, obwohl wir sie zerstören, stattdessen träumen wir davon, wie es wohl wäre, auf dem Mars eine funktionierende Biosphäre aufzubauen.

Das Fazit dieser Überlegungen ist klar: Es ging um den empirischen Beweis dafür, dass das „wir" vielleicht so beschaffen ist, dass es sich vor dem Klimawandel fürchten müsste. Dass eine gewisse Gesetzmäßigkeit gegeben ist, dass wir uns mit steigendem Wohlstand (und der ist ein globales Faktum) stärker versichern, so, als müssten wir uns prinzipiell fürchten, kann nicht geleugnet werden. Aber die Erkenntnis daraus bleibt mehrdeutig, weil nicht erkennbar ist, dass wir auch so handeln, als würden wir uns vor dem Klimawandel fürchten: Entweder wir denken, wir wären gegen alle von ihm ausgehenden Gefahren ausreichend versichert und fürchten uns deshalb nicht mehr, oder wir erkennen die Gefahr nicht umfassend genug oder wir lieben das unversicherte Risiko des Klimawandels so sehr, weil wir eben ohne Angst nicht leben können. Die Möglichkeit eines empirisch feststellbaren Zwanges zum Fürchten ist also da, der Nachweis, dass dem jedoch zwingend so ist, muss wohl als gescheitert gelten. Das hat eine weitere Konsequenz: Da es jedenfalls Individuen gibt, denen offensichtlich die Vorstellungskraft für Gefahren fehlt, müssen wir schließen: Darauf, dass wir als Kollektiv eine Gefahr schon rechtzeitig erkennen werden, weil wir so beschaffen sind, können wir uns nicht verlassen. Wir könnten ja auch von lauter Menschen mit Störungen im limbischen System, den jungen Bruchpiloten gleich, regiert werden.

uns?

Eigentlich müssten wir uns mit diesem „uns?" nicht lange aufhalten, weil es nur dem Umstand geschuldet ist, dass hier eine reflexive Verwendung des Wortes „fürchten", also als „sich fürchten" vorliegt. Genauso hätten wir die Frage schlichter als „Müssen wir den Klimawandel fürchten?" stellen können, da „fürchten" auch als transitives Verb, das zwingend ein Objekt braucht, funktioniert. Aber die reflexive Variante ist deshalb reizvoll, weil hier ein und dieselbe

Person als Subjekt handelt und als Objekt behandelt wird. „Wir fürchten uns" hat also eine aktive und eine passive Komponente. Da wir aber zuvor schon gesehen haben, dass der Begriff „wir" eine Komposition aus Einzelindividuen ist, über die man besser differenzierende und weniger kollektive Aussagen machen kann, ist es auch zulässig, darüber nachzudenken, ob es bei diesem „wir fürchten uns" in unserer Gesellschaft so etwas wie eine Arbeitsteilung gibt: Eingeteilt in Aktiv-Fürchter (das „wir" der informierenden Elite) und in Passiv-Fürchter (das „uns" der Medienrezipienten). Die einen, die die Informationen über den Klimawandel sammeln, Szenarien aufbereiten, Auswirkungen berechnen und kommunizieren, und die anderen, die das dann zum Fürchten finden oder auch nicht. Dazwischen freilich jede Menge Kommunikation, Journalisten, die vermitteln, auch Möglichkeit für Missverständnisse. Und jene, die dafür bezahlt werden, das Misstrauen zu schüren, den Eindruck zu erwecken, als wäre die Wissenschaft nicht einer Meinung. Aber vermutlich würde die Selbstverständlichkeit eines selbstbezüglichen „wir fürchten uns" in einer differenzierten Gesellschaft, mit durch Social Media fast vollständig atomisierten Informationsstrukturen, auch ohne bezahlte Desinformationskampagnen nicht funktionieren. Dazu kommt, dass das „wir" der informierenden Wissenschaft ja auch nicht glaubwürdig Angst vermitteln kann und soll, weil die Nüchternheit ja gerade als Glaubwürdigkeitssignal der unvoreingenommen Forschenden gilt. Kein Wunder also, dass ein 16-jähriges Mädchen, das sich authentisch selbst fürchtet, mehr zur Beunruhigung der Weltöffentlichkeit beitragen konnte als alle IPCC-Berichte über Jahrzehnte zuvor.

Fazit: Aufgrund der mangelnden Identität von „wir" und „uns" in diesem Kontext sind wir von einer zwingenden Notwendigkeit eines „Wir müssen uns vor dem Klimawandel fürchten" im empirischen Sinne weit entfernt. Die massiven persönlichen Angriffe auf Greta Thunberg, die bisher den größten Beitrag einer Identitätsvermittlung zwischen dem „wir" der informierenden Elite und dem

„uns" der Medienrezipienten geleistet hat, lassen vermuten, dass dieser Identitätsbruch kaum vollständig verschwinden wird.

vor?
Auch dieses „vor" wäre kaum tiefer gehender Überlegungen wert, wenn man diese Präposition nicht auch räumlich oder zeitlich verstehen könnte. Das wäre aber nicht nur eine grammatikalische, sondern auch eine inhaltliche Fehlinterpretation. Wäre der Klimawandel ein Ereignis, „vor" dem wir uns räumlich oder zeitlich befinden könnten, mit einem klaren zeitlichen und räumlichen Rahmen – ich gehe jede Wette ein, wir würden uns nicht freiwillig hineinbegeben. Da wir aber mittendrin sind, wird es uns wie dem Frosch im erquickenden Wasserbad eines Kochtopfes auf der Herdplatte gehen. Kalt zugestellt, gewöhnt er sich an jedes Zehntel Grad Erwärmung und denkt nicht daran, herauszuspringen, bis er gekocht ist. Also suggeriert dieses „vor" die konkrete Eingrenzbarkeit der Klimawandelrealität, die es so nicht gibt, und diese Tatsache verhindert eher, dass wir uns fürchten, als dass wir uns zur Furcht davor sogar gezwungen fühlten.

dem Klimawandel?
Dasselbe gilt auch für den bestimmten Artikel, der weder die Einzahl noch die Bestimmtheit, für die er hier steht, auch einlösen kann. Es gibt nicht „den" Klimawandel, es sind Millionen von Ökosystemen, die sich ändern, Tausende regionale Klimabedingungen, die sich ändern, das Einzige, das klar ist: In Summe erwärmt sich das ganze System, ohne dass es deshalb zwingend an jedem einzelnen Ort immer nur wärmer werden müsste. Doch das sind Spitzfindigkeiten, gemessen an den Erwartungen an diesen Absatz: Egal ob Singular oder Plural, diese umfassende Veränderung des Klimas: wird diese nun tatsächlich so beschaffen sein, dass wir uns fürchten müssen?

Die Versuchung liegt nahe, nun möglichst viele und möglichst hohe Zahlen, natürlich von Hitzetoten und Überschwemmungsopfern, von aussterbenden Arten, verschwindenden Küstenkilometern und versunkenen Städten, von Missterntewahrscheinlichkeiten und davon ausgelösten Migrationswellen, Arbeitslosen in Skigebieten, verheerenden Wald- und Buschbränden, Unterbrechungen globaler Wertschöpfungsketten etc. etc. zu nennen. Doch diese Zahlen werden uns in der Frage nicht weiterhelfen, denn Angst ist keine Frage der Quantität, sondern der Qualität.

Was für einen richtigen Thriller erwartet wird, ist das „nie dagewesene", die Superlative, eben ein Qualitätssprung. Im Hinblick auf die CO_2-Konzentration in der Atmosphäre und die Durchschnittstemperatur werden wir diese Superlative für den Zeitraum seit dem Menschen auf der Erde leben immer öfter und besser kennenlernen, weil wir dieses Ziel bereits erreicht haben und alleine die Wärmemenge, die wir in den letzten paar Jahrzehnten nur durch die Verhinderung von Wärmerückstrahlung ins Weltall hinzugewonnen haben und die derzeit noch in den Ozeanen gespeichert ist, beträgt das Sechshundertfache des jährlichen Weltenergieverbrauches. Betrachtet man, wie dünn die Atmosphäre ist – vergleichbar einem Haar auf einem Fußball –, und wie mächtig der Wärmespeicher, aber auch die tägliche Wärmezufuhr von außen bei stetig steigender Isolationswirkung und der nie dagewesenen Geschwindigkeit, mit der diese Veränderungen passieren, darf niemand erwarten, dass wir die Superlative nicht weiter ständig übertreffen werden. 2018 sind erstmals in Österreich mehr Menschen an den hohen Sommertemperaturen gestorben als durch Verkehrsunfälle. Aber gerade solche Zahlen, deren Entwicklungen erst im Nachhinein rekonstruiert werden und daher nicht für Schlagzeilen zur Zeit des Geschehens sorgen, werden eher als neue Normalität wahrgenommen werden, haben vielleicht daher nicht dasselbe Hysteriepotenzial wie ein neuer Virus, und wir „müssen" uns daher nicht notwendigerweise fürchten, auch wenn wir allen Grund dazu haben. Denn beschäftigen wird uns die Tatsache, dass auch Städte wie Berlin und Wien künftig bis zu einem ganzen Monat Tropentemperaturen ausgesetzt sein werden, sehr wohl. Diese Wirkung des

Klimawandels insbesondere auf Städte, auf welche die Bauordnung wegen der Langfristigkeit solcher Entscheidungen viel weitsichtiger und schneller reagieren müsste, halte ich persönlich für Europa aus derzeitiger gesundheitlicher Sicht für die größte Herausforderung.

Wir sprechen hier aber immer noch von relativ harmlosen Szenarien, weil sie die Erwärmung auf den vom Menschen gemachten Teil reduziert sehen. Da wir es einmal angefangen haben, das Klima zu verändern, liegt es jetzt aber an uns, dafür wieder einen einigermaßen stabilen Systemzustand zu erreichen, denn sobald Kipppunkte erreicht werden, an denen wesentliche, die Erhitzung positiv verstärkende natürliche Systemmechanismen, wie das Auftauen der Permafrostböden und den daraus resultierenden Methanemissionen, zu wirken beginnen, ist der nächste stabilisierte Systemzustand einer, der „Hothouse Earth" genannt wird. Spätestens diese Szenarien erreichen eine Qualität, die ein „Davor müssen wir uns fürchten" auch im Sinne einer empirisch zwingenden Ansteckung jenes Geistes, der sich damit beschäftigt, rechtfertigt. Das „wir" und „uns" wird sich da allerdings nur mehr auf einen zahlenmäßigen Bruchteil der heutigen menschlichen Population beziehen und einen Bruchteil der Spezies aus Fauna und Flora, die dieses Stadium erreichen werden.

fürchten?
Resümierend haben wir also jede Menge vernünftige Gründe, uns zu „fürchten", empirisch zwingend wird es wohl erst werden, wenn wir an den Aufgaben, die wir heute schon klar erkennen, dauerhaft scheitern. Über den ganzen Aufsatz hinweg habe ich es vermieden, allzu martialische Bilder zu verwenden, obwohl der Gedanke, dass viele klimabedingten sozioökonomischen Verwerfungen nicht ohne kriegerische Auseinandersetzungen ablaufen werden, aber auch der „Kampf gegen den Klimawandel" ist letztlich ein kriegerisches Bild. Da Kriege immer zu fürchten sind, hätte man sich auf diese Weise die Beweisführung leicht machen können. Dem könn-

te man aber auch ein anderes Bild von Furcht entgegensetzen. Die Fragilität insbesondere des Bildes der Atmosphäre vom Weltraum aus gesehen lässt alle Astronauten immer verändert – nämlich ehrfürchtig – von Aufenthalten von der ISS zurückkehren, wie vielfach erzählt wird. Furcht im Sinne von Ehrfurcht kann also auch dem Verletzlichen gelten, muss sich nicht auf das Kolossale beziehen. Freilich sind auch die Kräfte und die Technologien, die wir als Menschen entwickelt haben, und die nun mehr als alles andere das Angesicht der Erde prägen, ehrfurchtgebietend. Was aber ist die ursprüngliche Bedeutung von „Ehrfurcht"? Es ist die Zusammensetzung von „Ehre" und „Furcht" im Sinne einer Sorge um die eigene Ehre. Auch darum könnte es gehen, furchtsam sein, dass wir unsere Ehre als Menschheit nicht aufs Spiel setzen.

Franz Prettenthaler, geboren 1972 in Knittelfeld, Studienabschlüsse der Volkswirtschaft mit Umweltsystemwissenschaften, Philosophie und Finanzwissenschaft in Graz, St. Andrews und Paris. 2002 Promotion mit einer Arbeit über Dynamische Konsistenz von Entscheidungen unter Risiko. Direktor des Instituts für Klima, Energie und Gesellschaft – LIFE der Joanneum Research Forschungsgesellschaft, Lehrbeauftragter an der TU Graz. Verheiratet, 4 Kinder, lebt in Graz.

Legal fears?

Stefanie Steiner

Angst – was ist das wirklich? Laut Duden „ein mit Beklemmung, Bedrückung, Erregung einhergehender Gefühlszustand [angesichts einer Gefahr]; ein undeutliches Gefühl des Bedrohtseins". Diesen Gefühlszustand gibt es wohl in den verschiedensten Erscheinungsformen sowie Stärkegraden und er wird wahrscheinlich individuell von jedem anders empfunden. Doch gibt es auch furchtlose Individuen? Gibt es tatsächlich Menschen, denen ein solcher Gefühlszustand komplett fremd ist? Und falls, wäre eine solche Furchtlosigkeit überhaupt ein anzustrebender Zustand? Hat Angst nicht auch ihre positiven Seiten, wie beispielsweise eine Schutzfunktion, eine Antriebsfunktion oder eine bewusstseinsfördernde Wirkung?

Man hat es so vor sich: den furchtlosen Rechtsanwalt, der für seine Mandanten kämpft und dem es an jeder nur vorstellbaren Angst mangelt. Vor Gericht steht er da, mit erhobenem Haupt und ringt um das Wohl, das Recht sowie die Ehre seines Mandanten – koste es, was es wolle. Doch wirklich? Was, wenn er gar nicht an die Unschuld seines Schützlings glaubt? Was, wenn er eigentlich der Meinung ist, sein Mandant verschweigt etwas oder noch schlimmer, er spricht nicht die Wahrheit? Der Anwalt hat seinen Mandanten vor Gericht zu schützen und für ihn das bestmögliche Ergebnis zu erzielen, ihn so gut wie möglich vor Gericht zu vertreten. Doch wie weit darf bzw. muss ein Anwalt gehen, um diese Pflicht zu erfüllen? Den Angeklagten trifft nach hM (= juristische Abkürzung für herrschende Meinung) keine rechtliche Verpflichtung, dann, wenn er von seinem Schweigerecht nicht Gebrauch macht, die Wahrheit zu sprechen.[1, 2] Doch inwieweit hat der Anwalt eine etwaige Unwahrheit des Mandanten zu glauben und mehr noch, diese in seinem Plädoyer wiederzugeben? Darf er Fakten verschweigen, darf er Situationen in einem besseren Lichte darstellen? Darf er gewisse Geschehnisse in der für den Mandanten besten Weise interpretieren, ihnen dabei möglicherweise einen anderen Sinn geben? Darf der Anwalt alles Erdenkliche tun, um seinem Mandanten beizustehen? Nein, neben seiner Pflicht, den Mandanten bestmöglich zu vertreten, werden dem Anwalt ganz konkrete Grenzen vorgegeben – klare Regeln, an die er sich zu halten hat und die er keinesfalls überschreiten darf. Auch wenn dies oft eine schmale Gratwanderung ist, hat der Anwalt seine Verteidigungsregeln, welche sich einerseits in den Richtlinien für Strafverteidiger als auch im StGB sowie den dazugehörigen Kommentaren finden,[3] zu kennen und diese einzuhalten. Daneben gibt es jedoch einen – zumindest moralischen – Graubereich und es bleibt die **Pflicht des Anwaltes, seinen Mandanten bestmöglich zu vertreten** bestehen, jedoch eben mit gewissen Grenzen.

Wie fühlt es sich aber an, Dinge wiederzugeben, die keinen Sinn machen, vielleicht sogar mit Beweisen widerlegt sind, der Mandant jedoch darauf schwört, dass sie wahr sind? Man verteidigt ihn immerhin vor einem ehrwürdigen Gericht in einem mitunter beeindruckenden Gerichtssaal. Aufgrund des Prinzips der Öffentlichkeit des Verfahrens vielleicht vor diversen Zuschauern, ja möglicherweise sogar Opfern im Saal. Der Mandant äußert auch gegenüber dem Rechtsanwalt, keinesfalls schuldig zu sein, weshalb der Verteidiger – nach Hinweis auf das Geständnis als etwaigem Milderungsgrund – für seine Unschuld zu plädieren hat. Und am Ende der dreistündigen Verhandlung nimmt das Ganze eine Wendung und der Mandant ändert wie aus dem Nichts seine Meinung und gesteht dann plötzlich doch den Raubüberfall. Als Verteidiger keine sehr angenehme Situation in diesem Moment vor so zahlreichem und vielfältigem „Publikum" zu stehen ...

Wie fühlt es sich an, dort zu stehen, wenn man das Gefühl nicht los wird, dass der Mandant lügen könnte – tief im Inneren zweifelt man an der Wahrheit seiner Aussagen –, aber am Ende des (im Rahmen des rechtlich Erlaubten) ausgezeichnet geführten Verfahrens sind sowohl Richter als auch Schöffen von der Unschuld des Mandanten überzeugt und der Mandant wird tatsächlich freigesprochen. Ist solch ein Zustand als Sieg zu werten? Hat man gewonnen, obwohl man insgeheim der Meinung ist, der Mandant könnte möglicherseise doch schuldig sein?

Auf dieser schmalen Gratwanderung zwischen Gut und Böse, **Moral und Amoral**, zwischen der Pflicht eines Verteidigers, für das Beste seines Mandanten zu kämpfen, und den inneren Konflikten – im Extremfall –, sogar den Gewissensbissen: Bekommt man es da nicht hin und wieder ein klein wenig mit der Angst zu tun, für etwas moralisch Fragwürdiges zu kämpfen bzw. kämpfen zu müssen? Tut es innerlich nicht irgendwie weh, jemanden vertreten zu müssen, von dessen Unschuld man nicht überzeugt ist? Ist der Anwalt ein so starkes Wesen, den solche Fragen kalt lassen? Ein abgebrühter Anwalt, der nur seinen Job verfolgt und den solche Situationen in keinster Weise tangieren – gibt es diesen Anwalt tatsächlich, der solche Gefühle einfach von sich abprallen lässt? Wie lange geht das gut? Platzt nicht irgendwann die Schutzhülle eines jeden? Und ändert das einen als Mensch womöglich selbst?

Auf der anderen Seite wiederum gibt es Fälle, bei denen man von der Unschuld des Mandanten geradezu überzeugt ist. Man kennt die Geschichten, glaubt sie und ist vom Guten dieses Menschen überzeugt. Man ist sich vollkommen sicher, dass der Mandant keine Rechtsverletzung begangen hat. Doch der Staatsanwalt und vielleicht am Ende sogar der Richter sehen es anders. Eine ständige Angst des Mandanten umkreist die tägliche Arbeit am Akt, bei jedem zweiten Anruf des Mandanten, die erste Frage: „Kann ich mein Nachthemd schon packen?" Wie geht man damit um? Furchtlos? Gleichgültig?

Ein erfolgreicher Unternehmer, der vielleicht von einem Neider angezeigt wurde und nun bereits das dritte Jahr in einem Ermittlungsverfahren hängt. Ein Familienvater, der durch dumme Umstände als Beteiligungstäter in eine große Wirtschaftsstrafcausa hineingezogen wurde und nun ein jahrelanges, mühseliges Verfahren über sich ergehen lassen muss. Und das immer von dem furchtbaren Gefühl begleitet, wenn alles schiefgeht, hinter Gitter zu kommen. Natürlich, auch als Rechtsanwalt kann man keine Gedanken lesen und weiß nie, ob nicht doch ein Teil Wahrheit an der vom Staatsanwalt aufbereiteten Sachverhaltsdarstellung dran ist und der Mandant vielleicht nur die Gabe besitzt, sich gut darzustellen, und somit eine Strafe am Ende doch gerechtfertigt wäre. Dennoch wäre es wohl nur menschlich, auch als Anwalt **Mitleid** zu verspüren und von der Angst des Mandanten psychisch tangiert zu werden. Und neben der emotionalen Komponente tritt dann noch die pekuniäre Angst des Mandanten hinzu. Ein jahrelanges Verfahren kann einen jeden in den finanziellen Ruin treiben …

Aber nun mal weg vom Strafverteidiger, hin zum „Anwalt als Vertragsverfasser", wie die korrekte Bezeichnung für vertragserrichtende Anwälte im Rahmen der Rechtsanwaltsprüfung lautet. Als Konzipient einer Großkanzlei lernt man sehr früh schon, quasi ab Tag null, das eine, und zwar: „**Perfektion** ist alles". Angefangen vom Blocksatz bis hin zum Beistrich – jeder kleinste Tipp- sowie Formatfehler stellt ein fundamentales Problem dar. Das Layout muss in jeder Hinsicht stimmen, nicht nur in Bezug auf Verträge, auch jedes Memo, jeder interne Aktenvermerk, jede Fußnote, jeder dünnste Strich muss richtig positioniert sein. So wird man ab Arbeitsantritt trainiert. Die Angst vor dem Tadel des Chefs spornt an und treibt zur Perfektion der Form. Gleichzeitig sind diese weltbewegenden Kleinigkeiten natürlich nur als „Nebensache" zum eigentlichen Inhalt und den rechtlichen Schwierigkeiten zu verstehen, die im Rahmen der Erstellung eines juristischen Memos oder Vertrages zu beachten sind. Doch man lernt fürs Leben. Ein Jahr Großkanzlei und man findet in jedem anderen Schriftstück den allerkleinsten Fußnotenfehler. Kommt man dann plötzlich in eine andere Umgebung, weg von der Anwaltei, versteht man zunächst die Welt nicht mehr bzw. die unzähligen Fehler. Ein Vertrag, in dessen Erstentwurf sich Fehler befinden? Blasphemie für einen Großkanzleijuristen. Doch langsam aber stetig merkt man, es geht anscheinend auch anders ...

Letztlich kann man nicht über das Thema „Furcht" im Leben eines Anwaltes schreiben, ohne auf die allgegenwärtige **Haftung** zu sprechen zu kommen. Eine von einem Rechtsanwalt eingeholte Rechtsmeinung, auf die muss Verlass sein. Wieso beauftragen beispielsweise Unternehmen einen Anwalt? In vielen Fällen allein deshalb, um die Haftung auszulagern. Sollte also die aufgrund des anwaltlichen Rates eingeschlagene Vorgehensweise am Ende vor Gericht nicht halten, hat man eine etwaige Möglichkeit, sich am Rechtsanwalt zu regressieren. Und anders als bei Mitarbeitern eines Unternehmens, welche durch das Dienstnehmerhaftungsgesetz geschützt sind, haftet der Anwalt in vielen Fällen persönlich mit seinem eigenen Vermögen. Natürlich gibt es Haftschutzversicherungen und Haftungsausschlüsse, doch auch die Versicherung deckt nicht alles ab und zu weitreichende Disclaimer werden meist nicht akzeptiert. Das Schwierige an der Thematik ist jedoch, es gibt sie nicht immer, die „richtige" Rechtsmeinung. Nein, sehr oft sogar gibt es einfach keine Antwort auf eine konkrete Rechtsfrage. Fragen, die sich zum ersten Mal stellen, mit denen sich bisher weder die Judikatur noch Literatur befasst haben, die aber dennoch beantwortet werden müssen. Viele Gesetze sind nicht klar formuliert und lassen sich sowohl auf die eine als auch auf die andere Weise interpretieren. Wie das Gericht die konkrete Gesetzesstelle auslegen wird, steht quasi in den Sternen und wird von den jeweiligen

Richtern abhängen. Man versucht sich mit ausländischen, meist deutschen Rechtsmeinungen auszuhelfen. Weiters hilft man sich damit, aus ähnlichen Gesetzen Analogien zu ziehen. Eine wirklich eindeutige Antwort gibt es sehr oft nicht. Gerade in solchen Situationen holt man ihn, den Anwalt, der es dann wagen muss und einen in keinster Weise ausjudizierten Fall lösen und für diese Lösung die Hand ins Feuer legen muss. Sei es, dass am Ende der Richter seiner Rechtsmeinung folgt, sei es, dass das Gericht diese komplett verneint – mit möglicherweise teuren Folgen. Ähnlich die Situation bei der Erstellung von Verträgen, wo es möglichweise um Milliarden an Geldern geht und der kleinste Fehler eine immense Haftungssumme verursachen könnte. Man könnte ein kleines Detail übersehen und schon hält der Vertrag in der vorgesehenen Form nicht mehr. Zwar hat man den Vertrag unzählige Male durchgesehen und sich die verschiedensten Konstruktionen und Möglichkeiten durchgedacht, aber dennoch eine minimale Kleinigkeit auch nach zahlreichen Korrekturen zu übersehen, wäre doch nur menschlich, oder? Möglicherweise eine Klitze-Kleinigkeit, die jedoch riesengroße Folgen nach sich ziehen könnte. Verspüren Sie bereits Angst?

Ein weiterer angstauslösender Faktor, der einem im anwaltlichen Dasein begegnet, ist die **zeitliche Komponente** – die Uhr, die tickt. Sei es die Frist zur Einreichung eines Schriftsatzes, sei es das Memo, auf das der Mandant wartet – eines gilt immer – es muss schnell gehen, und zwar so schnell wie möglich, sprich am besten bis gestern.

Die Angst vor der Fristversäumnis treibt einen zu Höchstleistungen. Doch Zeit im Allgemeinen wird bei Anwälten anders empfunden. Langes Arbeiten ist mehr die Regel als die Ausnahme. Und auch das lernt man in Großkanzleien – es später einmal schätzen zu wissen, wenn ein Job einen um 19.00 Uhr heimgehen lässt. Ein (Ex-)Anwalt besitzt Ausdauer.

Umgekehrt dann wieder die Angst vor dem Leerlauf. Schon ein paar Minuten nichts zu tun, können leicht nervös machen. Denn sei es als Anwalt in einer Großkanzlei, in der man am Ende jedes Monats eine ambitionierte Anzahl an verrechenbaren Stunden auflisten muss, um seine derzeitige Position behalten zu dürfen, oder sei es als selbstständiger Rechtsanwalt mit eigener Kanzlei, wo es heißt, je mehr verrechenbare Stunden, umso mehr Geld findet sich am Ende des Monats auf dem Bankkonto. Der Grundsatz ist immer derselbe: Zeit ist Geld. Doch wie kommt man zu den verrechenbaren Stunden? – Allein durch stetige **Aufträge**. Doch die schwierigere Frage, wie kommt man zu Aufträgen? Mundpropaganda? Netzwerk? Werbung? Doch nicht jede Werbung ist dem Anwalt erlaubt. Spricht es sich tatsächlich so schnell herum, welcher Anwalt tatsächlich gut ist? Bringt ein großes Netzwerk tatsächlich so viel? Ein gut gehender Groß- bzw. Dauerkunde – doch wie lange? Fragen bzw. die Beantwortung dieser bereiten wohl nicht wenigen Anwälten – durchaus existenzielle – Ängste.

Über all dem steht natürlich stets, ein seinem **Stande getreues Ansehen** zu bewahren.[4] Spätestens (hoffentlich jedoch schon vorher) bei der Rechtsanwaltsprüfung hat sich ein Rechtsanwalt(-anwärter) mit seinem Standesrecht zu befassen und lernt über die Wichtigkeit seines Auftritts nach außen. Sowohl beruflich als auch privat kann es hier recht schnell zu Verstößen gegen die berufsrechtlichen Pflichten kommen.

Welche Worte darf man dem Gegenanwalt oder dem Richter gegenüber verwenden? Was, wenn es zu einem etwas lauteren Verfahren mit hitzigen, ja vielleicht sogar emotionalen Diskussionen kommt, und jeder Normalsterbliche jedenfalls mit leicht aggressivem Ton reagieren würde? Doch als Anwalt hat man sich zurückzuhalten, um ja einen Verstoß gegen die Ehre des Standes zu vermeiden – oder hat man das Recht, vielleicht sogar die Pflicht, sich entsprechend für den Mandanten einzusetzen? Gehört es nicht dazu, sich nicht nur rechtlich, sondern auch emotional in die Lage seines Mandanten zu versetzen? Geht damit nicht einher, wenn notwendig, auch die Stimme zu erheben und möglicherweise auch die Wortwahl zu verschärfen? Oder hat ein Anwalt daraufhin gleich mit einem Verweis aus dem Gericht oder eventuell sogar mit einer Geldbuße zu rechnen? Ist es menschlich überhaupt möglich, seinem anwaltlichen Gegenüber, der alle vorgebrachten Argumente negiert und möglicherweise selbst dabei ist, die Ehre des Standes zu verletzen, immer höflich entgegenzutreten? Gerade ein Gerichtssaal bietet ein vielfältiges Spektrum an Emotionen.

Aber nicht nur vor Mandanten und dem Gericht, nein, die Pflicht des Anwaltes, seinen Berufsstand nicht bloßzustellen, reicht bis ins Privatleben. Auch in diesem Rahmen hat sich ein Anwalt laut Standesrecht gebührlich zu verhalten und genauso wird ein Zuwiderhandeln im privaten Bereich mit Verweisen, Geldbußen bis hin zur Entziehung der Anwaltskonzession bestraft. Welche Wortwahl angemessen ist und auf welche Schimpfworte man lieber verzichtet, sollte sich ein jeder Anwalt jedenfalls gründlich überlegen. Ebenso sollte man genau bedenken, wie viele Gläschen man zu sich nimmt, bevor man auf ein Fahrrad, möglicherweise sogar in ein Auto steigt. Sollte die erlaubte Promillegrenze überschritten werden, könnte dies nicht nur teuer werden, sondern in gravierenden Fällen möglicherweise auch mit einem Lizenzverlust einhergehen. Verstöße gegen die Pflicht, das Ansehen zu bewahren, passieren schnell und somit ist auch die Furcht, die Ehre des Standes zu verletzen, nicht von der Hand zu weisen.

Ja, der Beruf eines Juristen bzw. Rechtsanwaltes ist zwar ein sehr spannender, jedoch treffen einen gleichzeitig die unterschiedlichsten Schwierigkeiten – angefangen von der Haftung, dem ständigen Zeitdruck über die stetige Pflicht, die Ehre des Standes zu bewahren, dem Verlangen nach Perfektionismus bis hin zum moralischen Konflikt im Sinne einer Gratwanderung zwischen Gut und Böse. Insbesondere die moralischen Fragen sind wohl nicht immer leicht zu lösen. Wäre es da nicht „normal", wenn ein nach außen hin so starkes Wesen wie ein Anwalt auch mal ein klein wenig Angst verspürt? Wäre diese **Angst** auch für einen Anwalt nicht bis zu einem gewissen Grad sogar **positiv**? Denn nur ein sensibler Mensch kann sich in die Situation seines Mandanten wirklich hineinversetzen und ihn nur so auch bestmöglich vertreten bzw. bestmöglich für ihn kämpfen – sei es mit etwas weniger oder auch mal etwas mehr Angst.

Stefanie Steiner hat in London, Siena, Hamburg und Graz Rechtswissenschaften studiert, wo sie nach ihrem Magisterstudium Doktorat sowie LL.M. abgeschlossen hat. Sie war als Anwältin in Wien tätig. Ihre Schwerpunkte lagen im Wirtschafts-, Gesellschafts- und Strafrecht. Seit 2019 ist sie als Senior Lawyer in der Raiffeisen Bank International im Bereich Finance tätig. Sie ist Autorin diverser fachspezifischer Artikel als auch Bücher.

Anmerkungen

1 Kirchbacher – Sadoghi in: Fuchs – Ratz, WK StPO § 245 (2020) Rz 49 mwN.
2 Mitunter wird betont, dass der Angeklagte zumindest „sittlich" die Pflicht besitzt, die Wahrheit anzugeben (Kirchbacher – Sadoghi in: Fuchs – Ratz, WK StPO § 245 Rz 49 mwN).
3 §§ 57 StPO, Grundsätze der Strafverteidigung unter https://www.rakwien.at/?seite=anwaelte&bereich=standesrecht (Jänner 2020).
4 Z. B. RL BA (Richtlinien für die Ausübung des Rechtsanwaltsberufes), https://www.rakwien.at/userfiles/file/Gesetze/rl_ba_2015_01012016.pdf (Jänner 2020).

Angst im und um den Strafvollzug

Katrin Weratschnig

Angst – ein zentrales Thema unserer Zeit. Und so wie sie wohl sämtliche Bereiche unserer Gesellschaft fest im Griff hat, kann man sie natürlich auch im und um den Strafvollzug beobachten. Dass sich die Angst immer mehr manifestiert, ist vor allem deshalb bemerkenswert, da wir – zumindest in den westlichen Nationen – wohl in vergleichsweise sicheren Zeiten leben.

Wenngleich die Angst ein wichtiges Korrektiv für unsere Handlungen ist, ist sie doch oftmals irrational. So fürchten wir nicht den Klimawandel, haben jedoch Angst, einem terroristischen Anschlag zum Opfer zu fallen. Wir fahren zwar mit überhöhter Geschwindigkeit und unaufmerksam Auto. Angst haben wir aber – polemisch gesprochen – davor, von einem Unbekannten des Nachts erschlagen zu werden. Zahlen und Statistiken sprechen gegen unsere Ängste und für die Irrationalität derselben. So vernunftwidrig unsere Ängste jedoch auch sein mögen – es gilt, sie ernst zu nehmen, sich mit ihnen auseinanderzusetzen und ihnen zu begegnen.

Die Angst vor Straftätern

Als Teilaufgabe des modernen Strafvollzuges kann es wohl angesehen werden, durch eine funktionierende Resozialisierung die Angst der Menschen vor entlassenen Straftätern oder Maßnahmenpatienten – jene Täter, die, wie es im Gesetz[1] heißt, aufgrund ihrer „geistigen oder seelischen Abartigkeit von höherem Grad unfähig waren, das Unrecht ihrer Tat einzusehen"[2] – zu reduzieren.

In § 20 Abs 1 Strafvollzugsgesetz (im Folgenden StVG) wird proklamiert, „dass der Vollzug der Freiheitsstrafen den Verurteilten zu einer rechtschaffenen und den Erfordernissen des Gemeinschaftslebens angepassten Lebenseinstellung verhelfen und sie abhalten soll, schädlichen Neigungen nachzugehen".

Eine Reihe von Programmen und Maßnahmen im Strafvollzug sind darauf ausgerichtet, die Reintegration der Insassen zu fördern und so ein funktionierendes Zusammenleben zu ermöglichen. Unterschiedliche Behandlungs- und Betreuungsangebote sind auf die diversesten Insassengruppierungen (männliche, weibliche und jugendliche Straftäter, Sexualstraftäter, Gewalttäter, suchtkranke oder radikalisierte Personen sowie die oben erwähnten im Maßnahmenvollzug Untergebrachten) abgestimmt. Es werden verschiedene Aus- und Fortbildungsmaßnahmen angeboten, Softskills sowie Krisen- und Konfliktbewältigungsstrategien vermittelt und es stehen sowohl suchtspezifische Angebote als auch Freizeitgestaltungsmöglichkeiten offen.

Um die Strafgefangenen bestmöglich auf ein Leben in Freiheit vorzubereiten, kann beispielsweise eine Entlassungsberatung durch die vom Verein Neustart organisierte *Haftentlassenenhilfe* in Anspruch genommen werden.[3] Die angebotene Unterstützung betrifft die Wohnungs- und Arbeitssuche, die Klärung von versicherungsrechtlichen Fragen, etwaige Schuldenregulierungen sowie die Erarbeitung von Lösungsstrategien zur Reduzierung der Rückfallwahrscheinlichkeit.

Im gleichen Maße ist das sogenannte Übergangsmanagement in der Entlassungsphase von geistig abnormen Rechtsbrechern entscheidend für eine funktionierende Reintegration. Im Zuge dessen wird anhand der sogenannten *Violence-Risk-Scale* bzw. der *Violence-Risk-Scale: Sexual Offender Version* eine umfassende Risikoeinschätzung vorgenommen und der Bewährungshelfer kann so den jeweiligen Insassen in Zusammenarbeit mit der Justizanstalt auf die bevorstehende Entlassung vorbereiten.[4]

Die Behandlung im Maßnahmenvollzug hat zum Ziel, die spezifische Gefährlichkeit der Untergebrachten abzubauen. Aus diesem Grund sind die sogenannten vorbeugenden Maßnahmen gemäß § 25 Abs 1 Strafgesetzbuch (im Folgenden: StGB) auf unbestimmte Zeit anzuordnen und so lange zu vollziehen, wie es ihr Zweck erfordert. Eine bedingte Entlassung kann gemäß § 47 StGB dann stattfinden, wenn anzunehmen ist, dass die Gefährlichkeit, gegen die sich die vorbeugende Maßnahme richtet, nicht mehr besteht.

Nach der Entlassung stellt sodann die forensische Nachbetreuung in sogenannten sozialtherapeutischen Wohneinrichtungen, in welchen zum Beispiel soziale und praktische Fähigkeiten, wie Körperpflege und Medikamenteneinnahme wieder oder neu erlernt werden sollen, eine wesentliche Grundlage für eine erfolgreiche Rückfallprävention dar.[5]

Nun sind zwar gemäß § 20 Abs 2 StVG „zur Erreichung der Zwecke des Strafvollzuges und zur Aufrechterhaltung der Sicherheit und Ordnung in den Anstalten die Strafgefangenen von der Außenwelt abzuschließen, sonstigen Beschränkungen ihrer Lebensführung zu unterwerfen und erzieherisch zu beeinflussen und dürfen sie" gemäß § 21 Abs 1 „mit Personen außerhalb der Anstalt nicht verkehren". Gleichzeitig ist aber gerade der Kontakt zur Außenwelt als ein wichtiges Instrument der Reintegration anerkannt. Aus diesem Grund kennt das StVG eine Reihe von Durchbrechungen dieses sogenannten Grundsatzes der Abschließung von der Außenwelt. Strafgefangene haben bei Vorliegen der entsprechenden Voraussetzungen beispielsweise ein Recht auf Briefverkehr[6], auf Empfang von Besuchen[7], auf das Führen von Telefongesprächen[8] sowie auf sogenannte „mit Freiheitsgewährung verbundene Vollzugslockerungen"[9]. Um Risiken und so die oben thematisierte Angst vor Straftätern so gering als möglich zu halten, ist vor der Gewährung der genannten Vollzugslockerungen seitens der Justizanstalt eine „Missbrauchs- bzw. Risikoprognose" zu erstellen.

Auch durch die im österreichischen Strafvollzug bestehende Möglichkeit der Anhaltung im elektronisch überwachten Hausarrest gemäß §§ 156bff StVG können soziale Beziehungen alsbald wieder aufgenommen und kann geregelten Tagesabläufen nachgegangen werden, wodurch die Resozialisierung naturgemäß gefördert wird. Die Voraussetzungen für die Gewährung einer Anhaltung im elektronisch überwachten Hausarrest sind in § 156c StVG normiert und stellen ein gutes Beispiel für das einem modernen Strafvollzug inhärente Ziel des Brückenschlags zwischen der Respektierung des Rechtes auf Freiheit eines jeden[10] und der Begegnung des Schutzbedürfnisses der Gesellschaft dar.

Damit die Anhaltung im elektronisch überwachten Hausarrest gewährt werden kann, darf die zu verbüßende Strafzeit zwölf Monate[11] nicht übersteigen, muss der Rechtsbrecher im Inland über eine geeignete Unterkunft verfügen, einer geeigneten Beschäftigung nachgehen, ein entsprechendes Einkommen beziehen, kranken- und unfallversichert sein, die schriftliche Einwilligung der mit ihm im gemeinsamen Haushalt lebenden Personen vorlegen und muss nach Prüfung des sozialen Umfeldes und allfälliger Risikofaktoren anzunehmen sein, dass diese Vollzugsform „nicht missbraucht" wird, womit auch hier eine „Risikoprognose" zu erstellen ist.

Die dargestellten Voraussetzungen zeigen, dass eine Fußfessel nicht leichtfertig gewährt wird, und spiegeln den Anspruch an ein funktionierendes Strafvollzugssystems wider, ein etwaiges Risiko, das von Straftätern ausgehen könnte, so gering als möglich zu halten. Sie demonstrieren aber gleichzeitig den Versuch, maximale Erfolge bei der Resozialisierung zu erzielen.

Die Angst der Insassen

Beim Schreiben über *Angst* und *Strafvollzug* ist jedoch nicht nur die Angst der – wie es im Fachjargon heißt – „Freiheitspersonen" vor Straftätern zu beleuchten, sondern auch die Angst der Insassen selbst. Ziel eines modernen Strafvollzuges ist es gleichermaßen, *diese* Angst – sei es während der Anhaltung selbst oder vor einer bevorstehenden Entlassung – so gut als möglich zu vermeiden.

§ 22 StVG verdeutlicht dies schön, indem proklamiert wird, dass die Strafgefangenen „mit Ruhe, Ernst und Festigkeit, gerecht sowie unter Achtung ihres Ehrgefühls und der Menschenwürde zu behandeln sind". Ein respektvoller Umgang in Justizanstalten mit Insassen erscheint nicht nur aufgrund humanistischer Erwägungen erstrebenswert. Er ist für ein funktionierendes Miteinander – für eine erfolgreiche Resozialisierung und damit auch in gewisser Weise zur Reduktion von Angst – eben jener während des Strafvollzuges als auch vor einer bevorstehenden Entlassung – unabdingbar.

Sichtbar wird dies nicht zuletzt in der jüngeren Geschichte. Zu Beginn der 1970er-Jahre engagierte sich der französische Philosoph Michel Foucault in der Group d'information sur les prisons (GIP), die über die desaströse Lage in Gefängnissen aufklärte.[12] Das Strafvollzugssystem in Frankreich war zu dieser Zeit von Gefängnisaufständen geprägt.

Besagte desaströse Vollzugsumstände gingen wohl mit einer gewissen Angst der Strafgefangenen einher, welche wiederum Gewalt, gezeigt durch eben diese Gefängnisaufstände, hervorrief. Dass derartige Entwicklungen wiederum in der Gesellschaft Angst vor Strafgefangenen auslösen, erscheint einleuchtend. Gleichwohl provoziert ein solches Verhalten auch eine strengere Führung, was die beschriebene Lage in den Gefängnissen wohl nicht gerade entschärfte. Ein Teufelskreis bestehend aus Gewalt und Angst entsteht.

Ein Blick in die etwas länger zurückliegende Geschichte offenbart weitere Zusammenhänge und zeigt den stattgefundenen Wandel im Strafvollzug: Mit Beginn der Aufklärung – dem Zeitalter der Vernunft – wurde laut Foucault jegliche Form der „Unvernunft" weggesperrt. In seinem Werk „Wahnsinn und Gesellschaft"[13] beschrieb er das 1656 in Paris erbaute Hôpital général als Beispiel für eine solche generalisierende Institution des Wegsperrens.[14]

In Österreich etablierten sich mit dem 17. Jahrhundert die sogenannten Zucht- und Arbeitshäuser, welche ebendiese Mehrfachfunktionalität aufwiesen. Die Mehrfachfunktionalität der Zuchthäuser – wie eben auch des Hôpital général – zeigte sich im pauschalen Wegsperren von Bettlern, Müßiggängern, Dirnen, ungehorsamen Dienstboten, verschwenderischen Söhnen und „strafmäßigen Eheweibern" zusammen mit Verbrechern und psychisch Kranken.[15]

Wenn noch das in England im Jahr 1555 gegründete erste Zuchthaus von der fortschrittlichen Idee getragen war, durch Arbeit zu erziehen sowie zu resozialisieren und nur sekundär zu strafen,[16] so konnte eine Resozialisierung der Insassen in den Zuchthäusern Österreichs durch diese bunte Durchmischung immer schwerer erzielt werden.

Zur Zeit der vom aufgeklärten Absolutismus geprägten Strafrechtskodifikation der „Constitutio Criminalis Theresiana", welche von 1768 bis 1787 in Geltung war, wurden dem Gedanken der Aufklärung gemäß Todesstrafe und Körperstrafen reduziert und an ihrer Stelle vermehrt Freiheitsstrafen verhängt. Die Lebensbedingungen in den Zuchthäusern wurden damit härter. Man ließ die Insassen mit der Zeit immer schwerere Arbeiten verrichten, weil befürchtet wurde, dass das Leben im Zuchthaus eher als Wohltat und nicht als Strafe empfunden wurde, zumal die meisten Insassen aus der ärmeren Bevölkerungsschicht stammten und daher harte Arbeit, schlechte Kost und ein „unbequemes Nachtlager" gewohnt waren. Die korrupten Zuchthausverwalter missbrauchten das ohnedies schon harte Strafensystem zu willkürlichen Misshandlungen und Essensentzug. Außerdem waren die Strafgefangenen teilweise in völliger Finsternis an die Wände geschmiedet. Ein strikt geregelter Tagesablauf, ein Leben ohne jegliche Privatsphäre und das Tragen von Springeisen führten zu einer beträchtlichen Anzahl von Selbstmorden und Selbstverstümmelungen.[17]

Mit der Zeit hielten sodann merkantilistische Ideen Einzug in den Strafvollzug. Man erkannte in den Insassen mehr und mehr das Potenzial billiger Arbeitskräfte.[18] Eine Entwicklung hin zu einer rigorosen Disziplinierung im Strafvollzug ist zu beobachten.

Wenn nun in den Zeiten des Absolutismus die Bestrafung noch ein aufsehenerregendes Schauspiel war, durch welches die Menschen Angst vor dem Vollzug der Strafen bekommen sollten, so trat dieses Schauspiel im Laufe des 18. Jahrhunderts zugunsten der Etablierung einer – von Foucault so genannten – *Disziplinargesellschaft* zurück.[19, 20]

In sämtlichen Institutionen – in Krankenhäusern, Kasernen sowie in Betrieben – setzten sich die von Foucault beschriebenen „Disziplinen" durch. Foucault versteht hierunter eine Methode der Unterwerfung des Individuums, eine politische Technologie, die darauf abzielt, gefügige und nützliche Körper hervorzubringen. Jede Bewegung wird kontrolliert, Fehlverhalten rigoros bestraft.[21] Foucault stellte fest, dass eine ganz wesentliche Funktion der „Disziplinargesellschaft" auf einer Macht beruht, die „vor allem aufrichtet, herrichtet und zurichtet – um dann […] umso mehr entziehen und entnehmen zu können"[22] – sprich eine Gesellschaft, die mit dem Phänomen der Angst operiert.

Einen interessanten Aspekt dieser Entwicklung stellt die Erfindung des Panopticons dar. Diese geht auf den englischen Philosophen Jeremy Bentham (1748–1832) zurück. Beim Panopticon handelt es sich um ein ringförmiges Gebäude, das in Einzelzellen unterteilt ist und dessen gesamter Innenraum von einem im Hof befindlichen Turm aus überblickbar ist. Für eine permanente Überwachung reicht ein einziger Aufseher im Turm. Der Aufseher ist von den Zellen aus nicht zu sehen. Das Panopticon wird für Foucault zum Inbegriff einer Disziplinarmacht, der nichts entgeht. Der Einzelne weiß, dass er sich – zumindest potenziell – ständig unter Beobachtung befindet. Die seitlichen Mauern des Panopticons hindern den Strafgefangenen daran, mit seinen Mitinsassen in Kontakt zu treten und schaffen so völlige Einsamkeit. Der Strafgefangene wird gesehen, sieht aber nicht selbst. Er ist stets Objekt einer Information, kann jedoch niemals Subjekt einer Kommunikation sein. Die Gefahr eines Komplotts wird hierdurch vermieden – ein kollektiver Ausbruch gleichsam unmöglich gemacht.[23]

Man möchte meinen, dass im Panopticon Gewalt vermieden wird, muss jedoch sogleich feststellen, dass die Angst der Insassen bleibt. Nur scheinbar wird der aus Angst und Gewalt bestehende Teufelskreis unterbrochen. Dies, da auf Gewalt nur auf den ersten Blick verzichtet wird. Tatsächlich kann durch die Konzeption des Panopticons körperliche Gewalt – sowohl zwischen den Insassen als auch seitens der Strafvollzugsbediensteten gegenüber Insassen – vermieden werden. Stattdessen aber wird immense psychische Gewalt ausgeübt, welche unweigerlich zu Angst führt.

Die Hauptleistung des Panopticons stellt die Schaffung einer bewussten und permanenten Sichtbarkeit der Insassen dar, welche ein automatisches Funktionieren der Macht gewährleistet. Die Überwachung scheint für die Insassen permanent zu sein, auch wenn ihre tatsächliche Durchführung lediglich sporadischer Natur ist. Da die Macht durch das System perfektioniert wurde, wird ihre faktische Ausübung überflüssig. Die Macht ist sichtbar – in Form des Turmes, den der Insasse ständig vor Augen hat – und gleichzeitig uneinsehbar, da der Insasse niemals weiß, ob er gerade tatsächlich überwacht wird. Sehen und Gesehenwerden bedingen sich im Panopticon nicht mehr gegenseitig. Im Außenring des Panopticons wird man uneingeschränkt gesehen, ohne jemals selbst zu sehen. Im Turm sieht man alles, ohne aber je gesehen zu werden.[24]

Die Ausübung von Macht, die bis zu einem bestimmten Grad

wohl mit der Ausübung einer gewissen Form von Gewalt konnotiert ist, trifft nach Foucault immer auf Widerstand.[25] Erkennbar wird wieder der Teufelskreis. Macht – respektive Gewalt – führt zu Angst, welche wiederum zu Widerstand, also Gegengewalt führt. Besagte Gegengewalt indiziert sodann – wohlgemerkt vermeintlich – ein vermehrtes Ausüben von Macht bzw. Gewalt. Eine Spirale der Gewalt entsteht. Die Angst geht mit.

„The only thing we have to fear is fear itself" (Franklin D. Roosevelt)

Foucault beschreibt in seinem Werk Überwachen und Strafen eine Welt, in der „[t]ausende von Augen, [...] überall postiert sind"[26]. Eine Beschreibung, wie sie wohl auch für unsere Zeit passt.[27]

Man betrachte die Entwicklungen in China. Man betrachte den auch in unseren Breiten zu beobachtenden Trend, seine Freiheiten aus eigenem Antrieb aufzugeben, um – vermeintlich – mehr Sicherheit zu erlangen. Daten werden herausgegeben, öffentliche Plätze und Gebäude videoüberwacht. Zu beobachten ist jedoch auch, dass, trotz des Versuches der Schaffung einer noch sichereren Umwelt, die Angst der Menschen nicht abnimmt, sondern bleibt. Im Gegenteil – es hat den Anschein, dass sie sich immer tiefer in unserer Gesellschaft manifestiert. Je mehr wir versuchen, jegliche Risiken zu vermeiden und zu kontrollieren, desto unsicherer werden wir, desto mehr haben wir das Gefühl, die Kontrolle zu verlieren und Gefahren schutzlos ausgeliefert zu sein.

Wie eingangs erwähnt, leben wir – hier in unseren Breiten – wohl in relativ sicheren Zeiten. All die Angst, die sich in uns breitgemacht hat, bietet Populisten und Demagogen den notwendigen Nährboden. Sie sind in der Lage, aus unserer Furcht das entsprechende Kapital zu schlagen, während wir uns immer mehr einschließen in unser eigenes Gefängnis der Angst – in ein für uns selbst errichtetes Panopticon.[28]

Nun wäre es wohl an der Zeit, diesen Trend zu unterbrechen und unsere hart erworbenen Freiheitsrechte wieder hochzuhalten. Mit der Akzeptanz der Tatsache, dass nicht jegliche Risiken vermieden werden können, lässt sich Freiheit gewinnen.

Es mag zynisch anmuten, gerade in Zusammenhang mit dem Strafvollzug die Freiheitsrechte zu betonen. Im gleichen Maße mag die Gestaltung der Mauer der Justizanstalt Leoben mit dem ersten Satz des Art 1 der Allgemeinen Erklärung der Menschenrechte – „Alle Menschen sind frei und gleich an Würde und Rechten geboren" – auf den ersten Blick unpassend wirken. Bei näherer Betrachtung ist sie dies aber nicht, sondern stellt eine wichtige Mahnung dar.[29]

Selbstverständlich muss – ganz im Sinne des in § 20 Abs 2 StVG normierten Grundsatzes der Abschließung – jedem Strafvollzugssystem eine gewisse Form der Unfreiheit, eine gewisse Form der Macht immanent sein. Die Frage ist aber, wie diese Macht ausgestaltet ist. Foucault kritisierte die Vorstellung von Macht als Repressionsmacht, also als simples Verhältnis von Unterdrückung.[30]

Der moderne Strafvollzug hat zum Ziel, genau dieses Verhältnis von Unterdrückung – ein System, wie es das Panopticon oder auch die Zuchthäuser schufen – zu überwinden. Durch gelungene Resozialisierung vermag man sowohl die Angst der Menschen vor (entlassenen) Strafgefangenen zu mindern, als auch den Insassen während der Anhaltung und vor der Entlassung die Angst zu nehmen.

Conclusio

Neben einer erfolgreichen Resozialisierung bedarf es aber wohl noch eines weiteren Ansatzes, um dem Fortschreiten der Angst in und um den Strafvollzug zu begegnen. So wird auch unser subjektives Angstempfinden und unser persönliches Sicherheitsbedürfnis zu beleuchten sein.

Nach Foucaults Theorie hat jede Gesellschaft *ihr* Hôpital général, nämlich eine Institution, in der jene für eine Gesellschaft unbequemen Personen weggesperrt werden.[31] Betrachtet man beispielsweise die Zahlen der im Maßnahmenvollzug angehaltenen Personen, so ist festzustellen, dass diese seit dem Jahr 1980 mehr oder weniger linear ansteigen.[32] Laut Hans Schanda, dem ehemaligen ärztlichen Leiter der Justizanstalt Göllersdorf, ist es ein Kurzschluss, „[d]ass die Gesellschaft immer verrückter oder psychisch Kranke immer gefährlicher werden […]"[33]. Vielmehr kann an diesem Beispiel ein in ganz Europa bestehendes Phänomen des Zeitgeistes beobachtet werden, welches auf einem gesteigerten Sicherheitsbedürfnis fußt.[34] Fraglich ist, wie eine Gesellschaft mit (potenziell) gefährlichen Menschen umgeht und wie viel Risiko sie bereit ist zu tragen, um ihnen gewisse Freiheiten zu ermöglichen.

Die Gesellschaft selbst bestimmt, was *anders*, was *gefährlich*, was *verrückt* ist. Sigmund Freud bemerkte treffend, dass es niemand neurotisch findet, wenn sich ein Soldat für einen mehrfarbigen Fetzen an einer Stange opfert, weil der zum Symbol des Vaterlandes geworden ist.[35]

Dass es zum Schutz der Gesellschaft bisweilen unvermeidbar ist, Menschen einzusperren, steht außer Frage. Fest steht aber auch, dass die Prioritäten der jeweiligen Bedürfnisse nicht immer weiter verschoben werden dürfen. Denn Justizanstalten sind genauso wie die Gesetzgebung ein Spiegel der Gesamtentwicklung.[36]

Katrin Weratschnig, Mag.iur., geboren in Graz, Studium der Rechtswissenschaften, arbeitet seit 2018 als Richterin in der Generaldirektion für den Strafvollzug und den Vollzug freiheitsentziehender Maßnahmen im Bundesministerium für Justiz. Unter anderem beschäftigt sie sich dort mit Berichten und Anfragen des nationalen Präventionsmechanismus, welcher aufgrund des von Österreich unterzeichneten UN-Fakultativprotokolls zur Antifolterkonvention (OPCAT) eingerichtet wurde.

Anmerkungen

1 § 21 StGB.
2 Gemäß § 21 Abs 1 StGB hat das Gericht jemanden, der eine Tat begeht, die mit einer ein Jahr übersteigenden Freiheitsstrafe bedroht ist und der nur deshalb nicht bestraft werden kann, weil er sie „unter dem Einfluss eines die Zurechnungsfähigkeit ausschließenden Zustandes begangen hat", der auf einer geistigen oder seelischen Abartigkeit von höherem Grad beruht, in eine Anstalt für geistig abnorme Rechtsbrecher einzuweisen, wenn zu befürchten ist, dass er unter dem Einfluss seiner geistigen oder seelischen Abartigkeit eine mit Strafe bedrohte Handlung mit schweren Folgen begehen werde. Nach Abs. 2 leg. cit. ist in eine Anstalt für geistig abnorme Rechtsbrecher auch einzuweisen, wer „ohne zurechnungsunfähig zu sein", unter dem Einfluss seiner geistigen oder seelischen Abartigkeit von höherem Grad eine Tat begeht, die mit einer ein Jahr übersteigenden Freiheitsstrafe bedroht ist und wenn eine oben beschriebene Befürchtung vorliegt. In einem solchen Fall ist die Unterbringung zugleich mit dem Ausspruch über die Strafe anzuordnen.
3 Erlass vom 10.12.2014 zu BMJ-VD56101/0003-VD2/2014, https://www.neustart.at/at/de/unsere_angebote/nach_haft/haft_entlassen_hilfe.php (14.1.2020).
4 Erlass vom 16.10.2019 zu BMVRDJ-GD41740/0016-II 3/2019.
5 Florian Engel – Martin Kitzberger, Forensische Nachbetreuung in Österreich: Geschichte und Praxis, in: Journal für Strafrecht 5, 2018, S. 396–403, hier: S. 397ff.
6 § 87 StVG.
7 § 93 StVG.
8 § 96a StVG.
9 §§ 99, 99a, 126 Abs 2 Z 4, 147 StVG.
10 Beispielsweise Art 5 der Europäischen Menschenrechtskonvention.
11 So die zu verbüßende Strafzeit zwölf Monate übersteigt, ist eine Anhaltung im elektronisch überwachten Hausarrest dennoch möglich, da auch eine voraussichtliche bedingte Entlassung zu berücksichti-

gen ist [Karl Drexler – Thomas Weger, Strafvollzugsgesetz, 4. Auflage, § 156c Rz 4. Wien 2018]. Wurde der Rechtsbrecher wegen eines gravierenderen Sexualstrafdeliktes verurteilt, sind strengere zeitliche Voraussetzungen zu erfüllen.
12 Philosophie Magazin, Sonderausgabe 12, Mai 2019, S. 48.
13 Michel Foucault, Wahnsinn und Gesellschaft. Eine Geschichte des Wahns im Zeitalter der Vernunft. Paris 1969.
14 Carlos Watzka, Vom Hospital zum Krankenhaus. Zum Umgang mit psychisch Kranken im frühneuzeitlichen Europa, Band I. Köln 2005, S. 77f., und Klaus Dörner, Bürger und Irre. Studien zur Sozialgeschichte der Psychiatrie. 2. Auflage Frankfurt am Main 1984, S. 20.
15 Helfried Valentinitsch, Das Grazer Zucht- und Arbeitshaus 1734–1783. Zur Geschichte des Strafvollzuges in der Steiermark, in: Kurt Ebert (Hg.), Festschrift Hermann Baltl. Zum 60. Geburtstag dargebracht von Fachkollegen und Freunden. Innsbruck 1978, S. 497, und Hannes Stekl, Österreichs Zucht- und Arbeitshäuser 1671–1920. Institutionen zwischen Fürsorge und Strafvollzug. Wien 1978, S. 66f.
16 Hinrich Rüping, Grundriss der Strafrechtsgeschichte. 2. Auflage München 1991, S. 74ff.
17 Valentinitsch, Das Grazer Zucht- und Arbeitshaus 1734–1783, S. 503ff., und Gerhard Ammerer, Zucht- und Arbeitshäuser, Freiheitsstrafen und Gefängnisdiskurs in Österreich 1750–1850, in: Gerhard Ammerer – Alfred Stefan Weiß (Hg.), Strafe, Disziplin und Besserung. Österreichs Zucht- und Arbeitshäuser von 1750–1850. Frankfurt am Main 2006, S. 34.
18 Valentinitsch, Das Grazer Zucht- und Arbeitshaus 1734–1783, S. 503.
19 Michel Foucault, Überwachen und Strafen. Die Geburt des Gefängnisses. Paris 1975, S. 9ff., S. 76.
20 Der Ausspruch des zwischen 1792 und 1835 in Österreich regierenden Kaisers Franz II./I., er brauche keine Gelehrten, sondern brave Bürger, war bezeichnend für diese Entwicklung (Hermann Baltl – Gernot Kocher, Österreichische Rechtsgeschichte. Von den Anfängen bis zur Gegenwart. 10. Auflage Graz 2004, S. 190).

21 Foucault, Überwachen und Strafen, S. 9ff., S. 175ff.
22 Foucault, Überwachen und Strafen, S. 220.
23 Foucault, Überwachen und Strafen, S. 256ff.
24 Foucault, Überwachen und Strafen, S. 256ff.
25 Vgl. Philosophie Magazin, Sonderausgabe 12, Mai 2019, S. 49.
26 Foucault, Überwachen und Strafen, S. 275.
27 Vgl. Philosophie Magazin, Sonderausgabe 12, Mai 2019, S. 49.
28 Vgl. Philosophie Magazin, Sonderausgabe 12, Mai 2019, S. 52.
29 Bemerkt sei, dass auf der Mauer der Justizanstalt Leoben auch Art 10 Abs 1 des Internationalen Paktes über bürgerliche und politische Rechte zu lesen ist, wonach jeder, dem seine Freiheit entzogen ist, menschlich und mit Achtung vor der dem Menschen innewohnenden Würde behandelt werden muss.
30 Philosophie Magazin, Sonderausgabe 12, Mai 2019, S. 53.
31 Hans Schanda – Thomas Stompe, Der österreichische Maßnahmenvollzug nach § 21 Abs 1 StGB, in: Journal für Neurologie, Neurochirurgie und Psychiatrie, 2, 2011, S. 34.
32 Sicherheitsbericht 2017. Bericht über die Tätigkeit der Strafjustiz, Bundesministerium für Verfassung, Reformen, Deregulierung und Justiz, 111.
33 Thomas Trescher, Denn sie wissen nicht was sie tun, in: Datum, 3, 2013, S. 16.
34 Trescher, Denn sie wissen nicht was sie tun, S. 16.
35 Sigmund Freud, Aus den Anfängen der Psychoanalyse. Briefe an Wilhelm Fliess, Abhandlungen u. Notizen aus den Jahren 1887–1902. London 1950, S. 429.
36 Vgl. Philosophie Magazin, Sonderausgabe 12, Mai 2019, S. 49, und Hermann Baltl – Gernot Kocher, Österreichische Rechtsgeschichte. Von den Anfängen bis zur Gegenwart. 10. Auflage Graz 2004, S. 239.

Der moderne Überwachungsstaat

Valentin Weber

Ob in einer Demokratie oder in einer Autokratie, die Furcht vor dem Staat und dem willkürlichen Ausüben der Macht ist weit verbreitet. Deshalb sind über die Jahrhunderte Mechanismen zur Bändigung des Staates entstanden – die Teilung der Gewalten in Exekutive, Legislative und Judikative. Häufig werden noch die Medien als vierte Gewalt im Staat bezeichnet, die durch investigativen Journalismus Machtmissbrauch aufzeigen. Essenziell ist natürlich auch die Verfassung, die die Grundrechte der Bürger und Bürgerinnen sichert.

Und trotz dieser Mechanismen zur Bändigung des Staates leben wir in einem Zeitalter, wo Überwachungstechnologien allgegenwärtig sind. Konfrontiert mit dieser neuen Situation stellt sich die Frage: *Wann ist Überwachung legitim? Zu welchem Grad sollte ein Staat seine Bürgerinnen und Bürger durch diese Technologien einschüchtern können?* Die Frage der Legitimität ist eine Definition des jeweiligen Staates. Österreich, Ägypten oder Russland haben verschiedene Interpretationen, einige politisch liberaler als andere.

Ob die Überwachung nun legitim ist oder nicht, es stellt sich noch eine andere wichtige Frage: *Warum haben Staaten im 21. Jahrhundert weltweit so stark mit Überwachungstechnologien aufgerüstet?* Die Antwort liegt in der Angst des Staates vor dem Bürger, der im letzten Jahrzehnt durch soziale Medien verstärkte

Mechanismen zur politischen Organisation in die Hände bekam. Aus dieser Angst vor dem Bürger ist der weltweite Handel mit Überwachungstechnologien rasant angestiegen.

Was ist legitim? Verschiedene Definitionen von legitimer Angstgenerierung

Die Bekämpfung des Terrorismus und der Kriminalität gilt in den meisten Staaten der Erde als Rechtfertigung ihrer Überwachungsmaßnahmen.

Wenn autoritäre Staaten Kriminalität oder Terrorismus bekämpfen, werden jene als legitim präsentiert. Falls der Staat nicht eingreift, gäbe es Unruhen und Chaos. Am häufigsten leiden jedoch die Opposition und politische Dissidenten unter diesen Maßnahmen. Journalisten und Oppositionelle werden in Autokratien durch Inhaftierung (Alexei Navalny) oder Mord (Anna Politkovskaya) eingeschüchtert. In Xinjiang, China, wurde eine Überwachungsstruktur ohne Vergleich geschaffen. Kameras benützen Algorithmen, die darauf ausgerichtet sind, muslimische Minderheiten zu diskriminieren. Uiguren, die diskriminierte ethnische Gruppe in Xinjiang, werden 24 Stunden lang überwacht. Vertreter der Han-Mehrheitsbevölkerung leben aufgezwungenerweise in den privaten Häusern der Uiguren, um sicherzustellen, dass die uigurische Kultur nicht gelebt wird. Mehr als eine Million Uiguren wurden in Arbeitslager verschleppt und zeitgleich werden Kinder der Hirnwäsche unterzogen. Ein konstantes Gefühl der Angst begleitet den Alltag der Bewohner der Region.

Auch in demokratischen Staaten wurde in den letzten Jahrzehnten ein umfassender Überwachungsapparat geschaffen. Das Motto ist und bleibt: Terrorismus muss mit allen Kräften bekämpft werden. Allen voran die USA, die sich gerne als Leuchtturm der Freiheit darstellen, stehen seit den Snowden-Enthüllungen im Zwielicht. Die Enthüllungen haben aufgezeigt, wie sehr die USA nach den Terroranschlägen vom 11. September 2001 das Recht ihrer Bürger auf Privatsphäre durch Überwachung ausgehöhlt haben. Jene Aktivitäten, die vom amerikanischen Staat als legitim präsentiert wurden, wurden von vielen anderen als illegitim angesehen, als jene an den Tag kamen. Einige Überwachungsmaßnahmen wurden auf Druck der Öffentlichkeit zurückgenommen, so zum Beispiel der direkte Zugriff der Behörden auf Telefonkommunikationsdaten ihrer Bürger.

In Österreich ist die Situation auch besorgniserregend. Die österreichische Polizei ist dabei, Gesichtserkennungssoftware zu verwenden, um die Kriminalitätsrate zu drücken, obwohl noch kein Gesetzesrahmen vorhanden ist, der diese Technologie regulieren würde. Weiters waren österreichische Regierungen sukzessive darauf erpicht, einen Staatstrojaner zu kreieren. Durch eine Hintertür in der Software sollte es möglich werden, Nachrichten von Chat-Apps, wie WhatsApp oder Signal Messenger, auszuspionieren. Durch diese Hintertür wird jedoch auch Kriminellen das Ausspionieren von Nachrichten erleichtert. Die Regierungen erhofften sich nicht nur Zugriff auf Chatnachrichten, sondern auch Angst zu verbreiten, um potenziellen Kriminellen das Bild zu vermitteln, dass es keine Bereiche gibt, die nicht überwacht werden. Das besorgniserregende ist jedoch, dass jenes Bild auch der normalen Bürgerin vermittelt wird. Studien haben gezeigt, dass sich nach den Snowden-Enthüllungen Menschen in Demokratien verstärkt selbst zensieren. Die normale Bürgerin will nicht auffallen und sucht nicht nach Terminologien, die kriminell erscheinen könnten.

Während in Autokratien die Interpretation, was legitim ist oder nicht, alleinig in der staatlichen Exekutive liegt, ist in Demokratien, neben der Legislative, auch die Judikative zentraler Bestandteil jener Interpretation.

In demokratischen Staaten werden Menschenrechte von unabhängigen Gerichten aufrechterhalten. So hat zum Beispiel der Verfassungsgerichtshof Teile des türkis-blauen Überwachungspaketes gekippt, andere Maßnahmen jedoch als legitim anerkannt. Unter die gekippten Bereiche gehört auch der Staatstrojaner. Obwohl diese neue österreichische Überwachungsinfrastruktur durch ein Gericht verhindert wurde, ist eine breite Spionageinfrastruktur schon vorhanden. Boxen zur Überwachung von Internetdatenverkehr, Tausende Kameras, „IMSI catchers" (benützt zur Identifizierung von Telefonen in der Umgebung) werden schon ausgiebig vom Staat genützt, um Überwachung auszuüben. In den USA wurden „smart speakers" schon in Gerichten zur Beweisauslegung verwendet. Alles, was digital gespeichert wird, kann gegen jemanden verwendet werden.

Wenn Angst zur Normalität wird, wird die Frage der Legitimität nicht mehr gestellt ...

Oft jedoch produzieren die Taktiken des Angstausübens ein Paradoxon. Mit der Zeit wird Angst zur Normalität. Angst ist nämlich nur ein Übergangsprodukt des Überwachungsstaates.

Die Frage der Legitimität wird nach einiger Zeit nicht mehr gestellt. Die Situation des Überwachungsstaates wird zur Normalität. Am ersten Tag ist eine Überwachungskamera noch furchteinflößend. Zunehmend jedoch wird sie zur Normalität, Teil des Alltags. Neue Normen werden geschaffen. Und einmal geschaffen, sind jene Normen sehr schwer reversibel. Diese Situation erinnert an Huxleys Buch „Schöne Neue Welt". Menschen fokussieren sich auf Einkäufe, Konsum und Arbeit und vergessen auf den nun normalen Überwachungsstaat. Sie verspüren keine Angst mehr. Sie haben sich mit der schönen neuen Welt abgefunden.

Die Überwachungsmaßnahmen werden rationalisiert und als nötig anerkannt – sie sind zum Beispiel gut zur Senkung von Kriminalitätsraten. Dies wird exzellent in Zamyatins „Wir" thematisiert. Überwachung macht Sinn. Totale Überwachung macht totalen Sinn. Eine alternative Welt ist nicht möglich. Sie wäre wild, ungebändigt, irrational, sie würde Gewalt hervorrufen. Deshalb muss Freiheit unterbunden werden. Freiheit ist abnormal. Algorithmen bestimmen, welche Bewegungen als normal eingestuft werden. Wer am Bahnhof herumlungert und von Kameras erfasst wird, wird als abnormal gekennzeichnet, als ein Fehler im System, der aufgezeigt werden muss. Wenn die Angst vor dem Überwachungsstaat gewichen ist und der Konformismus sie ersetzt, hat der Staat sein Ziel erreicht. In den Gedanken der Bürger ist er unfehlbar und gutmütig. Der gute Bürger hat nichts zu verstecken und fürchtet sich nicht.

… das heißt jedoch nicht, dass als legitim angesehene Überwachung immer legitim ist

Wenn die Mehrheit der Bevölkerung keine Angst mehr vor den Maßnahmen hat und jene ohne Widerspruch annimmt, heißt das, dass die Frage der Legitimität verschwindet? Nein. Nur weil Maßnahmen nicht hinterfragt werden, sind sie nicht legitim. Erstens, Maßnahmen können übertrieben sein. Nachdem das Ausmaß der Snowden-Enthüllungen bekannt wurde, wurden einige Überwachungsmaßnahmen in den USA zurückgenommen. Der USA Freedom Act verbot es der NSA (US-Nachrichtengeheimdienst), Telefongespräche direkt zu speichern, sie muss von nun an Internetanbieter anfragen, um zu diesen zu kommen. Zweitens, Überwachungsmaßnahmen können von Machtmissbrauch gekennzeichnet sein. In Moskau zum Beispiel ist der Zugang zum Gesichtserkennungssystems der Moskauer Überwachungskameras von Korruption geprägt. Am schwarzen Markt kann man Zugang zum System erkaufen und die Daten geraten somit vom Staat in private Hände. Drittens, während des Überwachungsprozesses können immer wieder Fehler unterlaufen. Gesichtserkennungssoftwares sind nicht zu 100 Prozent akkurat und sie sind berüchtigt schlecht beim Identifizieren von Frauen und nicht weißen Ethnien. Kurzgefasst, nur weil Maßnahmen in der Bevölkerung als legitim angesehen werden, heißt das nicht, dass sie legitim sind.

Aber nun genug über die Rolle des Staates in der Angstgenerierung. Der Staat fürchtet die Bürger genauso.

Die Angst des Staates vor dem Bürger ...

2011 wurde den Staaten das erste Mal klar, dass moderne Technologien nicht nur zur Überwachung dienten, sondern auch der Revolution. Proteste in Ägypten, Tunesien und anderen arabischen Staaten wurden mithilfe von sozialen Medien organisiert und brachten Hunderttausende auf die Straßen. In Ägypten wurde die Regierung gestürzt und in Tunesien der Weg in die Demokratie eingeschlagen. Diesen „Aufständen" und „Revolutionen" musste „Einhalt" geboten werden, am besten mit dem Aufrüsten von Überwachungstechnologien.

... hat den globalen Handel mit Überwachungstechnologien zur Konsequenz

Seit dem Arabischen Frühling im Jahre 2011 ist die Nachfrage nach modernsten Technologien stark gestiegen. Angst wird nun im großen Maße ex- und importiert.

China und Russland exportieren ihre Überwachungstechnologien und Techniken in über 100 Staaten weltweit. In beiden Ländern ist ein sicherheits-industrieller Komplex geschaffen worden, der aus Firmen besteht, die Überwachungstechnologien zur Verfügung stellen und aus Politikern, die solche Industrien in ihren

Regionen beherbergen. Diese Industrie will natürlich nicht auf eine nationale Ebene reduziert werden. Viel eher will sie exportieren und neue Absatzmärkte finden. Huawei und ZTE sind unter den größten Exporteuren. Beide exportieren sogenannte „safe cities", die mehr Sicherheit durch moderne Technologien erlauben. Kameras mit Gesichtserkennungssoftware sollen die Kriminalitätsrate senken. Dieselbe Technologie kann jedoch genauso zur Erstickung von Protesten verwendet werden. Unabhängig davon, wie die Überwachungstechnologie verwendet wird, verbreitet sie Angst. In weniger demokratischen Staaten könnten Bürger abgeschreckt werden, an Demonstrationen teilzunehmen, wenn sie wissen, dass ihre Identität sofort festgestellt werden kann.

Der Export von solcher Technologie und solchen Techniken wird aktiv von China angespornt. Chinas Ministerium für öffentliche Sicherheit (das Äquivalent zu Chinas Polizei) hat Firmen vorgegeben, Überwachungstechniken in bestimmte Staaten der Seidenstraße, wie zum Beispiel Kasachstan, Kirgistan, Indonesien und Thailand, zu exportieren. Was ist die Idee hinter den Exporten? Es geht darum, der Seidenstraße eine Sicherheitsschicht überzustülpen. Die Seidenstraße sollte nicht nur dem Handel dienen. Die Kooperation zwischen Staaten sollte auch in den Sicherheitsbereich übertragen werden. Es sollte eine Gemeinschaft von Staaten entstehen, die sich gegenseitig unterstützen und fragliche Überwachungspraktiken legitimieren.

Westliche Staaten beherbergen ebenso Sicherheitsfirmen, die Spionagesoftware und Hardware exportieren. Man denke an das italienische Hacking Team, die kanadische Firma Netsweeper und die englisch-deutsche Gamma Group. Natürlich kann der Export von Spionagetechnologien legitim und legal sein. Es wird jedoch behauptet, dass diese Firmen in zwielichtige Verkäufe involviert sind. So wurden mexikanische Journalisten mit Spionagesoftware der israelischen Firma NSO Group ins Visier genommen.

Fazit

In Österreich wähnen wir uns der Demokratie zu sicher. Jedoch, wie die Geschichte schon oft gezeigt hat, kann eine neue Regierung mit autokratischen Zügen auch einmal herbeigewählt werden. Jene selbe Infrastruktur, die vorher zur legitimen Bekämpfung der Kriminalität verwendet wurde, könnte nun systematisch zum Machtmissbrauch genützt werden. Und der Regierung stünden Werkzeuge zur Verfügung, von der die Staatssicherheitspolizei der ehemaligen Deutschen Demokratischen Republik (DDR) nur träumen konnte.

Deswegen ist es wichtig, Rahmen zu setzen, welche verhindern, dass Technologie missbraucht wird.

Für einige Technologien, wie Gesichtserkennungssoftware, wurden noch keine ausreichenden gesetzlichen Rahmen gesetzt und es ist noch zu früh, um sie anzuwenden.

Andere Technologien, die schon im großen Stil verwendet werden, sollten so weit wie möglich transparent gehalten werden. Die Überwachung sollte von Gerichten streng kontrolliert werden. Falls es Fehler im System gibt, sollte es für Bürger Anfechtungsmöglichkeiten vor Gericht geben. All jene Maßnahmen zur Unterbindung der Willkür des Staates sollten die Ängste der Bürgerinnen eindämmen. Vielmals ist es nämlich die Angst vor Machtmissbrauch und der Willkür, die Angst hervorruft. Durch verstärkte „checks and balances" könnte das weiter eingedämmt werden.

Valentin Weber ist Doktorand in Cyber Security an der Oxford University. Im Frühjahr 2019 war er Senior Information Controls Fellow am Berkman Klein Center for Internet & Society, Harvard University. Seine Schreiben wurde in mehreren internationalen Think Tanks sowie in einem Weißbuch des US-Verteidigungsministeriums veröffentlicht.

Der Weltuntergang findet in Deutschland statt. Die geheimnisvolle Angst – eine deutsche Gefühlslage.

Hans Winkler

Die „german Angst" ist in der englischsprachigen Welt ein fester Begriff. Auch in Frankreich gehört „Angst" als etwas spezifisch Deutsches zum politisch-psychologischen Wortschatz. Nicht, dass es in den beiden Sprachen kein Wort für Angst gäbe (fear, anxiety, anguish bzw. peur, angoisse, anxiété), aber für die deutsche Angst fehlt beiden Sprachgemeinschaften der Begriff, sie können sie nur in der Originalsprache ausdrücken.

Angst ist gemeinhin eine Kategorie aus dem Seelischen, dem Fach der Psychologie oder Psychiatrie zugehörig. Die deutsche Angst hingegen ist nicht etwas Persönliches, es ist nicht die, die jemanden vor einer Bedrohung, einer Gefahr oder dem Tod befallen mag. Die german Angst, das sind kollektive gesellschaftliche und politische Verhaltensweisen, die es so eben nur in Deutschland gibt. Es sind gemeinsame Stimmungen, die aus angeblichen oder wirklichen Gefahren entstehen und sich dann zu politischen Zuständen verfestigen und zu irrationalen Entscheidungen führen.

Der amerikanische deutschstämmige Schriftsteller Thomas Wolfe besuchte 1936 zum wiederholten Mal Deutschland, woraus in seinem posthum 1940 veröffentlichten Roman „Es führt kein Weg zurück" das Schlusskapitel gestaltet ist. Der Erzähler des Romans, George Webber, zeigt sich ganz überrascht und betroffen davon, wie viele Menschen ihn um die Jubelveranstaltung der Olympischen Sommerspiele in Berlin herum ins Vertrauen ziehen und ihm ihre Gestimmtheiten wiedergeben: „Ihm wurde klar, dass diese ganze Nation von der Seuche einer ständigen Furcht infiziert war: gleichsam von einer schleichenden Paralyse, die alle menschlichen Beziehungen verzerrte und zugrunde richtete. Der Druck eines ununterbrochenen schändlichen Zwanges hatte dieses ganze Volk in angstvoll-bösartiger Heimlichtuerei verstummen lassen, bis es durch Selbstvergiftung in eine seelische Fäulnis übergegangen war, von der es nicht zu heilen und nicht zu befreien war."

Solche Sätze kommen nicht etwa aus der Feder eines, der den Deutschen übel gesinnt gewesen wäre. Im Gegenteil: Wolfe war der Heimat seiner Vorfahren sehr verbunden und wurde dort auch sehr geschätzt. Sein Roman „Schau heimwärts, Engel" wurde in Deutschland zu einem Riesenerfolg und stand auch in Bücherkästen kleinbürgerlicher Haushalte.

Der Italiener Curzio Malaparte entwirft in seinem 1944 erschienenen Roman „Kaputt" ebenfalls ein Bild von angstvollen Deutschen, aber jetzt von Soldaten, und zwar vor dem Hintergrund einer Kriegserfahrung, die im Osten den geplanten „Blitzkrieg" scheitern gesehen hatte: „Ich beobachtete, wie in der Tiefe der erloschenen Augen der deutschen Offiziere und Soldaten der weiße Fleck der Angst geboren wurde, ich sah, wie er nach und nach wuchs und sich ausbreitete. [...] Wenn der Deutsche beginnt, Angst zu haben, wenn sich ihm die geheimnisvolle deutsche Angst ins Gebein schleicht, dann erst erregt er Schrecken und Mitgefühl. [...] Und gerade dann wird der Deutsche gefährlich."

Die von Wolfe und Malaparte beschriebene latente Angst der Deutschen sucht sich immer neu ihre Gegenstände. Seit ein paar Jahrzehnten wird die öffentliche Debatte von Angstwellen ergriffen, die man so aus anderen westlichen Ländern nicht kennt. Als die Sowjetunion Ende der Siebzigerjahre atomare Mittelstreckenraketen vom Typ SS-20 in ihren osteuropäischen Satellitenstaaten stationierte, reagierten die USA darauf mit der Aufstellung von Pershing II-Raketen und Tomahawk-Marschflugkörpern mit Atomsprengköpfen in Europa, auch in Deutschland. Während das in den übrigen Stationierungsländern als eine notwendige strategische Entscheidung für die eigene Sicherheit gelassen hingenommen wurde, entstand in Deutschland geradezu eine Hysterie.

Monatelang wurde dagegen demonstriert. Manche sahen wegen der „Nachrüstung" gar schon den Atomkrieg ausbrechen, den sie in Wirklichkeit zu verhindern half. Das ging so weit, dass manche Lehrer so wie heute zu Freitagsdemonstrationen mit ihren Klassen auf antiamerikanische Demonstrationen gingen, auf denen sie skandierten: „Der Atomtod bedroht uns alle – keine Atomraketen in Deutschland." Das apokalyptische Jugendbuch „Die letzten Kinder von Schewenborn" über die Überlebenden eines Atomschlags avancierte zum Bestseller.

Die irregeleitete Überlegung, mit Appeasement gegenüber dem Sowjetimperium könne man einen – faktisch angesichts des Gleichgewichtes durch gegenseitige Vernichtungsmöglichkeit gar nicht drohenden – Atomkrieg vermeiden, prägte mehrere Alterskohorten junger Westdeutscher. Wer zwischen 1955 und 1975 geboren wurde, ist in der einen oder anderen Form durch diese öffentlich zelebrierten Ängste geprägt. „Fast jede Woche ein Bericht über den sterbenden Wald, jede Woche derselbe Frust, jede Woche die wahnsinnige Angst", klagte ein „Stern"-Leser 1985. „Lohnt es sich da noch, Kinder in die Welt zu setzen?"

In einer solchen Gemütslage kann selbst eine an sich völlig unverdächtige Volkszählung zum Gegenstand des Misstrauens werden. Während der 1980er-Jahre machten Aktivisten gegen einen angeblich nach Allwissenheit und Allmacht strebenden Staat mobil. 1987 kam es schließlich zu verbreiteten Boykotten der nun stark reduzierten Haushaltsumfrage. Seltsamerweise haben viele Deutsche, die seinerzeit protestierten, keine Probleme damit, für Rabattkarten oder bei sozialen Medien weitaus mehr und wesentlich brisantere persönliche Daten preiszugeben.

Ein paar Wochen nach der Katastrophe in den Atomkraftwerken von Fukushima in Japan beschloss die deutsche Regierung das Aus für acht Kernkraftwerke und einen stufenweisen Ausstieg aus der Atomwirtschaft bis 2022. Ein paar Monate davor hatte sich dieselbe Regierung unter derselben Angela Merkel noch für eine Verlängerung der Laufzeit entschieden, weil sie von der hohen Qualität der deutschen AKW überzeugt war. Man muss sich das vergegenwärtigen: In einem Land bricht eine Naturkatastrophe aus und zerstört verantwortungslos geführte AKW und in 7000 Kilometern Entfernung werden daraufhin die besten AKW der Welt, in denen noch nie ein Unglück passiert ist, zugesperrt.

Das, was nun als „Energiewende" bezeichnet wird, hat einen ganzen Industriezweig in Deutschland zerstört, denn wer wird in einem Land ein AKW oder Ausrüstungen dafür kaufen, das selbst kein AKW betreibt? Die „alternativen" Technologien Windkraft und Solarstrom laden der deutschen Wirtschaft und den Konsumenten mit die höchsten Stromkosten in Europa auf. Gar nicht nebenbei schadet die Energiewende den osteuropäischen Nachbarn Deutschlands massiv, denn sie führt zu einer Dauerüberlastung der transnationalen Netze.

Von „Politik im Gegensatz zu den eigenen Interessen" spricht die große amerikanische Historikerin Barbara Tuchman in ihrem berühmten Buch „The march of folly – Die Torheit der Regierenden". Vom Trojanischen Pferd über die Renaissance-Päpste, den Verlust der englischen Kolonien in Amerika bis zum Vietnamkrieg wird das abgehandelt. Lebte Tuchman noch, würde sie in der heutigen Politik Deutschlands ein weiteres Beispiel für ihre These finden. Die masochistische Selbstschädigung ist eine Folge der deutschen Angst.

Google Street View etwa musste in Deutschland als einzigem Land eingestellt werden. Während in Deutschland um die Jahrtausendwende der Rinderwahn monatelang zum Dauerthema aufstieg, blieb in Großbritannien Panik aus – trotz eines Vielfachen an erkrankten Tieren und einer Reihe toter Menschen.

Neuerdings wurde wieder ein Feind der Menschheit ausgemacht: Glyphosat. Nirgend anderswo als in Deutschland wäre es möglich, dass die Verlängerung der Zulassung eines Pflanzenschutzmittels, das seit Jahrzehnten eingesetzt wird, eine solche Aufregung bewirkt.

Beim Klimawandel geht es für die Deutschen um nicht weniger, als die Welt vor dem Untergang zu retten, wenn nötig im Alleingang. Er wird mit apokalyptischen Szenarien verbunden. Nur kann Deutschland, auch wenn es sich selbst die höchsten Einsparungsziele setzt, nichts daran ändern, dass die großen Belastungen für das Klima in China und Indien entstehen. Von „hysterischen Erscheinungen" spricht der Publizist Ulrich Greiner.

1946 schrieb der jüdische, zum Katholizismus konvertierte österreichische Schriftsteller Franz Werfel seinen utopischen Roman „Stern der Ungeborenen". Er spielt in einer fernen Zukunft, in der nur noch das Judentum und der Katholizismus als Religionen auf der Welt übrig geblieben sind. Darin findet sich eine sarkastische Beschreibung des deutschen Charakters, die auf frappante Weise den heutigen Geisteszustand des Landes geahnt hat: „Zwischen Weltkrieg Zwei und Drei drängten sich die Deutschen an die Spitze der Humanität und Allgüte. Der Gebrauch des Wortes ‚Humanitätsduselei' kostete achtundvierzig Stunden Arrest oder eine entsprechend hohe Geldsumme. Die meisten der Deutschen nahmen auch, was sie unter Humanität und Güte verstanden, äußerst ernst. Sie hatten doch seit Jahrhunderten danach gelechzt, beliebt zu sein. Humanität und Güte erschien ihnen jetzt der beste Weg zu diesem Ziel. Sie fanden ihn sogar weit bequemer als Heroismus und Rassenlehre. Sie waren die Erfinder der undankbaren Ethik der selbstlosen Zudringlichkeit. Zur Erholung hielten die Gebildeten unter den Heinzelmännchen philosophische Vorträge an Volkshochschulen, in protestantischen Kirchen und sogar in Reformsynagogen, wobei ihr eintöniges Thema stets der brüderlichen Pflicht des Menschen gewidmet war. Ohne *Pflicht* ging's nicht, wie ja die deutsche Grundauffassung vom Leben in der Anbetung des Unangenehmen bestand. Sie waren, mit einem Wort, echte Schafe im Schafspelz. Da sie aber selbst *dies* krampfhaft waren, glaubte es ihnen niemand, und man hielt sie für Wölfe."

Es fällt nicht schwer, in solchen Sätzen eine hellsichtige Vorwegnahme der deutschen Willkommenskultur zu sehen, und es mutet dann gar nicht so paradox an, dass die Angst der Deutschen und deren Kompensation durch betonte Tugendhaftigkeit ihren Nachbarn unheimlich ist.

Hans Winkler, Dr., geboren 1942 in Veitsch/Stmk., Studium Rechtswissenschaft Universität Graz; Laufbahn: Generalsekretär der Katholischen Aktion/Kärnten, Redakteur Kleine Zeitung/Graz, Ressortleiter Außenpolitik; Leiter der Wiener Redaktion der Kleinen Zeitung. Seit der Pensionierung Kolumnist bei der Tageszeitung Die Presse; Gastautor in verschiedenen Medien; Mitglied des Expertenrats für Integration beim Bundesministerium für Europa, Integration und Äußeres.

Und dann das Sterben ...

Günter Virt und Gerhard Jandl

Angst bezeichnet eine Erfahrung, die jeder Mensch gemacht hat, macht und machen wird. Wir machen diese Erfahrung, wenn es eng wird. Angst kommt von „Enge". Angst hat viele Formen: die Angst verletzt zu werden, die Angst allein gelassen zu werden, die Angst um uns selbst, die Angst nicht zu genügen und sich zu blamieren usw. Wovor haben wir Angst? Vor der Zukunft? Vor der Gesellschaft? Konservativ religiöse Menschen vor Gott? Angst hat immer mit der individuellen und höchst persönlichen Lebensgeschichte zu tun.

Versteckt sich hinter den verschiedenen Formen der Angst und ihrer Schichtungen nicht oft im Tiefsten die Angst vor Sterben und Tod? In Sterben und Tod wird es endgültig eng und ausweglos. Da stellt sich oft die Angst vor ausweglosen Schmerzen ein, die Angst vor sozialem Leid (alleingelassen zu werden, aber auch anderen zur Last zu fallen), die letztgültige Angst vor dem Untergang des eigenen Ich und dem Verenden des eigenen Selbst in einem bedeutungslosen und jede Bedeutung zerstörenden Nichts. Was hat das alles für einen Sinn und Sinn gehabt?

Angesichts der hier nur eben angedeuteten Fragen, denen sich keiner auf Dauer entziehen kann, geht es nicht nur um die persönliche Stellungnahme im Umgehen mit der eigenen Angst (wie lassen sich Angsterfahrungen verwandeln und pathologische Ängste therapieren?), sondern auch um Richtungsentscheidungen in der Gesellschaft.

Dieser Essay beschränkt sich in einer doppelten Weise in dem unübersehbaren und in seiner Unübersehbarkeit eben angedeuteten Thema „Angst". Es geht im Folgenden erstens um die allen Ängsten zugrunde liegende Angst vor dem Sterben und dem Tod allgemein; und es geht zweitens um die gesellschaftliche Richtungsentscheidung in diesem Bereich im Europarat.

Angst vor Sterben und Tod

Zunächst einmal gilt es, Sterben und Tod zu unterscheiden. Sterben gehört zum Leben. Im Tod hingegen ist uns das irdische Leben endgültig entzogen. Wir können zum Tod nur vorher im Leben Stellung nehmen, nicht mehr im Tod, denn dann sind wir tot. Das Sterben hingegen ist die letzte Phase in unserem Lebenszyklus. Wie jede Phase im Menschenleben stellt uns auch diese letzte Phase vor spezifische „Lebensaufgaben". Die Leser dieses Essays haben die spezifischen Lebensaufgaben des Säuglingsalters, des Kleinkindalters, des Spielalters, des Schulalters, der Adoleszenz, des Erwachsenenalters und viele auch schon des reifen Erwachsenenalters hoffentlich einigermaßen gut bewältigt. Von der Bewältigung dieser Lebensaufgaben, wie sie Erik Erikson klassisch beschrieben hat in seinem Buch „Identität und Lebenszyklus" (Suhrkamp Frankfurt 1966), hängt das Glücken unseres Lebens ab. Die letzte Lebensaufgabe liegt noch vor einem jeden von uns – das Sterben. Unser Sterben gehört zum Leben und die Bewältigung dieser Aufgabe wird unsere letzte sein. Es ist verständlich, dass wir Menschen Angst davor bekommen: Angst vor dem, was uns da widerfahren wird an Leid, und Angst davor, diese letzte Lebensaufgabe menschlich bestehen und bewältigen zu können.

Worin besteht diese unsere letzte Aufgabe grundlegend? Jede Lebensphase hat ihre besonderen Aufgaben. Wie bei jeder Lebensaufgabe bedürfen wir der Hilfe anderer Menschen und der Gesellschaft. Unweigerlich geht es beim Sterben um das Loslassen des Lebens, das nun gleichsam als Ganzes und nicht nur in Teilstücken hinter uns liegen wird mit seinen Höhen und Tiefen. Es gilt, alles loszulassen, und das kann unsäglich schwer sein. Unübersehbar viele Aspekte gälte es zu berücksichtigen, die uns das Loslassen so schwer machen. Wirklich loslassen aber können wir nur, was wir angenommen haben, sonst wird es uns schmerzlich entrissen – gleichsam ohne uns. Hier liegt vermutlich einer der Gründe, warum viele Menschen so schwer sterben können. Loslassen können stellt uns unausweichlich auch vor die Frage, was wir noch hoffen können – so unterschiedlich die Hoffnungen in unserer pluralen Gesellschaft auch sind. Damit sind auch wesentliche Gesichtspunkte einer wirklichen Hilfe für Sterbende genannt, die diesen Namen auch verdient:

– Helfen, das zurückliegende Leben als Ganzes anzunehmen.
– Helfen, das angenommene Leben nun loszulassen.
– Helfen, sich auf die Hoffnung zu besinnen, die das Leben bisher getragen hat und ohne die wir gar nicht bis hierher gekommen wären.
– Helfen durch ausreichend Zeit für den Sterbenden, erfüllt von Gesprächsbereitschaft und spürbarer Nähe.
– Diese Hilfe erfordert grundlegend die Linderung der physischen Schmerzen, sodass diese letzte Lebensaufgabe auch menschlich wahrgenommen werden kann.

Die Weltgesundheitsorganisation WHO beschreibt palliative Pflege daher als Linderung physischer, psychischer, sozialer und spiritueller Leiden. Wie es gelingen kann, den sterbenden Menschen in dieser seiner letzten Lebensaufgabe zu würdigen und ihm zu helfen, hat Kardinal Franz König in ein ebenso einfaches wie humanes Wort gefasst: „Menschen sollen *an* der Hand eines anderen Menschen sterben und nicht *durch* die Hand eines anderen Menschen."

Jeder Mensch stirbt auf eine gewisse Weise unvollendet. Ingeborg Bachmann sagt einmal, „in allem ist etwas zu wenig". Wie reagieren wir darauf? Unweigerlich wird im Tod dann alles endgültig, da gibt es keine Korrektur mehr. Vorerfahrungen, in denen der Tod seine Vorboten im Leben gleichsam vorausschickt, gibt es viele. Die intensivste besteht zweifellos im Tod geliebter Menschen. Da stirbt ein Stück von uns, da geht ein Stück Welt unter. Trauerarbeit ist angesagt. Auch bei jeder wichtigen Entscheidung muss gleichsam eine Lebensmöglichkeit sterben als Voraussetzung dafür, dass wir uns ganz in die gewählten Lebensmöglichkeiten hineinleben und investieren. Nur so kann das Leben glücken. Vielleicht haben viele Menschen deswegen Angst vor Entscheidungen.

Wir entwickeln im Laufe des Lebens Strategien, mit solchen Krisensituationen umzugehen. Die Neuorientierung der Persönlichkeit und einer neuen Stabilisierung angesichts des Verlustes wird heute unter dem Stichwort „Resilienz" diskutiert. Diese wurde auch mit dem Bild einer Hängebrücke beschrieben, deren Erfolg darin besteht, dass sie zwar schwankt und sich elastisch anpasst, aber standhält. Resilienz besteht darin, mit Belastungen, Störungen, Druck usw. auf gedeihliche Weise umzugehen, die die Person nicht reduziert. Was kann dies alles angesichts der Endgültigkeit des Todes noch bedeuten? In allen Krisensituationen verschiedenster Art bedarf es einer grundlegenden Hoffnung.

Welche Hoffnung trägt angesichts des Todes? Hier gibt es kein Wissen, keine Empirie und auch keine Beweise in der Forschung. Der religiöse Mensch und der Atheist müssen gleichermaßen glauben. Auch der Atheist muss seinen Atheismus glauben – beweisen kann er ihn nicht. Wessen Hoffnungskraft ist besser durch Lebenserfahrungen gedeckt? Die Probe aufs Exempel liegt vor einem jeden von uns. In welcher Gemeinschaft ist unsere Identität gewachsen, in welche Gemeinschaft ist sie eingebettet? In welcher Kultur sind wir daheim? Autonome Selbstbestimmung vollzieht sich ja nie im luftleeren Raum, sondern immer in hoffentlich freier Selbstbestimmung zu den umgebenden Verhältnissen. In welcher Gesellschaft leben wir? Wo werden die Weichen langfristig gestellt? Die meisten Leser dieses Essays sind vermutlich Europäer. Und hier kommt nun der Europarat ins Spiel.

Der Europarat als Schutzapparat für Menschenrechte

Gegründet wurde der Europarat 1949, bloß vier Jahre nach dem Zweiten Weltkrieg, „um einen engeren Zusammenschluss unter seinen Mitgliedern zu verwirklichen, um die Ideale und Grundsätze, die ihr gemeinsames Erbe sind, zu schützen und zu fördern und um ihren wirtschaftlichen und sozialen Fortschritt zu begünstigen", wie es in Artikel 1 der Europarats-Satzung heißt. Die Idee war, alte Feindschaften zu begraben und neue schon von vornherein zu verhindern. Bis zum Fall des Eisernen Vorhangs umfasste der Europarat die demokratisch verfassten Staaten des freien Europas, heute (fast) alle Länder des Kontinents inklusive Russland, Türkei und die kaukasischen Staaten.

Die allgemeine politische Einigung Europas, Hauptziel des Europarats bei dessen Gründung 1949, wird mittlerweile in erster Linie im Rahmen der EU betrieben. Aufgrund dieses Umstandes sowie des Beitritts der osteuropäischen Staaten konzentriert sich der Europarat nunmehr auf drei Bereiche, die sozusagen sein „Kerngeschäft", seine „Wertetrias" bilden: Menschenrechte, Demokratie, Rechtsstaatlichkeit.

Das bekannteste „Wahrzeichen des Europarats" (K. Brummer) ist die Europäische Menschenrechtskonvention (EMRK) samt dem Europäischen Menschenrechtsgerichtshof (EGMR), an den sich jedermann im Falle von Grundrechtsverletzungen wenden kann und dessen Urteile verpflichtend sind. Das leitende und entscheidungsbefugte Organ des Europarats ist das Ministerkomitee, bestehend aus den Außenministern der Mitgliedsländer bzw. den Ständigen Vertretern (Botschaftern). Vom EGMR und dem Ministerkomitee wird noch die Rede sein. Die beratende Parlamentarische Versammlung (PV) des Europarats, aus Mitgliedern der nationalen Parlamente zusammengesetzt, erarbeitet Empfehlungen zu so gut wie allen Themenfeldern. Auch wenn diese nicht rechtsverbindlich sind, darf man ihre politische Wirkung nicht unterschätzen.

Schutz der Rechte und der Würde der Todkranken und Sterbenden

Unter ausdrücklicher Bezugnahme auf die „Berufung des Europarates, die Würde aller Menschen und die daraus ableitbaren Rechte zu schützen", hat die PV im Jahr 1999 die Empfehlung 1418 (1999) zum Schutz der Menschenrechte und der Würde der Todkranken und Sterbenden verabschiedet.

Da die einschlägige sogenannte Oviedo-Konvention des Europarats über Menschenrechte und Biomedizin zum wichtigen Bereich der in der modernen Gesellschaft und modernen Medizin spezifischen Ängste vor dem Sterben keine Aussagen macht und keine Regelungen enthält, entstand eine Lücke. In dieser Situation lag in der PV ein Empfehlungsantrag vor, der zwar noch nicht die ausreichende Anzahl an Unterstützungsunterschriften für eine formelle Behandlung hatte. Gleich im ersten Satz war jedoch die Absicht klar, „to justify to hasten death" (eine wohl euphemistische Umschreibung der Euthanasie im Sinn der Tötung auf Verlangen). Die damalige Vizepräsidentin der PV, die österreichische Abgeordnete Edeltraud Gatterer, sah diesen Antrag rechtzeitig und nahm sich umgehend des Themas an. Durch Zufall war ihr das Buch des Erstautors dieses Beitrags, „Leben bis zum Ende" (Tyrolia Innsbruck 1998), in die Hände gefallen, und sie bat ihn um Hilfe. Knapp darauf kam ein Brief vom Generalsekretariat des Europarats mit dem Auftrag, einen Text „zur Erfüllung der Wünsche Sterbender und terminal Kranker" zu verfassen. In diesem so formulierten Auftrag war ja schon das Ergebnis präjudiziert: „Sie wünschen, wir töten (mit ein paar Sorgfaltsbedingungen)". Es galt, dieser tautologischen Falle zu entkommen: Mit einem interdisziplinären kleinen Team am Institut für Ethik und Recht in der Medizin wurde ein Text zum Schutz der Menschenwürde und Menschenrechte terminal Kranker und Sterbender erarbeitet, der im Jänner 1999 im Sozialausschuss vorgestellt und lange diskutiert wurde.

Der Inhalt des Dokuments

Dieser Draft analysiert in Punkt 7 zunächst detailliert die in den Ängsten der Menschen sich widerspiegelnden Probleme:

- unzureichender Zugang zu Palliativpflege und Schmerzlinderung;
- mangelhafte Behandlung körperlichen Leidens und die fehlende Berücksichtigung psychologischer, sozialer und spiritueller Bedürfnisse;
- künstliche Verlängerung des Sterbeprozesses durch unverhältnismäßige medizinische Behandlungen ohne Zustimmung des Patienten;
- Mangel an Weiterbildung und psychologischer Unterstützung der in der Palliativpflege Tätigen;
- unzureichende Unterstützungsmöglichkeiten von Verwandten und Freunden;
- die Angst des Patienten, seine Selbstständigkeit einzubüßen und anderen zur Last zu fallen;
- die Unzulänglichkeit eines sozialen Umfeldes, das es erlaubt, in Frieden von Verwandten und Freunden Abschied zu nehmen;

- unzureichende Ressourcen für die Pflege Todkranker und Sterbender;
- die mit Schwäche und Sterben einhergehende soziale Diskriminierung.

In Punkt 9 werden dann als Richtungsentscheidung des Europarats den 47 Mitgliedsstaaten folgende Maßnahmen empfohlen:

- Schutz und Anrecht eines Todkranken auf umfassende Palliativpflege zu respektieren, durch Sicherstellung des gleichen Zugangs zu angemessener Palliativpflege und durch einen gesetzlich garantierten Anspruch darauf (diese Priorität wird in elf Unterpunkten detailliert weiter entfaltet).
- Schutz des Rechtes auf Selbstbestimmung eines Todkranken in dem Sinn, dass niemand gegen seinen Willen medizinisch behandelt oder weiterbehandelt wird. Oft leidvolle Sterbensprozesse sollen nicht künstlich verlängert, sondern Sterben zugelassen werden. Die Gültigkeit von Patientenverfügungen soll in allen Mitgliedsstaaten rechtlich geregelt werden.
- Artikel 2 der EMRK, wonach niemand absichtlich seines Lebens beraubt werden darf, gilt auch für Sterbende und wird konkretisiert: Der Todeswunsch eines Sterbenden stellt niemals eine Rechtfertigung für Handlungen dar, deren Ziel die Herbeiführung des Todes ist.

Die Diskussionen dazu und die Annahme

Die Diskussionen drehten sich vor allem um den Problemkreis der Autonomie und die Unterscheidung zwischen Töten und Zulassen des Sterbens.

Wenn die Selbstbestimmung als Abwehrrecht gestärkt werden soll, dass niemand gegen seinen Willen medizinisch behandelt werden soll, warum soll die Selbstbestimmung nicht auch die Tötung auf Verlangen beinhalten? Dem ist entgegenzuhalten, dass es die abstrakte Autonomie im luftleeren Raum so nicht gibt. Selbstbestimmung ist immer in Relation zu den vielschichtigen Abhängigkeiten zu sehen. Wer kann gerade in der Situation der Schwäche und Abhängigkeit am Ende des Lebens verlässlich überprüfen, wie und unter welchem Einfluss ein Tötungswunsch zustande gekommen ist? Die Autonomie als Abwehrrecht ist gut begründet in der Gewissensfreiheit (niemandem darf etwas gegen sein Gewissen aufgezwungen werden). Wenn man diese gut begründete Autonomie als Abwehrrecht aber als Anspruchsrecht überzieht, droht diese ins Gegenteil zu kippen. Wenn eine Gesellschaft Ärzten oder anderen Personen gestattet – wenn auch unter einigen Sorgfaltsbedingungen –, auf Wunsch zu töten, dann kann niemand mehr kontrollieren, welcher Druck auf den Sterbenden, auf die Ärzte und langfristig auch auf die Finanzierung von Pflege und Gesundheitsleistungen am Lebensende entstehen kann. Darüber wird manchmal erst nach dem Ende offizieller Diskussionen gesprochen oder auch gar nicht.

Ein zweiter Brennpunkt der Diskussion bezog sich auf die Unterscheidung von Töten und Sterben Zulassen: „Tot ist tot, ob durch Tun oder Unterlassen, macht keinen relevanten Unterschied". Dem ist entgegenzuhalten: Ärzte und Pflegende haben in der Praxis durch die Jahrhunderte hindurch immer um den signifikanten Unterschied gewusst, und dieser lässt sich zumindest auf drei Ebenen gut begründen:

Auf der Ebene der Kausalität: Beim Zulassen des Sterbens stirbt der Mensch nur an seiner Krankheit oder Schwäche. Bei der aktiven Tötung auf Verlangen muss jemand anderer die Tötungshandlung mit einem Mittel vornehmen, an dem jeder stirbt. Zudem können sich viele Missverständnisse in der Qualität des Tötungswunsches (oft ein Hilferuf, der sich klären lässt) und alle möglichen Fehlurteile (auch Fehldiagnosen) einschleichen.

Auf der Ebene der Intention: Zulassen des Sterbens bedeutet würdigenden Respekt vor einem zu Ende gehenden Leben. Tötung auf Verlangen bedeutet hingegen gewaltsames Erzwingen des sofortigen Todeseintritts mit Mitteln, an denen jeder Mensch zu Tode kommt.

Auf der Ebene der Tiefenmotivation: Zulassen des Sterbens wird bewegt vom Verzicht auf medizintechnische Aktivitäten, um der gesamtmenschlichen Sterbebegleitung Raum zu geben, sowie vom Akzeptieren der Endlichkeit menschlichen Lebens und der eigenen Macht. Tötung auf Verlangen hingegen bedeutet Ausübung technischer Verfügungsmacht mit tödlichen Mitteln. Statt den Sterbeprozess zu respektieren, kommt der Tötende dem Tod gewaltsam zuvor. Er übt die letzte Gewalt über Leben und Tod aus. Wer tötet – auch aus Mitleid –, spaltet sich selbst in einen, der aus sogenanntem „Mitleid" helfen will, und einen anderen, der tödliche Gewalt ausübt. Ebenso spaltet er den Patienten in einen Teil, dem er aus Mitleid helfen will, und einen Teil, den er tötet – ein unerträglicher Dualismus im Verständnis der menschlichen Person. Zudem ist sogenanntes Mitleid in tiefenpsychologischer Perspektive ein äußerst ambivalentes Gefühl. Wirklich Hilfe für den Leidenden ist etwas anderes als die Beseitigung des Leidenden.

Dieser im Ausschuss angenommene, drei Seiten und neun Punkte umfassende und mit ausführlichen Erläuterungen begründete Entwurf wurde dann eins zu eins im Plenum der PV am 25. Juni 1999 mit großer Mehrheit (ich erinnere mich an nur sechs Gegenstimmen) als Empfehlung 1418 (1999) verabschiedet.[1] Das

Ministerkomitee hat die Empfehlung ausdrücklich begrüßt und die darin seitens der PV zum Ausdruck gebrachte Besorgnis geteilt. Der Europäische Menschenrechtsgerichtshof hat sich in verschiedenen Urteilen seiner Rechtsprechung darauf bezogen.

Die Weichen waren damit gestellt. Die Angst, dass Ärzte und andere Personen schwerkranke Menschen – wenn auch auf deren Wunsch – legal töten dürfen, war ein Stück weit eingedämmt.

Und dann kam Karlsruhe

Das aufsehenerregende Urteil des deutschen Bundesverfassungsgerichts vom Aschermittwoch (!) 2020, wonach eine „geschäftsmäßige Förderung der Selbsttötung" verfassungsmäßig und grundrechtskonform sei, hat diese Angst jedoch wieder aufleben lassen. Das Urteil beruft sich zwar auf das „Recht auf selbstbestimmtes Sterben und das Recht, hierbei auf die freiwillige Hilfe Dritter zurückzugreifen", wobei diese Hilfe nicht nur Todkranken geleistet werden kann, sondern allen, deren Leben ihrem eigenen „Verständnis von Lebensqualität und Sinnhaftigkeit" nicht mehr entspricht.

Doch ist, wie oben ausgeführt, der Sterbewunsch terminal Kranker in der Realität wirklich immer so freiwillig, wie es die Lektüre des Urteils und die Argumentation der Befürworter des Tötens auf Verlangen vermuten lassen? Wie oben gefragt: wer stellt sicher, dass geäußerte Sterbewünsche in solchen Situationen wirklich echt sind, und nicht etwa nur Ausdruck einer Sehnsucht, den Angehörigen keine Last mehr zu sein, oder nicht so einsam zu sein? Wer stellt sicher, dass nicht etwa Familienmitglieder die unheilbar Kranken (beabsichtigt oder unbeabsichtigt) dazu drängen, dass diese einen Wunsch auf Sterben äußern? Kann da nicht künftig eine political correctness entstehen, wonach man gefälligst nach seinem sozusagen gesellschaftlich verträglichen Tod verlangen sollte? Solche Besorgnisse sieht auch das Karlsruher Urteil als berechtigt;

dennoch sei das Suizidrecht und die Hilfe dazu „als Akt autonomer Selbstbestimmung von Staat und Gesellschaft zu respektieren" und den „Möglichkeiten einer assistierten Selbsttötung" keine gesetzliche Schranke vorzuschieben, damit „dem Recht des Einzelnen, sein Leben selbstbestimmt [und assistiert] zu beenden, hinreichend Raum zur Entfaltung und Umsetzung verbleibt".

Man fühlt sich an die Horror-Utopie „Brave New World" von Aldous Huxley von 1932 erinnert. In dieser „Schönen neuen Welt" sind Ehe, Familie und dauerhafte Bindungen bekanntlich untersagt, Kurzbeziehungen und Promiskuität encouragiert. Die Fortpflanzung ist an künstliche Reproduktionstechnologien ausgelagert. Durch biomedizinische Eingriffe an den Embryonen kommen nur Kinder mit gewünschten Eigenschaften zur Welt. Das Altern wird medikamentös und kosmetisch unspürbar und unsichtbar gemacht. Und wenn es wirklich nicht mehr geht und die Menschen hinfällig werden, haben sie abseits der Öffentlichkeit friedlich an einer Glücksdrogen-Überdosis zu entschlafen …

Ein Gutteil dieser Dystopie scheint mittlerweile verwirklicht. Nach dem Karlsruher Urteil fürchten nun manche, dass auch das letztgenannte Element der „Schönen neuen Welt" bald Realität werden könnte.

Günter Virt, Dr., geboren 1940 in Wien, ist katholischer Priester und emeritierter Universitätsprofessor für Moraltheologie. Habilitiert in Tübingen, hatte er Lehrstühle in Paderborn, Salzburg und Wien inne. Er war viele Jahre Mitglied der Bioethikkommission beim Bundeskanzleramt und von 2001 bis 2016 Mitglied der Leitethikkommission der EU in Brüssel (EGE). Er ist der Hauptautor der im Beitrag abgehandelten Empfehlung 1418 (1999).

Gerhard Jandl, Dr., geboren 1962 in Wien, Jurist und Volkswirt, ist österreichischer Diplomat. Auslandsverwendungen in Kairo, Tunis, New York (UNO-Sicherheitsrat) sowie als Botschafter in Sarajewo und in Belgrad. Inlandsverwendungen u. a. im Völkerrechtsbüro, als Balkanreferatsleiter und als Sicherheitspolitischer Direktor. Seit 2018 ist er der Österreichische Botschafter beim Europarat in Straßburg.

Anmerkungen

1 Auf Deutsch ist die Empfehlung samt den Erläuterungen unter https://www.parlament.gv.at/ZUSD/PDF/Europarat_-_Empfehlung_1418_99.pdf abrufbar, auf Englisch und auf Französisch samt Erläuterungen und Reaktion des Ministerkomitees unter https://assembly.coe.int/nw/xml/XRef/Xref-DocDetails-EN.asp?FileID=7990&lang=EN bzw. https://assembly.coe.int/nw/xml/XRef/Xref-DocDetails-FR.asp?FileID=7990&lang=FR.

Fürchte dich nicht
Gedanken zur Überwindung von Angst anhand von zwei konkreten Beispielen

Waltraud Klasnic

Vielerlei wird unter dem Dach des Begriffs Angst subsumiert: Flugangst, Platzangst, Prüfungsangst, Angst vor unsichtbaren, sehr realen Bedrohungen wie etwa durch Viren, diverse diffuse, wenig greifbare Ängste. Aus meiner Sicht geht es immer um den richtigen Umgang mit dem Begriff der Angst. Ängste, wie die vorhin angeführten, können individuell oder kollektiv zu Panikattacken führen oder lähmen. Deshalb wird immer wieder auch gesagt: „Angst ist ein schlechter Ratgeber". Weder Fatalismus noch Alarmismus helfen uns weiter. Wenn aber berechtigte Ängste und Sorgen als Herausforderungen gesehen werden, Situationen anzunehmen und bestmöglich zu gestalten, dann befinden wir uns auf einem guten Weg.

Der große österreichische Psychoanalytiker Viktor Frankl, der die Grauen der Nazi-KZs überlebt und die Sinngebung des Lebens trotz aller Fährnisse so eindrucksvoll und imponierend gelehrt und gelebt hat, hat es so formuliert: „Man muss sich ja nicht alles von sich gefallen lassen, man kann auch stärker sein als die eigene Angst". Nach diesem Motto überlebte er nicht nur Auschwitz und schrieb 1946 sein bahnbrechendes Werk „... trotzdem Ja zum

Leben sagen", nach diesem Motto überwand er auch Flug- und Höhenangst und war bis ins hohe Alter trotz einer zunehmenden Sehschwäche begeisterter Bergkletterer, wovon auch sein Buch „Bergerlebnis und Sinnerfahrung" zeugt.

Natürlich muss man Risken und Probleme immer abschätzen, damit Mut nicht zu Übermut und Tollkühnheit führt.

Für mich ist das Bibelwort „Fürchte dich nicht" Leitmotiv in vielen Entscheidungen in meinem Leben, in der Familie, im Beruf, in der Politik und auch in meiner ehrenamtlichen Tätigkeit. Zwei Bereiche möchte ich besonders herausgreifen, zwei Themen, die in unserer Gesellschaft oft verdrängt werden, weil sie elementare Ängste auslösen. Die Begleitung von Menschen am Lebensende (die Hospizbewegung) und die Begleitung von Menschen, die Gewalt und Missbrauch erlitten haben (der Opferschutz) sind zentrale Herausforderungen und ein Gradmesser für die Humanität einer Gesellschaft.

Menschenwürde bis zum Ende des Lebens – die Hospizbewegung

Rund 80.000 Menschen sterben jedes Jahr in Österreich in Hospizen, Palliativstationen, Krankenhäusern, zu Hause oder in Alten- und Pflegeheimen. Noch mehr Angehörige und Vertrauenspersonen machen die Erfahrung, wenn der Tod in das Leben tritt. Das Lebensende ist – nebst anderen Gefühlen – auch mit Ängsten verbunden. Die Angst vor dem Sterben oder davor, tot zu sein. Die Angst, die Selbstständigkeit zu verlieren und anderen zur Last zu werden. Die Angst, was mit einem selbst passiert und was mit den Angehörigen und Freundinnen und Freunden sein wird, wenn man selbst erst gestorben ist. Die Angst vor eigenen Schmerzen und denen der anderen. Die Angst vor dem Verlassen und dem Verlassenwerden.

Sterbende wissen meist um ihre Situation und haben in der Regel noch viel zu tun. Es gibt Unerledigtes zu vollenden, manches noch oder überhaupt einmal zu tun oder Menschen noch einmal zu sehen. Das braucht Zeit und oftmals wohlwollende und positive Unterstützung.

Nun ist die Frage, wie wir diesen Ängsten am Lebensende begegnen. Was braucht ein Mensch am Weg zum Lebensende, der Angst hat?

Seit 2008 habe ich die Aufgabe, die Vorsitzende des Dachverbandes Hospiz Österreich zu sein. Hospiz Österreich ist der Dachverband von mehr als 380 Hospiz- und Palliativeinrichtungen im gesamten Bundesgebiet. Die MitarbeiterInnen dieser Einrichtungen betreuen schwerkranke und sterbende Menschen und deren Angehörige und Vertrauenspersonen. Viele PatientInnen sagen, dass sie keine Angst vor dem Tod haben, aber davor, wie das Sterben sein wird. Sie haben Angst vor den Schmerzen, vor der Pflegebedürftigkeit, vor der Abhängigkeit oder dem ungewissen Krankheitsverlauf mit beunruhigenden Symptomen.

Die ÄrztInnen, Pflegenden, PsychologInnen und SozialarbeiterInnen der spezialisierten Hospiz- und Palliativbewegung können den PatientInnen nicht immer alle Ängste nehmen, aber es gelingt ihnen sehr oft, die körperlichen wie die emotionalen, psychischen, sozialen und spirituellen Schmerzen zu lindern und eine gute Symptomkontrolle zu haben. Sie sind die ProfessionalistInnen mit Herz, Achtsamkeit und Einfühlungsvermögen, die vertraut sind mit dem Thema Sterben und Tod und mit den Krankheiten. Sie geben den PatientInnen, aber auch deren Angehörigen und Vertrauenspersonen Sicherheit und Halt in diesen schwierigen Situationen. Die persönliche Zuwendung von Tausenden hauptberuflichen und ehrenamtlichen MitarbeiterInnen in der Begleitung von Menschen in ihrer letzten Lebensphase, aber auch die Begleitung von oft verzweifelten und stark belasteten Angehörigen ist besonders wichtig. Denn in einer Phase, in der die Medizin auch mit ihren modernsten Methoden nicht mehr helfen kann, ist es wichtig, sich für die betroffenen Menschen Zeit zu nehmen und sich ihnen zuzuwenden, sind das Gespräch, die aufmunternde, geduldige und liebevolle Begleitung und die Erfüllung „letzter Wünsche" – sei es noch ein spezieller Besuch oder gar nur ein „Lieblingsgericht" – besonders wertvoll. Auch für die idealistischen BegleiterInnen sind diese Erfahrungen berührend, auch stärkend und für das Leben bereichernd. Es geht darum, wie es der unvergessene Kardinal Franz König formuliert hat, an der Hand – nicht durch die Hand – eines Menschen zu sterben.

Es hat in den letzten Jahren große und wichtige Fortschritte in der politischen Meinungs- und Willensbildung gegeben. 2014 und 2015 ist das in der Parlamentarischen Enquete-Kommission „Würde am Ende des Lebens" sehr deutlich geworden.

Alle sechs damals im Nationalrat vertretenen Parteien haben den Entschließungsantrag betreffend der Empfehlungen der parlamentarischen Enquete-Kommission angenommen und damit eine einstimmige Willensbekundung abgegeben.

Jeder Mensch hat ein Recht darauf, würdevoll zu leben und würdevoll zu sterben. Hospiz- und Palliativversorgung müssen bundesweit flächendeckend umgesetzt werden und für alle Menschen (jeden Alters), die sie brauchen, erreichbar, zugänglich und leistbar sein. Daher ist es, wie im Kapitel 4 des Regierungsprogramms festgehalten, nun höchste Zeit, eine Regelfinanzierung für ALLE Einrichtungen zu erreichen, wie sie bisher nur für Palliativstationen verfügbar ist. Regelfinanzierung ist eine Finanzierung ohne Ablaufdatum und wir brauchen sie für alle Angebote der abgestuften spezialisierten Hospiz- und Palliativversorgung, für den Erwachsenenbereich und auch für Kinder, Jugendliche, junge Erwachsene und ihre Familien. Wir brauchen eine Klärung zwischen Bund, Ländern und den Sozialversicherungen, zwischen den Ressorts Gesundheit und Soziales, damit das gelingen kann. Und ich bin zuversichtlich, dass dies in den nächsten Monaten gelingt. So kann Angst genommen und in positive Energie umgewandelt werden

Opferschutz: In der Bekämpfung von Missbrauch und Gewalt kann und darf es keinen Schlussstrich geben

Als in den ersten Monaten des Jahres 2010 in den Medien verstärkt Reportagen über erschütternde Schicksale von Missbrauchsopfern erschienen, wurde eine Mauer jahrzehntelangen Schweigens und Vertuschens endlich durchbrochen. Auch hier wurde ein Thema aus Angst und Scham einfach verdrängt.

Der Vorsitzende der österreichischen Bischofskonferenz, Kardinal Christoph Schönborn, ersuchte mich daraufhin Ende März 2010, mich der Betroffenen als Opferschutzanwältin anzunehmen. Ich habe damals unter zwei Bedingungen zugesagt: Völlige Unabhängigkeit in meiner Aufgabenerfüllung, völlige Unabhängigkeit bei einer von mir zusammenzustellenden Kommission und vorbehaltlose Umsetzung der Empfehlungen und Beschlüsse der Kommission durch die katholische Kirche in Österreich.

Die Dimension der Verbrechen und der furchtbaren Verheerungen, die diese an den Betroffenen anrichteten, war mir bei meiner Zusage nicht bewusst, wurde mir bereits in den ersten Monaten meiner Tätigkeit klar. Jedes einzelne Gespräch hat mich zutiefst berührt. Es sind dies keine „Fälle", es sind zutiefst betroffen machende Schicksale, für die es nie eine Wiedergutmachung, sondern bestenfalls menschliche, finanzielle und therapeutische Hilfestellungen geben kann.

Viele der Betroffenen haben das erste Mal in ihrem Leben über ihre grauenvollen Erlebnisse gesprochen, die sie oft vor Jahrzehnten traumatisiert haben. Es war und ist für sie schwer, die Hemmschwelle der Angst, dass sie die leidvolle Vergangenheit wieder einholt oder dass ihnen nicht geglaubt wird, zu überwinden.

Leider hat sich aber herausgestellt, dass es insgesamt in den öffentlichen Heimen und Einrichtungen eine weit größere Zahl von Betroffenen gibt als im kirchlichen Bereich, in dem diese schweren Verbrechen, die Leben von Kindern zerstören können, besonders verwerflich sind.

Gewalt und Missbrauch ist leider ein Phänomen, das alle Bereiche der Gesellschaft, etwa auch Sportvereine, umfasst. Die meisten Übergriffe erfolgen überhaupt im Familien- und Freundeskreis.

Wirksame Opferhilfe, ehrliche Aufarbeitung, Bewusstseinsbildung und Prävention sind daher dringend geboten. Erfreulicherweise hat es vor allem durch die mediale Berichterstattung, die die jahrzehntelange Mauer des Verschweigens und Vertuschens durchbrochen hat, in letzter Zeit wichtige Fortschritte geben. So hat es im November 2016 die von zahlreichen Opfervertretern und der Opferschutzanwaltschaft geforderte gemeinsame Veranstaltung der Spitzen des Staates und der Kirche gegeben, in der im Parlament den Betroffenen gegenüber eine Geste der Verantwortung in Zusammenhang mit jahrzehntelang ignoriertem Leid und Unrecht gesetzt wurde. Aus dieser Veranstaltung resultierte das mit 1. Juli 2017 in Kraft getretene Heimopferrentengesetz. Diese Entwicklungen sind ermutigend und notwendig, denn in der wirksamen Bekämpfung und Prävention von Missbrauch und Gewalt kann und darf es keinen Schlussstrich geben. Es gilt, alles zu tun, um Betroffenen ihre Menschenwürde wiederzugeben und präventiv für die Zukunft zu arbeiten. Es geht immer um den konkreten Menschen mit seinem Schicksal – der Mensch mit seiner Würde hat im Mittelpunkt zu stehen. So kann Angst genommen und in positive Energie umgewandelt werden.

Herausforderungen annehmen

Auch im Bewusstsein dessen, dass all das von mir aufgezeigte Handeln unvollkommen bleiben muss, gilt es, die Herausforderungen anzunehmen. Unter dem Leitwort „Fürchte dich nicht". Es gibt natürlich immer wieder Situationen, wo die Angst groß ist und das Problem unlösbar erscheint. Da denke ich immer an das großartige Bonhoeffer-Gedicht „Von wunderbaren Mächten" und sage, nicht verzagt, aber auch nicht naiv, voll Hoffnung und Zuversicht: „Alles wird gut".

Waltraud Klasnic, geboren in Graz, 1996 bis 2005 Frau Landeshauptmann der Steiermark. Seit ihrem Ausscheiden aus der Berufspolitik engagiert sie sich ehrenamtlich unter anderem als Vorsitzende des Kuratoriums des Zukunftsfonds der Republik Österreich (2006 bis Jänner 2011) und als Präsidentin des Dachverbandes Hospiz Österreich. Seit 2006 ist Klasnic Mitglied im Europäischen Wirtschafts- und Sozialausschuss. Im März 2010 wurde Klasnic zur Opferbeauftragten der österreichischen katholischen Kirche ernannt.

RUMOR

TUMOR

HUMOR

M. KRAMMER

Abwehrmechanismen

Angela Korb

„Weißt du, ich habe geträumt, dass ich sterbe. Es war wie ein Blitzschlag, und ich habe gespürt, wie ich das Leben verliere", sprach mein Großvater in seinem unverkennbaren (ungarn)deutschen Dialekt zu mir.

Großvater hatte schreckliche Angst vor dem Tod. Genau habe ich nie nachgefragt, was ihm am meisten dabei Furcht einflößte. Er hatte auch Angst vor dem Gewitter. Wenn im dunklen Zimmer Lichtspiele aufschimmerten, wenn es geblitzt und gedonnert hat. Ein schlimmes Gewitter war er einmal gezwungen in einer Scheune zu überstehen. Als Jugendlicher war er Knecht bei einem Müller. Er übernachtete im Nebengebäude, wo ihn bei Nacht Ratten in der unmittelbaren Nähe seines Schlafplatzes aufgeschreckt haben. Nach zwei Wochen kehrte er schon zu seiner Familie zurück. Er ergriff einfach, ohne sich von seinen Arbeitgebern abzumelden, die Flucht. Damals schwor er sich, nicht freiwillig längerfristig seinem Heimatdorf fernbleiben zu wollen.

Ich sitze neben ihm in seinem Trabant. Er fährt über einen holprigen Steinweg. Es ist ein Herbsttag mit strahlendem Sonnenschein. Auf dem Straßenschild steht die Aufschrift Kán/Kaan. Er fährt auf dem Feldweg einen Hügel hoch, an dem Glockenturm vorbei und hält vor einem größeren Bauernhaus. „Hier haben die Großeltern von deiner Großmutter gelebt." Ein Dorf, das seine Bewohner in den 70ern gemeinschaftlich der Verwesung überlassen haben. Bis heute führt keine asphaltierte Straße in den verlassenen Ort. Die Bauernhäuser sowie ihre deutsche Sprache haben sie zurückgelassen. Großvater heiratete eine Kaanerin, sie zog schon vor dem massenhaften Auszug in das Nachbardorf. Wir steigen aus dem Wagen, holen Herbstblumensträuße aus dem Kofferraum und schreiten über das Feld. Ein Steinkreuz kündet den Eingang des Friedhofes an. Wir besuchen Gräber meiner Vorfahren. Er kennt sich aus und erzählt, welcher Verwandte welchen Grades wo im verwilderten Friedhof begraben liegt. Die Sandsteingrabsteine sind schäbig und marode. Manchmal ist der Schriftzug schon kaum lesbar. Bei manchen Grabsteinen sind ganze Grabgedichte mit Frakturschrift teilweise zu erkennen. Und bei den meisten steht „Ruhe(t) in Frieden".

Großvater war eigentlich Maurer. Doch aus Gesundheitsgründen wechselte er und wurde Mitarbeiter der LPG seines Heimatdorfes. Er war mit einem guten Freund von ihm unterwegs, als sie die Nachricht erreichte, dass Polly néni (Tante Polly) im Nachbarort gestorben sei, sie sollten für sie einen Sarg besorgen. Er meinte, dass sie doch in ihrem Haus vorbeischauen sollten, um zu wissen, wie groß der Sarg sein sollte. An dem Haus angekommen klopfte er. Polly néni schloss die Tür auf und begrüßte die beiden Freunde. „Polly néni, geht es Ihnen gut?" Polly néni bejahte und bat sie ins Haus. Der Sargkauf war also vorerst vom Tisch.

Großvater erzählt mir vom großen Krieg. Er war Jugendlicher damals, besuchte die deutsche Schule in Baja/Baje. Er erzählt mir von seiner Flucht, als die Brücke von Bombardements zerstört war. Mit seinem guten Schulkameraden floh er in einem wackeligen Boot über die Donau und zu Fuß machten die beiden sich auf den Weg nach Hause. Sie hatten Glück und fanden einen Güterzug, in dem sie mitreisen durften. Weiter ging es wieder zu Fuß und ihre Reise endete beim Schulfreund. Dort hat er sich einige Tage lang erholt, bis er weiterzog und seinen Heimatort erreichte.

„Mein deutscher Lehrer war mit seiner Familie ein paar Wochen bei uns in Hetfel. Er wollte mich mitnehmen, aber meine Mutter hat das nicht zugelassen." Vom Lehrer kam später kein Brief, nicht einmal eine Zeile. Im Radio hat die Familie meines Großvaters die Nachricht gehört, dass in der Zeit, wo der Lehrer mit seinen drei Kindern nach Deutschland unterwegs war, ein Zug bei Győr/Raab durch eine Bombe getroffen wurde. Mein Großvater hat überlebt, weil er nicht mitgefahren ist.

Die Enteignung erreichte die Familie nach dem großen Krieg. Drei Familien haben zusammen in einem Haus gewohnt, weil sie als Deutsche ihren Besitz anderen überlassen mussten. „Wir wurden rausgeschmissen!" – Kollektivschuldzuspruch eben. Großvater war dadurch sehr geprägt. Als junger Erwachsener wurde er in den Arbeitsdienst einbezogen: „Sie sind Feinde des ungarischen Volkes!", brüllte ihr Kommandant ihn und seine Schicksalsgenossen an. Auch darin wurzelte sein Hass gegenüber Kommunisten. Und für ihn waren auch später alle, die linksgesinnt waren, immer noch und unter jedem Umstand Kommunisten.

Großvater war ein lebenslustiger Mensch. Als Musikant bei Hochzeiten kam ihm sein Frohsinn auch zugute. Denn Spaß und Spiel standen im Mittelpunkt bei diesen wichtigen Familienfesten. Drei Tage mindestens musste die Blaskapelle durchhalten, um die Hochzeitsgesellschaft zu belustigen. Schweineschlachten, Hühnerschlachten, Strudel ziehen, Guglhupf backen, einen Hauch der alten Tradition trage ich heute noch aus meiner Kindheit mit. Dorfhochzeiten, heute unvorstellbar in diesem Maß von Aufwand. Nicht nur diese Events fanden durch seine Erzählungen eine positive Bewertung. Onkel Eduard beispielsweise hat aus den USA in den 70ern seine alte Heimat aufgesucht und fand bei uns Aufnahme. Großvater hatte damals noch Kühe. Pfarrer Onkel Eduard war fasziniert, dass gerade während seines Besuchs eine Zwillingsgeburt stattfand. Gebannt saß er die ganze Nacht im Stall, um das Spektakel mitzuverfolgen.

Großvater war tief religiös. Als Kantor seines Heimatdorfes hat er Jahrzehnte hindurch Beerdigungen mit seinem Gesang begleitet. Deutsch und ungarisch. Allen, die auf dem Dorffriedhof begraben wurden, stand ein „schönes Begräbnis" zu. „Schön" war die Beerdigung auch durch die Zeremonie, durch die vielen Kränze am Grab und durch viele trauernde Anwesende. Standesgemäß. In den letzten Jahren, als Großvater schon gesundheitlich eingeschränkt war, fühlte er sich immer mehr nicht mehr gebraucht. Dieses sein Gefühl wurde auch dadurch verstärkt, dass er eine Art Anerkennung seitens der Dorfgemeinschaft vermisste.

„Bewahre Abstand!" Eigentlich: Lass es nicht zu nahe an dich heran. Das war Großvaters Abwehrmechanismus. Auch wenn es ihm selbst nicht immer so gelungen war, erteilte er mir sehr oft diesen Ratschlag, um mir keine unnötigen Sorgen bei Kleinigkeiten zu bereiten. Großvater war immer schon ein integrer Teil meines Lebens. Es war für mich selbstverständlich, dass ich bei ihm auf ein offenes Ohr und auf gut fundierte Lebenserfahrung als Ratschläge stoße. Wo wir jedoch auseinandergedriftet sind, war unsere politische Einstellung. Also haben wir es vermieden, uns über aktuelle Politik auszutauschen. Das war meine Abwehrreaktion. Diesem Thema einfach aus dem Weg gehen. Wo ich Wut verspürt habe, war das öffentlich-rechtliche Fernsehen, das gegenwärtig – seit mehreren Jahren – zur Propagandamaschinerie der Orbán-Regierung degradiert wurde. Gefährlich, da Großvater immer dort die Nachrichten verfolgt hat. Seine alten Ängste wurden wieder wach, als er die Flüchtlingskrise und daraufhin auch nach der Beruhigung der Lage immer noch die Nachrichten über Grenzdurchbrüche verfolgt hat. Es tut mir heute noch aus ganzer Seele weh, wie dreist alte Menschen mit Hasstiraden irregeführt werden.

„Jetzt sag mir, wirst du doch an mich denken, wenn es mich nicht mehr gibt?" – Ich hatte es mir nie vorstellen können, wie es einmal sein würde, wenn es Großvater nicht mehr gibt. Die Erfahrung holt uns leider früher ein, als wir es uns vorstellen können.

Er hatte eine sehr „schöne Beerdigung", er wäre zufrieden gewesen. Immer hat er damit Witze gemacht, wenn er seinen geliebten Weingarten aufgesucht hat, dass es die schönsten Plätze ja unter der Erde gebe: den Weinkeller und das kühle Grab, wo man sich ausruhen könne. Ich muss immer wieder an ihn denken. Wenn ich in den Spiegel sehe, lächeln mir seine Gesichtszüge entgegen. Ich sehe seine Augen in meinen. Auch in Zeiten von Corona, wenn Menschen, ohne Abschied nehmen zu können, sterben. Wie glücklich ich mich schätzen kann, dass ich Abschied nehmen konnte von ihm. Wie gut, dass er das nicht mehr mitbekommen muss. Denn er hätte wieder berechtigte Angst vor dem Sterben.

Angela Korb, in Fünfkirchen/Pécs (Ungarn) geboren. Matura am Klára-Leőwey-Gymnasium in Fünfkirchen, anschließend Geschichts- und Germanistikstudium an der Universität Pécs. Mitglied des Verbandes Ungarndeutscher Autoren und Künstler (VUdAK), zurzeit ist sie Mitarbeiterin des Budapester Korrespondentenbüros des ORF.

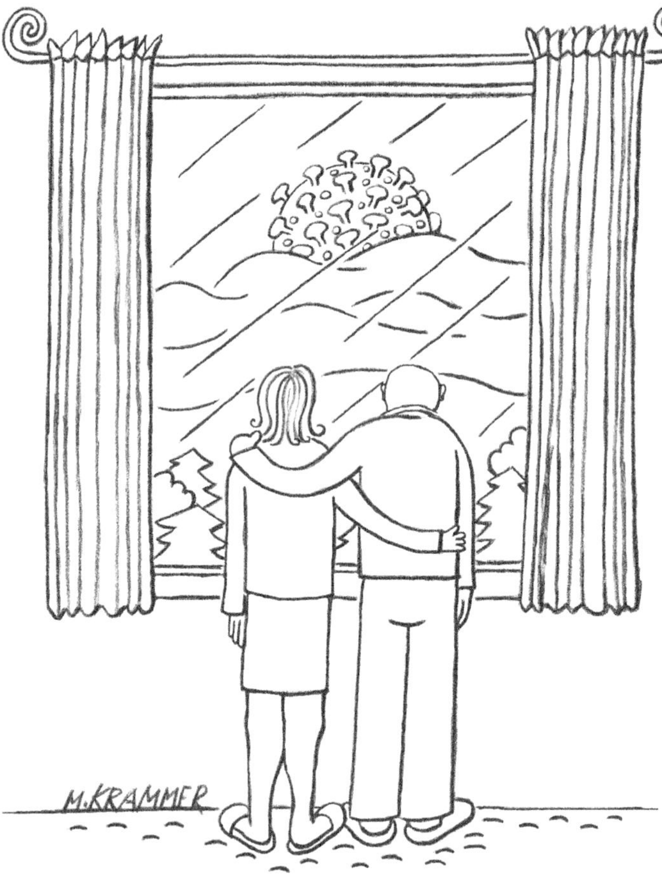
M.KRAMMER

Gethsemane – die „Stunde der Angst". Eine theologische Miniatur

Jan-Heiner Tück

I.

Mit dem Ort Gethsemane ist die Erinnerung verbunden, dass Jesus die Situation des Menschen bis ins Äußerste geteilt hat. Hier erfährt er seelische Erschütterung, Einsamkeit, Angst. Das Ölberggebet aber legt zugleich die Innenseite seines Leidens frei, es zeigt die nackte Angst um das Leben, aber auch das dramatische Ringen mit dem Willen des Vaters. Jesus ist kein willenloses Exekutivorgan, er vollstreckt nicht automatisch das, was der Vater schon immer im ewigen Plan seiner Vorsehung vorprogrammiert hat. Er ist frei und bittet darum, das Äußerste – der Kelch des Leidens – möge ihm erspart bleiben. Diese Bitte darf nicht vorschnell überlesen werden. Sie ist Ausdruck der Angst. Diese wird erst dadurch überwunden, dass Jesus den eigenen Willen in den Willen des Vaters legt. Sein Vertrauen ist eine Strategie der Angstüberwindung.

II.

Die Erzählung vom nächtlichen Gebet auf dem Ölberg wird im Neuen Testament mehrfach überliefert. Neben den Erzählungen der Synoptiker (Mt 26, 36–46; Mk 14, 32–42; Lk 22, 39–46) findet sich im Johannes-Evangelium eine kurze Notiz (vgl. Joh 12, 27f.), aber auch der Hebräerbrief hält fest: „Als er auf Erden lebte, hat er mit lautem Schrein und unter Tränen Gebete und Bitten vor den gebracht, der ihn aus dem Tod retten konnte, und er ist erhört und aus seiner Angst befreit worden. Obwohl er der Sohn war, hat er aus Leiden den Gehorsam gelernt; zur Vollendung gelangt ist er für alle, die ihm gehorchen, der Urheber des ewigen Heils geworden" (Hebr 5, 7–9). Im zweiten Band seiner Jesus-Buch-Trilogie hat Joseph Ratzinger versucht, sich im „Zusammenhören dieser Texte" dem „Geheimnis der Stunde Jesu" zu nähern,[1] wobei das Wort „Geheimnis" im Sinne einer modernen Theologie der Mysterien des Lebens Jesu gelesen werden kann.

III.

In der Dramaturgie der Passionsereignisse folgt die Stunde im Garten Gethsemane dem Letzten Abendmahl, bei dem Jesus seine Sendung im Zeichen des gebrochenen Brotes zusammengefasst hat. In der Gethsemane-Szene geht es nun um das innere Drama der Passion. Hier ist zunächst das Verhalten der Jünger signifikant. Jesus nimmt Petrus, Jakobus und Johannes mit, die nach dem Bericht der Synoptiker bereits Zeugen der Verklärung geworden sind. Der Vorausblick der Herrlichkeit, der ihnen auf dem Berg Tabor gegeben wurde, soll ihnen helfen, in der Stunde des Leidens zu wachen und zu beten (vgl. I, 353–365).[2] Aber die Macht der Müdigkeit ist stärker, sie verstehen das Drama der Stunde nicht, in der Jesus von der Todesangst überwältigt wird und mit dem Willen des Vaters ringt.

Die schlafende Jüngerschaft, die im entscheidenden Augenblick versagt und nicht auf der Seite ihres Herrn steht, ist ein Bild für die Situation von Nachfolge überhaupt. Ratzinger vermerkt, dass gerade die Müdigkeit eine Einbruchsstelle des Bösen sein kann. Sie äußert sich als Apathie, als mangelnde Bereitschaft, sich vom Leid der anderen betreffen zu lassen. Sie ist eine „Abstumpfung der Seele, die sich nicht aufregen lässt durch die Macht des Bösen in der Welt, durch all das Unrecht und all das Leid, das die Erde verwüstet. Sie ist eine Stumpfheit, die all dies lieber nicht wahrnehmen möchte, die sich beruhigt, dass alles schon nicht so schlimm sei, um in der Selbstzufriedenheit des eigenen gesättigten Daseins fortfahren zu können" (II, 174).[3]

IV.

Nach diesem Appell zur Wachsamkeit und zum Anteil nehmenden Gebet entfernt sich Jesus und beginnt zu beten, „dass die Stunde, wenn möglich, an ihm vorübergehe" (Mk 14, 35). Man könnte meinen, dass hier vor der Einwilligung in den Willen des Vaters zunächst ein Aufbäumen Jesu angedeutet wird und so eine in der Theologie kaum je ausgelotete Alternative zur Passion für einen Augenblick zumindest aufblitzt, dass nämlich der Kelch an Jesus hätte vorübergehen und das Werk der Erlösung auch auf andere Weise hätte verwirklicht werden können. Ein aufmerksamer Leser der Passionsgeschichte wie der Philosoph Hans Blumenberg hat in diesem Sinn notiert: „Jesus denkt das Undenkbare, und indem er sich dem Willen des Vaters unterwirft, schließt er nicht aus, dass der Kelch von ihm gehen könnte. Ihm dies abzusprechen, weil er doch alles so sicher gewusst habe, hieße, den ganzen Ansturm des Niederfalls vor dem Vater zur bloßen erbaulichen Phrase zu machen."[4] Die Vorstellung, dass Jesus gleichsam automatisch den Willen des Vaters vollstreckt habe, ist in der Tat entschieden abzulehnen. Eine Leugnung des menschlichen Willens Jesu würde seine menschliche Natur amputieren und dem Drama der Passion die Spitze abbrechen.

V.

Das hat nach dem Konzil von Chalkedon 451, das die Vollständigkeit der beiden Naturen in der einen Person Jesu Christi dogmatisch definiert hatte, bereits die Kontroverse um den Monotheletismus deutlich gemacht. Die Monotheleten vertraten die These, dass Jesus nur *einen* Willen gehabt habe, nämlich den göttlichen. Sie wollten einen potenziellen Willenskonflikt zwischen göttlichem und menschlichem Willen in Christus vermeiden, um die Sündelosigkeit Jesu (vgl. Hebr 4,15) zu wahren. Ein Erlöser, der selbst sündigen könnte, wäre in der Tat absurd, weil selbst erlösungsbedürftig. Daher leugneten sie den menschlichen Willen. Aber diese Lösung – die Bestreitung des menschlichen Willens – fiel hinter das Konzil von Chalkedon zurück, das ja gerade die Vollständigkeit der menschlichen Natur gelehrt hatte. Maximus Confessor, der große Gegenspieler der Monotheleten, widersprach dieser Amputation der menschlichen Natur und brachte – systematisch zusammengefasst – drei Argumente vor: (1) *Anthropologisch* machte er geltend, dass ein freier Wille zum Menschsein des Menschen gehöre; dieser müsse Jesus Christus zugesprochen werden, wenn man die Menschwerdung des Wortes Gottes nicht verkürzen wolle. (2) *Soteriologisch* wies er darauf hin, dass der Erlöser die menschliche Freiheit geteilt haben muss, um die durch die Sünde korrumpierte Freiheit der Menschen wiederaufzurichten. Gerade die Freiheit als potenzielle Einbruchsstelle des Bösen müsse durch Christus geheilt werden. Hier spielt das altkirchliche Axiom hinein: „*Quod non assumptum, non est sanatum.* – Was nicht angenommen wurde, wurde auch nicht geheilt." Schließlich gelang es Maximus (3) durch die *terminologische Unterscheidung* zwischen ‚Willensvermögen' und ‚Willensvollzug' zu zeigen, wie Jesus die integrale Willensfreiheit zugeschrieben werden kann, ohne in ihm einen potenziellen Sünder zu sehen. Jesus habe die *conditio humana* rückhaltlos geteilt und wie alle Menschen das menschliche Willensvermögen gehabt, aber im Vollzug dieses Willens unterscheide er sich von allen Menschen dadurch, dass er in jedem Augenblick seinen menschlichen Willen vertrauensvoll in den göttlichen Willen gelegt habe. Maximus kreiert sogar ein eigenes Wort und spricht von der ‚Perichorese', um diese singuläre ‚wechselseitige Durchdringung' der beiden Willen zum Ausdruck zu bringen. Er verbindet so auf geniale Weise die Lehre von der *Vollständigkeit* der menschlichen Natur mit der Lehre von der *Vollkommenheit* ihres Vollzugs. Um seine Zwei-Willen-Lehre gegenüber den Monotheleten zu plausibilisieren, hat Maximus die Ölbergszene im Evangelium auf den menschlichen Willen hin gedeutet: „Vater, lass, wenn es möglich ist, diesen Kelch an mir vorübergehen, aber nicht wie ich will, sondern wie du willst." (Mt 26, 39) Durch diese Deutung wird das innere Drama des Ringens im Ölberggarten deutlich, das im Rahmen einer monotheletischen Christologie unsichtbar bleibt, weil sie immer schon alles im innergöttlichen Einverständnis zwischen Vater und Sohn fundiert sein lässt.

Auf dieser Linie bewegt sich auch Ratzinger. In seiner Deutung kann die Gefahr gar nicht erst aufkommen, dass Jesus sich gegen den Willen des Vaters aufbäumt und revoltiert. Er hebt nämlich darauf ab, dass der *Naturwille* des Menschen Jesus, der sich in Gethsemane spontan gegen das Ungeheuerliche und Zerstörerische des bevorstehenden Todes sträubt, sich durchgängig vom *Sohneswillen* bestimmen lässt. Der Sohneswille aber gibt sich ganz in den Willen des Vaters hinein. Ein potenzieller Widerstreit zwischen menschlichem und göttlichem Willen in Christus, ja ein schizophrener Konflikt in der Person Jesu, wird dadurch ausgeschlossen.[5] In der Spur des Maximus Confessor lässt sich sagen: Zwar teilt Jesus mit den Menschen das natürliche Willens*vermögen*, aber sein Willens*vollzug* ist doch ganz anders und ohne Sünde, da er sich vom Willen des himmlischen Vaters freiwillig bestimmen lässt. Damit aber kann es zum Protest des Sohnes gegen den Willen des Vaters nicht kommen – ein Vorgang, der nur unter der letztlich „blasphemischen Prämisse"[6] möglich wäre, dass der Erlöser selbst zum Sünder hätte werden können. Ein Erlöser, der seine Freiheit missbrauchen und gegen Gott aufbegehren würde, könnte die Sünder nicht erlösen, er wäre selbst erlösungsbedürftig. Das Gebet im Garten Gethsemane sieht das Drama der Erlösung denn auch nicht in der eigenmächtigen Abweichung, sondern in der totalen Selbstübereignung Jesu an den Willen des Vaters: „Abba, Vater, alles ist dir möglich. Nimm diesen Kelch von mir! Aber nicht, was ich will, sondern was du willst" (Mk 14, 36).

VI.

In diesem Gebet, in dem das aramäische Wort „Abba" das innige Gottesverhältnis Jesu anzeigt, begegnet die „Urerfahrung der Angst" (II, 175), die radikale Erschütterung angesichts der Macht des Todes. Über die kreatürliche Todesangst hinaus ist es nach Ratzinger aber auch und vor allem das Grauen vor der Sünde, das Jesus erschaudern lässt. Nach Lukas vergießt er in der Agonie blutige Schweißtropfen (Lk 22, 44). Bei Johannes (12, 27) begegnet zur Kennzeichnung der inneren Verfassung Jesu dasselbe Wort, das sowohl seine tiefe Erschütterung über den Tod des Lazarus (Joh 11, 33) als auch die innere Erregung bei der Ankündigung des Verrats durch Judas (13, 21) zum Ausdruck bringt. Der Sohn, der in ungebrochener Gemeinschaft mit Gott, seinem Vater, gelebt hat, erleidet den Zustand der sündigen Opposition und der radikalen Gottesferne. Ratzinger malt dieses innere Drama in geradezu expressionistischen Farben aus: „Gerade weil er der Sohn ist, sieht er mit letzter Deutlichkeit die ganze schmutzige Flut des Bösen, all die Macht der Lüge und des Hochmuts, all die Raffinesse und Schrecklichkeit des Bösen, das sich die Maske des Lebens umhängt und immerfort der Zerstörung des Seins, der Schändung und Vernichtung des Lebens dient" (II, 176).

VII.

Diese Akkumulation des Bösen wird Jesus in dem ihm zugedachten „Kelch" trinken müssen. Die biblische Rede vom „Kelch", die erstaunlicherweise nicht auf ihre alttestamentlichen Hintergründe ausgelotet wird, zeigt an, dass Jesu Leiden über die *physische* Tortur hinaus, die mit der brutalen Hinrichtungsart der Kreuzigung verbunden ist (Tacitus spricht von der *mors turpissima*), aber auch über die *psychischen* Qualen hinaus, die mit Einsamkeit, Verleugnung und Verrat gegeben sind, eine *theologische* Tiefendimension aufweist, auf deren universale Bedeutung Ratzinger aufmerksam macht: „Die Angst Jesu ist etwas viel Radikaleres als die Angst, die jeden Menschen angesichts des Todes überfällt: Sie ist der Zusammenstoß zwischen Licht und Finsternis, zwischen Leben und Tod selber – das *eigentliche Entscheidungsdrama der menschlichen Geschichte*" (II, 176).[7] Dieses Drama, an dem der, der ohne Sünde ist, an die Stelle der sündigen Gottverlassenheit tritt,[8] hat nach Ratzinger Auswirkungen, die bis in die Gegenwart hineinreichen. In mystagogischer Absicht schreibt er (II, 177): „Auch meine Sünde war in jenem erschreckenden Kelch mit gegenwärtig: ‚Jene Tropfen Blut habe ich für dich vergossen', hört Pascal den am Ölberg ringenden Herrn ihm sagen (vgl. *Pensées*, VII 553)."

Offen bleibt allerdings, wie die Schuldgeschichten aller Menschen aller Zeiten in das Drama von Gethsemane hineingenommen werden, wie der Akt der Stellvertretung näher zu denken ist, in welchem der Eine, der ohne Sünde ist, an die Stelle der vielen

Sünder tritt. Die trinitätstheologischen Voraussetzungen für die stellvertretende Übernahme von Sünde und Schuld, die Hans Urs von Balthasar in seiner *Theodramatik* näher entfaltet hat,[9] werden nicht weiter bedacht, was auch mit dem literarischen Genus seines Buches zusammenhängen dürfte, das keine dogmatische Christologie, sondern eine biblisch fundierte Theologie der Mysterien des Lebens Jesu zu sein beansprucht (vgl. II, 12). Auch könnte der Eindruck einer sündentheologischen Engführung des Erlösungsglaubens aufkommen, wenn die Pointe der Gethsemane-Szene allein in der freiwilligen Übernahme von Sünde und Schuld aller Menschen gesehen wird. Gerade die abgründige Klage der Leidenden, ihr Schrei nach dem Warum der Abwesenheit Gottes, ihre Sehnsucht nach Gerechtigkeit müssten bei einer Deutung der Gethsemane-Szene ebenfalls zur Sprache kommen. Denn Jesu Passionsgeschichte ist auch die Geschichte eines Opfers von Unrecht und Gewalt. Paul Celan hat in seinem Gedicht *Tenebrae* die Passion des Gekreuzigten mit der Agonie der jüdischen Opfer der Shoah poetisch ineinander geblendet – und Marc Chagall hat in einigen Bildern den Gekreuzigten als Inbild jüdischen Leidens gemalt. Diese Zeugnisse geben den Anstoß, Jesus auch an der Seite der Leidenden, der Verängstigten, der Geschlagenen zu sehen.[10]

Jan-Heiner Tück, geb. 1967, Vorstand des Instituts für Systematische Theologie und Ethik an der Universität Wien, Schriftleiter der Internationalen Katholischen Zeitschrift Communio, freier Mitarbeiter bei der NZZ, Initiator der Wiener Poetikdozentur Literatur und Religion. Jüngste Veröffentlichungen: Gabe der Gegenwart. Theologie und Dichtung der Eucharistie bei Thomas von Aquin. Freiburg i. Br. ³2014; Gottes Augapfel. Bruchstücke zu einer Theologie nach Auschwitz. Freiburg i. Br. ²2016; „Gelobt seist du, Niemand". Paul Celans Dichtung – eine theologische Provokation. Freiburg i. Br. 2020.

Anmerkungen

1 Joseph Ratzinger – Benedikt XVI., Jesus von Nazareth, Bd. 2: Vom Einzug in Jerusalem bis zur Auferstehung. Freiburg i. Br. 2011, S. 173 (weitere Zitate im Haupttext mit Band- und Seitenangaben in Klammern).
2 Ratzinger merkt im ersten Band bereits über Petrus, Jakobus und Johannes an: „Wir werden den drei wieder begegnen auf dem Ölberg (Mk 14, 33) in der letzten Angst Jesu als dem Gegenbild zur Verklärung, beides doch untrennbar zueinandergehörend. Hier ist der Bezug zu Ex 24 nicht zu übersehen, wo Mose in seinem Aufstieg Aaron, Nadab und Abihu [...] mitnimmt" (I, 356). Dort begegnet auch der Hinweis auf die verschiedenen Berge und deren Wichtigkeit in der Lebens- und Leidensgeschichte Jesu: zunächst der Berg der großen Verkündigung, dann der Berg des Gebets, der Berg der Angst, der Berg des Kreuzes und schließlich der Berg der Auferstehung.
3 An dieser Stelle sind gewisse Berührungspunkte zum Anliegen der neuen politischen Theologie zu notieren. Vgl. Johann Baptist Metz, „Wachen, aufwachen, die Augen öffnen ...", in: Ders., Mystik der offenen Augen. Wenn Spiritualität aufbricht, hg. von Johann Reikerstorfer. Freiburg 2011, S. 47–53.
4 Hans Blumenberg, Matthäuspassion. Frankfurt am Main ^{3}1991, S. 195.
5 Vgl. zu Joseph Ratzingers Rezeption des Maximus Confessor und seiner Kritik am Monotheletismus: Jan-Heiner Tück, Gethsemani – das Drama des menschlichen Willens Jesu, in: Thomas Söding (Hg.), Tod und Auferstehung Jesu. Theologische Antworten auf das Buch des Papstes. Freiburg 2011, S. 143–159.
6 Blumenberg, Matthäuspassion (s. Anm. 4), S. 195.
7 Vgl. auch die Notiz zum Kreuzesruf Jesu: „In diesem letzten Gebet Jesu erscheint, ähnlich wie in der Ölbergszene, als der tiefste Kern seiner Passion nicht irgendein physischer Schmerz, sondern die radikale Einsamkeit, die vollständige Verlassenheit." Joseph Ratzinger, Einführung ins Christentum. Neuausgabe München 2000, S. 280.

8 Das Motiv des stellvertretenden Leidens steht auch im Mittelpunkt der Soteriologie Hans Urs von Balthasars, der über das Leiden im Garten Gethsemane ausführt: „Alles, was der Alte und Neue Bund an Angst kennt, ist hier beisammen und ins Unendliche überboten, weil die Person, die in dieser Menschennatur sich ängstigt, der unendliche Gott selber ist. Es ist einmal das *Leiden des unendlich Reinen, unendlich Gerechten* (der zugleich Gott ist) vor allem, was Gott verabscheut und was erst für den Reinen (der zugleich Gott ist) seine ganze Grässlichkeit offenbart; es ist ferner das *stellvertretende Leiden dieses Reinen für alle Unreinen*, das heißt das Erleiden jener Angst, die jeder Sünder von Rechts wegen vor dem Gericht und in der Verwerfung Gottes durchzumachen hätte; es ist endlich und im tiefsten die *Angst, die Gott (in Menschengestalt) um seine Welt leidet*, die ihm verlorenzugehen droht, ja im Augenblick eine gänzlich verlorene Welt *ist*" (Der Christ und die Angst. Einsiedeln 1953, S. 37f.). Vgl. auch die Aussage: „Nur der Sohn weiß erschöpfend, was es heißt vom Vater verlassen zu sein, weil er allein weiß, wer der Vater und was die Nähe und Liebe des Vaters ist." (38)

9 Vgl. Hans Urs von Balthasar, Theodramatik, Bd. 3: Die Handlung. Einsiedeln 1980, S. 297–305.

10 Vgl. Jan-Heiner Tück, Gottes Augapfel. Bruchstücke zu einer Theologie nach Auschwitz. Freiburg ²2016.

Lehrt Not beten?

Franz Höllinger

Am Sonntag nach dem großen Terroranschlag in New York am 11. September 2001 war ich zufällig beim Gottesdienst in einer Grazer Pfarre, die ich ansonsten nie besuche. Im Vergleich zu anderen Sonntagsmessen erschien mir die Kirche erstaunlich voll zu sein. Nach dem Gottesdienst fragte ich den Pfarrer, ob hier am Sonntag immer so viele Leute in die Kirche gehen. Der Pfarrer meinte, ihm sei auch aufgefallen, dass heute mehr Leute da waren als üblich. Er vermute, dass dies mit den Terroranschlägen zu tun habe. Das hier geschilderte Ereignis ist kein Einzelfall. Auch andere Berichte deuten darauf hin, dass Menschen in Kriegszeiten, nach dramatischen Naturkatastrophen oder anderen bedrohlichen Ereignissen vermehrt Zuflucht bei der Religion suchen. Der Volksmund hat diese Erfahrung kurz und prägnant im Sprichwort „Not lehrt beten" festgehalten.

Auch in der Religionssoziologie und Religionswissenschaft spielt dieser Aspekt eine Rolle. „Kontingenzbewältigung" wird zu den zentralen Aufgaben und Leistungen der Religion gezählt: Religion hilft dabei, die in der Natur des Menschen angelegte Unsicherheit des Daseins zu bewältigen, sie bietet Trost und Schutz, Ordnung und Sinn angesichts von Leid, Krankheit, Sterben, Armut, Elend und Ungerechtigkeit. Kontingenzbewältigung, Angstreduktion und Vermittlung emotionaler Sicherheit gelten nicht nur in älteren wissenschaftlichen Ansätzen, wie etwa bei Milton Yinger oder Hermann Lübbe, als wichtige Aufgaben der Religion; auch zeitgenössische Religionspsychologen und Anthropologen, die auf neueren Erkenntnissen der Evolutionsforschung aufbauen, wie z. B. Scott Atran und Lee Kirkpatrick, betonen diesen Aspekt.[1]

Der Wunsch oder Versuch, das eigene Schicksal oder das Schicksal der ganzen Gemeinschaft durch religiöses Handeln positiv zu beeinflussen, zeigt sich ganz offensichtlich in vielen magischen Ritualen: wenn etwa der Schamane eines Stammes unter enthusiastischer Anteilnahme der Gemeinschaft sein Tanzritual aufführt, damit endlich der ersehnte Regen kommt, der die Ernte sichert; wenn die Kirchengemeinde eines katholischen Bauerndorfes mit ähnlichen Intentionen in einer Bittprozession über die Fluren schreitet und um Gottes Segen und die Abwendung von Unheil und Not bittet; oder wenn sich Eltern, deren Kind an einer schweren, lebensbedrohlichen Krankheit leidet, in ihrer Verzweiflung an die Heilige Maria wenden und geloben, ihr ein Votivbild zu opfern, wenn das Kind wieder gesund wird. Der Wunsch, von Not verschont zu werden, kommt indirekt auch in der Vater-Unser-Bitte „Unser tägliches Brot gib uns heute" zum Ausdruck.

Auch wenn die Tatsache des Todes und die Ungewissheit über den Zeitpunkt, wann er uns trifft, unumstößlich sind, so haben doch der technische und medizinische Fortschritt dazu geführt, dass die materiellen Lebensbedingungen der gesamten Bevölkerung heute um ein Vielfaches besser und sicherer geworden sind, als sie es im bisherigen Verlauf der Menschheitsgeschichte waren. Dies zeigt sich schon allein am Indikator der Lebenserwartung. Bis 1880 lag die durchschnittliche Lebenserwartung in Westeuropa bei etwa 40 Jahren. Seither ist sie kontinuierlich gestiegen und liegt derzeit in den entwickelten Ländern bei 80 Jahren oder sogar darüber.[2]

Parallel dazu ist in den Ländern Europas im Verlauf des 20. Jahrhunderts die kirchliche Religiosität stark zurückgegangen. Auch hierfür ein Zahlenbeispiel: In den 1950er-/60er-Jahren besuchten in den deutschsprachigen Ländern zirka 50 bis 60 Prozent der jungen Erwachsenen regelmäßig (mindestens zwei bis drei Mal im Monat) den Sonntagsgottesdienst. Heute liegt dieser Anteil nur mehr bei 10 bis 15 Prozent.[3] Die Sozialwissenschaften, insbesondere die Religionssoziologie, haben zahlreiche Erklärungen geliefert, warum die Religiosität in modernen Gesellschaften zurückgeht. Ein Erklärungsstrang sieht den Rückgang der Religiosität als Folge der Verbesserung der Lebensbedingungen. Dieses Argument ist indirekt bereits in Max Webers These der Entzauberung der Welt enthalten: Wenn die Menschen in der Lage sind, bisher undurchschaubare Vorgänge in der Natur durch „intellektuelle Rationalisierung", das heißt mithilfe von Wissenschaft und Technik, zu beherrschen, dann sind sie nicht mehr darauf angewiesen, zu magischen Mitteln zu greifen, um diese Vorgänge zu beeinflussen.[4] In jüngerer Zeit haben die amerikanischen Wertewandelsforscher Ronald Inglehart und Pippa Norris dieses Argument aufgegriffen und ihm unter der Bezeichnung „existential security thesis" zu Popularität verholfen.[5] Dieser These zufolge geht die Religiosität umso stärker zurück, je besser die Menschen durch ein regelmäßiges und ausreichendes Einkommen, durch ein effizientes Gesundheitssystem und durch wohlfahrtsstaatliche Absicherungen vor existenziellen Risiken geschützt sind. Anhand von internationalen Umfragedaten und Entwicklungsindikatoren ist es möglich, diese These in ländervergleichender Perspektive zu prüfen. Die Ergebnisse derartiger Vergleichsstudien zeigen ganz eindeutig: Je höher das Pro-Kopf-Einkommen, je geringer die Kindersterblichkeit und je höher die Lebenserwartung, je besser die Gesundheitsversorgung und je besser die sozialstaatliche Absicherung in einem Land, desto niedriger ist der Anteil religiöser Menschen.

Inglehart/Norris und andere Vertreter dieses Ansatzes nehmen an, dass die These der existenziellen Sicherheit nicht nur auf der Ebene des weltweiten Ländervergleichs, sondern auch auf individueller Ebene innerhalb einzelner Länder gilt. Auch in anderen Kontexten wird von einem derartigen Zusammenhang ausgegangen. So wird beispielsweise die spektakuläre Ausbreitung charismatischer Pfingstkirchen in Lateinamerika, Afrika und Südostasien damit erklärt, dass die Religiosität, die in diesen Kirchen praktiziert wird, den verarmten und entwurzelten Bevölkerungsgruppen in diesen Ländern dabei hilft, ihre prekäre Lebenssituation im Übergang von traditionell ländlichen zu industriegesellschaftlich-urbanen Lebensformen besser zu bewältigen.[6] Eine Studie des Pew Forum on Religion & Public Life zeigt jedoch, dass die Schichtzugehörigkeit der Mitglieder von Pfingstkirchen im Ländervergleich stark variiert: In manchen Ländern rekrutieren sich die Mitglieder häufiger aus den unteren Einkommensschichten, in anderen Ländern kommen sie eher aus den mittleren und höheren Einkommensschichten.[7]

Zahlreiche Untersuchungen haben sich mit dem Zusammenhang zwischen Gesundheitszustand und Religiosität beschäftigt. Die Literatur über religiöse Bewältigungsstrategien (religious coping) bestätigt, dass Religiosität tatsächlich dazu beiträgt, verschiedene Arten von schweren gesundheitlichen Beeinträchtigungen besser zu bewältigen.[8] Nicht eindeutig sind hingegen die Befunde hinsichtlich der Frage, ob und inwieweit schwere Krankheiten dazu führen, dass Menschen religiöser werden, als sie vor dem Ausbruch der Krankheit waren. So hat etwa der deutsche Arzt und Theologe Gereon Heuft in einer groß angelegten Vergleichsstudie festgestellt, dass sich die Patienten und Patientinnen in seiner psychosomatischen Klinik zwar etwas häufiger mit religiösen Fragen beschäftigen, dass sie aber weder gläubiger noch religiös aktiver sind als der Rest der Bevölkerung. „Körperliches oder/und spirituelles Leiden führt offensichtlich zu keiner erkennbar intensiveren oder gemeinschaftlichen religiösen Haltung oder Praxis. Was nicht schon vor der Krankheitsphase an aktiver religiöser Einstellung verfügbar war, ist auch in einer Krankheitsphase an innerer Einstellung oder religiöser Praxis kaum zu (re-)aktivieren."[9]

Religiosität und gesellschaftliche Entwicklung im Ländervergleich[10]

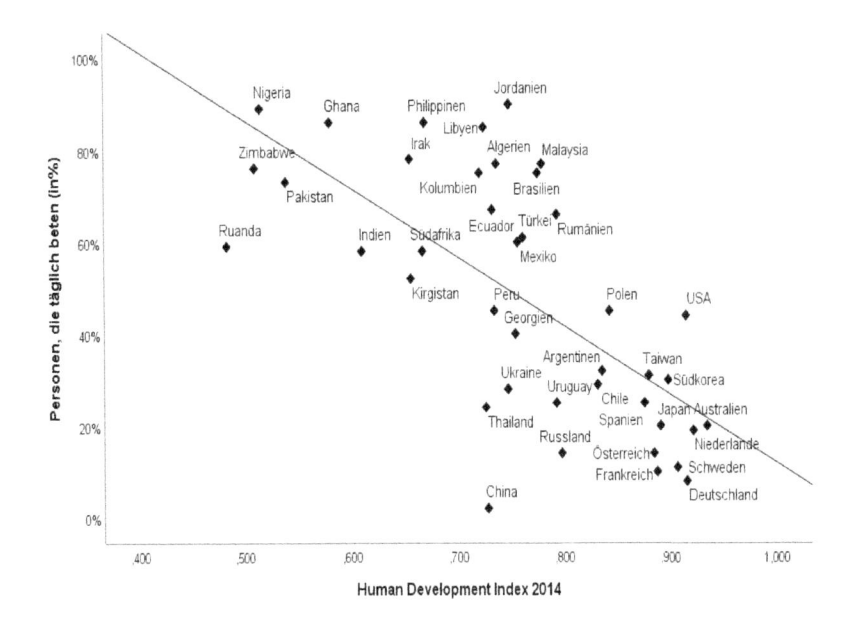

Ich selbst habe versucht, die These der existenziellen Sicherheit anhand der Daten der letzten Welle des World Value Survey sowohl im weltweiten Ländervergleich als auch auf individueller Ebene innerhalb der einzelnen Länder zu überprüfen. Zur Messung von existenzieller Unsicherheit standen eine Reihe durchaus relevanter Indikatoren zur Verfügung: arbeitslos zu sein oder Angst davor zu haben, keine (richtige) Arbeit zu finden; öfters kein Geld zu haben, um sich Essen oder benötigte Medikamente zu kaufen; Angst vor Kriminalität in der Wohnumgebung zu haben; sich in einem schlechten Gesundheitszustand zu befinden. Der Ländervergleich bestätigt sehr klar den schon in zahlreichen anderen Studien ermittelten Zusammenhang zwischen höherem Grad an materieller Sicherheit und geringerer Religiosität. In den weniger entwickelten Ländern Afrikas und Südasiens, in denen Menschen viel häufiger materielle Not erfahren, gaben 60 bis 80 Prozent der Befragten an, täglich zu beten; in den hochentwickelten westeuropäischen und ostasiatischen Ländern sowie in Australien tun dies hingegen nur 10 bis 20 Prozent. Innerhalb der einzelnen Ländern lässt sich jedoch kein systematischer Zusammenhang zwischen existenzieller Unsicherheit und dem Grad der Religiosität feststellen. Menschen, die keine geregelte Arbeit haben, die materielle Deprivationen erleiden, die Opfer einer kriminellen Handlung wurden oder sich von Kriminalität bedroht fühlen, sind im Durchschnitt etwa gleich religiös wie jene, die keine derartigen Erfahrungen machen.[11]

Wie kann man diesen scheinbaren Widerspruch erklären, dass die Religiosität mit zunehmendem Grad an existenzieller Sicherheit auf kollektiver Ebene signifikant zurückgeht, dass sich aber bei einzelnen Menschen ein höheres oder geringeres Maß an existenzieller Sicherheit nicht auf die Intensität der Religiosität auswirkt? Eine mögliche Erklärung könnte darin liegen: In Ländern, in denen viele Menschen immer wieder die Erfahrung machen, dass ihr Leben durch Hunger, Gewalt, Krankheit und andere Bedrohungen, die sie selbst nicht beeinflussen können, gefährdet ist, herrscht die Empfindung vor, dass das Leben des Menschen von äußeren Mächten abhängt. Durch den religiösen Glauben und die fest im Alltagsleben verankerten religiösen Rituale wird die existenzielle Unsicherheit auf symbolischer Ebene aufgelöst und dadurch leichter erträglich. Wenn sich die allgemeinen Lebensbedingungen hingegen durch den technischen und medizinischen Fortschritt so sehr verbessern, dass der Großteil der Menschen im Alltagsleben kaum mehr existenzielle Bedrohungen erfährt, wird die Empfindung der Abhängigkeit von äußeren Mächten zunehmend schwächer. In beiden Fällen werden diese Erfahrungen und Empfindungen im kollektiven Gedächtnis der Gesellschaft gespeichert. Das Vorhandensein oder Fehlen eines derartigen religiösen Grundgefühls hat sicherlich auch eine individuelle Komponente und unter bestimmten Umständen können individuelle Not- und Grenzerfahrungen tatsächlich zu religiösen Erweckungserlebnissen führen, wie sie etwa William James in seinem Buch „Die Vielfalt religiöser Erfahrungen" schildert.[12] Ähnlich wie die moralischen Vorstellungen oder die Regeln, wie man sich als Mann oder als Frau im Alltag zu verhalten hat, wird die Religiosität des Einzelnen jedoch in hohem Maße durch die kollektiven Vorstellungen der jeweiligen Kultur geprägt. In anderen Worten ausgedrückt: In den hochreligiösen Gesellschaften Afrikas oder Lateinamerikas sind Alte und Junge, Arme und Reiche gleichermaßen religiös. Umgekehrt ist in den hochsäkularisierten Ländern Westeuropas und Ostasiens das Niveau der Religiosität in allen Bevölkerungsschichten annähernd gleich niedrig. Aufgrund des fortschreitenden Rückgangs der kirchlichen Religiosität ist hier allerdings die jüngere Generation weniger religiös als die ältere Generation.

Copyright: archiv.thomasplassmann.de

Da traditionelle religiöse Weltdeutungen und Rituale, wie das Gebet oder der Gottesdienstbesuch, im Verlauf des 20. Jahrhunderts in den europäischen Gesellschaften stark an Plausibilität verloren haben, hat das alte Sprichwort „Not lehrt beten" bei uns offensichtlich seine Gültigkeit verloren. Im Regelfall ist heute nicht mehr davon auszugehen, dass sich Menschen in Notsituation auf die Religion besinnen, wenn sie nicht schon vorher religiös waren. Selbst im Fall einer lebensbedrohenden Krankheit wenden sich heute nur mehr wenige an religiöse „Fürsprecher", sondern man glaubt und hofft bis zuletzt, dass die Medizin doch noch einen Weg finden wird, die Krankheit zu heilen. In ähnlicher Weise dürften durch den Klimawandel mitverursachte Umweltkatastrophen kaum zu einer Zunahme der Religiosität, sondern eher zum Ruf nach einer effizienteren Umweltpolitik führen. In Anbetracht der hohen Geschwindigkeit der technischen Entwicklung ist zu erwarten, dass der Glaube an die Möglichkeit, individuelle und kollektive Bedrohungen durch technische Mittel abzuwenden oder zu entschärfen, weiterhin zunehmen wird.

Was bedeutet dies nun für die Zukunft der Religion in den hochentwickelten Gesellschaften? Maßgebliche Strömungen in den Sozialwissenschaften seit dem 19. Jahrhundert gingen davon aus, dass die Religion in modernen Gesellschaften nach und nach an Bedeutung verlieren wird. Aufgrund der unvermindert starken Präsenz der Religion in vielen Teilen der Welt wird die Allgemeingültigkeit der Säkularisierungsthese mittlerweile vielfach infrage gestellt. Zahlreiche empirische Studien deuten allerdings darauf hin, dass der Rückgang traditioneller kirchlicher Formen der Religiosität in den europäischen Gesellschaften, aber auch in anderen Teilen der Welt, insbesondere im ostasiatischen Raum, kontinuierlich voranschreitet. Der Plausiblitätsverlust christlich-kirchlicher Formen der Religiosität in Europa ist keineswegs nur auf die Verbesserung der Lebensbedingungen zurückzuführen, dieser Faktor dürfte aber doch eine erhebliche Rolle spielen. Religion erfüllt jedoch nicht nur die Funktion, schwierige Lebenssituationen und existenzielle Bedrohungen zu bewältigen und dem Menschen durch vorgegebene Verhaltensrichtlinien Sicherheit und Orientierung zu geben. Religion dient auch der Sinnsuche, dem Wunsch, das Hier und Jetzt zu transzendieren, sein eigenes Potenzial zu entfalten und nach höheren Erkenntnissen und Werten zu streben. Derartige spirituelle Bedürfnisse sind bei den Menschen in unterschiedlichen Intensitätsgraden vorhanden oder nicht vorhanden. Es ist durchaus davon auszugehen, dass ein Teil der religiösen Sinnsucher weiterhin bei traditionellen Religionsgemeinschaften Antworten auf spirituelle Fragen und Bedürfnisse findet. Viele fühlen sich aber heute mehr von spirituellen, esoterischen und therapeutischen Angeboten am Selbsthilfe- und Selbstverwirklichungsmarkt angesprochen als von kirchlichen Angeboten. Die Ausdrucksformen der Religiosität befinden sich somit heute in einem Prozess des Wandels; von einem „Absterben" der Religiosität kann aber noch lange keine Rede sein. Wie das Beispiel am Beginn dieses Textes zeigt, ist es durchaus möglich, dass im Fall von drastischen Katastrophenszenarien und kollektiven Notsituationen auch traditionelle Formen der religiösen Kontingenzbewältigung vorübergehend wieder reaktiviert werden.

Franz Höllinger, geboren 1957 in Linz, Studium der Philosophie, Politikwissenschaften und Psychologie in Innsbruck und Salzburg. Habilitation: „Volksreligion und Herrschaftskirche. Die Wurzeln religiösen Verhaltens in westlichen Gesellschaften". Seit 1996 a.o. Univ. Prof. am Institut für Soziologie der Universität Graz. Forschungen zum Wandel der Religiosität und der familiären Lebensformen in international vergleichender Perspektive, insbesondere in Europa und Amerika.

Anmerkungen

1 Siehe zum Beispiel: Scott Atran, In Gods we Trust. The Evolutionary Landscape of Religion. Oxford 2002; und Lee Kirkpatrick, Attachment, Evolution and the Psychology of Religion. New York 2005.
2 Datenquelle: GAPMINDER, https://www.gapminder.org/tools/.
3 Franz Höllinger, Trends in Church Attendance Among Christian Societies in the Second Half of the 20th Century, in: Insa Bechert – Markus Quandt: ISSP Data Report. Religious Attitudes and Religious Change. Gesis Leibniz-Institut für Sozialwissenschaften. Köln 2013, S. 47–59.
4 Max Weber, Wissenschaft als Beruf, in: ders., Gesammelte Aufsätze zur Wissenschaftslehre. Tübingen 1988, S. 584.
5 Pippa Norris – Ronald Inglehart, Sacred and Secular: Religion and Politics Worldwide. New York 2011.
6 Z. B. Cecilia L. Mariz, Coping with Poverty: Pentecostals and Christian Base Communities in Brazil. Philadelphia 1994; Andrew Chesnut: Born Again in Brazil. The Pentecostal Boom and the Pathogens of Poverty. New Brunswick 1997.
7 The Pew Forum on Religion & Public Life: Spirit and Power. A 10-Country Survey on Pentecostals. Washington DC 2006.
8 Z. B. Kenneth I. Pargament, The psychology of religion and coping: Theory, research, practice. New York 1997.
9 Zitiert nach: https://bistum-osnabrueck.de/not-lehrt-nicht-beten/ (abgerufen am 9.9.2019); vgl. dazu auch das Buch von Gereon Heuft, Not lehrt (nicht) beten. Repräsentative Studie zu religiösen Einstellungen in der Allgemeinbevölkerung und von Patienten der psychosomatisch-psychotherapeutischen Ambulanz eines Universitätsklinikums. Münster 2016.
10 Datenquellen für Beten: World Value Survey 2005–2010 und European Value Study 2008; für Human Development Index 2014: Human Development Report online.
11 Franz Höllinger und Johanna Muckenhuber: Religiousness and existential insecurity. A cross-national comparative analysis on the mac-

ro- and micro level, in: International Sociology Jg. 34, (2019) Heft 1, S. 19–37.
12 William James, Die Vielfalt religiöser Erfahrungen. Frankfurt am Main 2014 (engl. Erstauflage: 1902).

M. KRAMMER

„Fürchtet euch nicht!"

Kurt Wimmer

Ein Virus verbreitet innerhalb weniger Wochen weltweit Angst, weil es so unberechenbar ist, eine diffuse Angst vor dem Unbekannten, die plötzlich auch in Panik kippen kann.

Ängste sind vielfältig und auch zeitbedingt: Einst gab es die Angst vor den Folgen von Tschernobyl oder die Angst, BSE-verseuchtes Fleisch zu essen. Dazu kommen latente, allgegenwärtige Ängste: vor einem Krieg, vor dem Krebs, Angst, die Arbeit zu verlieren, Angst vor Katastrophen durch den Klimawandel. Oder Angst vor dem Leben ...

Bei diesem Angebot an Ängsten schwindet die Angst vor der Hölle. Mag sein, dass auch das Sensorium für traditionell Religiöses in dessen aktuellen Erscheinungsformen überhaupt abstumpft.

Drastische Bilder

Die spärlichen Hinweise in der Bibel auf einen Ort der ewigen Verdammnis, eine Finsternis, in der „Heulen und Zähneknirschen" herrscht, haben die Fantasie von Kirchenvätern, Theologen und Künstlern ausgiebig angeregt. Die christliche Ikonographie hat mit drastischen Bildern dafür gesorgt, dass auch die Masse der Gläubigen mit Details aus dem Höllenleben vertraut wurde – fast immer im Zusammenhang mit dem Jüngsten Gericht. Besonders eindringlich wurden die Motive der vielfältigen Strafen nackter Sünder gestaltet, die von Dämonen gepeinigt in einem Flammenmeer ewig büßen müssen.[1]

In der Literatur hat Dante (1265–1321) mit seiner „Göttlichen Komödie" die damaligen Vorstellungen vom Jenseits (Inferno-Purgatorium-Paradies) visionsfreudig bereichert. Der Hölle mit ihren neun Kreisen, aufgliedert nach Graden der Sündhaftigkeit, widmet er besonders detailreiche Schilderungen.

Noch im „Katechismus der katholischen Religion" aus dem Jahr 1951 wird mit selbstverständlicher Genauigkeit aufgelistet, welche Qualen die Verdammten in der Hölle erleiden:

„1. sie sind von Gott verstoßen und von den Freuden des Himmels ausgeschlossen.
2. sie leiden die Qualen des Feuers, große Trostlosigkeit und Verzweiflung.
3. sie müssen das ewig leiden, ohne Hoffnung auf Erlösung oder auf Linderung."

Der Katechismus war für den Schulgebrauch und wenn es heute im Glaubensbekenntnis heißt: „Hinabgestiegen in das Reich des Todes", so wurde damals noch „Abgestiegen zu der Hölle" gebetet.

Im Reich des Todes

Auf das in der Geschichte vielfach bewährte Instrument des Katechismus griff die Deutsche Bischofskonferenz 1985 zurück, als sie, 20 Jahre nach dem Zweiten Vatikanischen Konzil, versuchte mit einem neuen Katechismus für Erwachsene eine von Rom approbierte Zusammenfassung des katholischen Glaubensgutes einer größeren Öffentlichkeit nahezubringen.

In diesem Leitfaden, der sich am Glaubensbekenntnis orientiert, wird bereits die neue Formulierung „Hinabgestiegen in das Reich des Todes" kommentiert, und zwar mit den Worten, dass Jesus nicht nur das allgemein menschliche Todesschicksal erlitten habe, „sondern dass er auch eingegangen ist in die ganze Verlassenheit und Einsamkeit des Todes, dass er die Erfahrung der Sinnlosigkeit, die Nacht und in diesem Sinn die Hölle des Menschseins auf sich genommen hat".[2]

In den etwas mehr als drei Jahrzehnten zwischen diesen beiden Katechismen fand das Zweite Vatikanische Konzil statt, das seinerseits schon eine Reaktion auf offensichtliche Mängel und Defizite bei der Glaubensvermittlung war. Auch ein so nachdrücklich auf die Wahrung der Tradition bedachter Theologe wie Joseph Ratzinger, der spätere Papst Benedikt XVI., hat sich als Professor in Tübingen mit dieser Frage beschäftigt und in seiner „Einführung in das Christentum" festgestellt, dass „Hölle" eigentlich nur eine falsche Übersetzung des griechischen Begriffes „Hades" sei, und dass uns die Verlegenheit der Frage nicht erspart bleibe, „was denn geschieht, wenn jemand stirbt, also ins Geschick des Todes eintritt."

„Geburt des Fegefeuers"

Ratzinger interpretiert „Hölle" als totale Einsamkeit und Furchtbarkeit, als eine Verlassenheit zu der kein Du mehr reicht.[3]

Mit der Androhung von Sündenstrafen konnten lange Zeit Ängste geschürt werden. Der Strafe ewigen Leidens durch das Verdammen in eine Hölle wurde aber schließlich eine zeitlich begrenzte Strafe für Sünden beigesellt: das Fegefeuer oder Purgatorium.

Der französische Historiker Jacques Le Goff hat ziemlich überzeugend nachgewiesen, dass sich die Vorstellung des Fegefeuers in der Zeit vom 3. bis zum 13. Jahrhundert herausgeformt hat und

„die endgültige Geburt" ungefähr von 1170 bis etwa 1220 vor sich gegangen sei.[4]

Mit dem Begriff Fegefeuer wurde zwar der Höllengedanke mit den Feuerqualen weitergeführt, aber er bedeutete bereits eine Weiterentwicklung des christlichen Glaubens: Der bessere Begriff „Purgatorium" bot die Möglichkeit einer Läuterung unter bestimmten Bedingungen auch nach dem Tod – ohne Androhung der ewigen Dauer.

Und wenn auch Hölle und Fegefeuer allmählich ihre Bedeutung als Schreckensorte eingebüßt haben, so zeigte sich doch, dass eine Rationalisierung des Religiösen, die Entmythologisierung, ihre Grenzen hat und dass Angst auch Nichtgläubige verfolgt. Der Philosoph und Arzt Karl Jaspers hat zum Beispiel eine vielleicht „so noch nie gewesene Lebensangst" als unheimlichen Begleiter des modernen Menschen konstatiert, weil der Mensch, „losgelöst von seinem Ursprung nicht einfach Funktion sein kann".[5] Der Däne Søren Kierkegaard (1813–1855) wollte das reformierte Christentum reformieren und setzte sich als Philosoph auch grundlegend mit der Angst auseinander. Nur durch den Glauben finde man den Mut, auf die Angst ohne Angst zu verzichten, postulierte er.

Ewiger Begleiter

Für Kierkegaard ist die Angst eine gebundene Freiheit, in der der Geist vor sich selber Angst hat. Er sieht in ihr aber auch einen Erzieher und Aufdecker. So enthülle sie einerseits als Schicksal bei den Griechen und andererseits als Schuld bei den Christen das, was der Däne „die unendliche Möglichkeit" nennt. Die Angst erziehe zum Glauben: „Die Angst vor dem Schicksal kann der Mensch erst überwinden im Glauben an die Vorsehung und die Angst vor der Schuld erst im Glauben an die Versöhnung. Die Angst verschwindet jedoch nie gänzlich, die Angst vor der Möglichkeit der Sünde muss der ewige Begleiter des Menschen bleiben, die Stimme des ewigen Geistes in ihm ..."[6]

Furchtbarer Widerspruch

1944 erschien zum ersten Mal das Werk des Schweizer protestantischen Pfarrers und Psychoanalytikers Oskar Pfister (1873–1956) „Das Christentum und die Angst". Auf mehr als 500 Seiten setzt sich Pfister, angetrieben von einem schmerzlichen Bedauern mit dem für ihn furchtbaren Widerspruch zwischen dem auseinander, was der Stifter des Christentums wirklich lehrte und wie sich diese Lehre dann weiterentwickelte.

Pfister geht davon aus, dass das Wort „Fürchtet euch nicht", fast überall die erste Botschaft ist, welche die evangelischen Boten bringen – ob es sich nun um Apostel, Engel oder Jesus selbst handelt. Zudem kritisiert er, dass die christliche Liebesbotschaft durch ein System von Dogmen, kirchlich vorgeschriebenen Normen und durch Angst neurotisiert worden sei: „Das Christentum ist, dies soll man nie übersehen, Kampf mit der Angst, der ungeheuren Lebensangst, vor der keiner völlig gesichert ist, der nicht die vollkommene Liebe in sich trägt. Der Christ und der profane Seelenarzt haben es in gewissem Sinne mit demselben Feinde zu tun".[7]

Mit dem Hinweis auf die „vollkommene Liebe" bezieht sich der Schweizer auf den 1. Johannesbrief (4, 18), in dem es heißt: „Furcht gibt es nicht in der Liebe, sondern die vollkommene Liebe vertreibt die Furcht. Denn die Furcht rechnet mit Strafe, und wer sich fürchtet ist in der Liebe nicht vollendet".

Untergrabener Lebenswille

Ähnlich wie der Protestant Pfister argumentiert der katholische Fundamentaltheologe und Religionsphilosoph Eugen Biser. Er war Nachfolger des legendären Karl Rahner am Romano-Guardini-Lehrstuhl für Christliche Weltanschauung und Religionsphilosophie an der Universität München und starb 2014. Biser verteidigt das Christentum nicht nur als Religion der Todesüberwindung, sondern auch als „Religion der Angstüberwindung"[8] und bezieht sich dabei auch auf ein Zitat Reinhold Schneiders in dessen Erinnerungswerk „Winter in Wien": „Angst untergräbt den Lebenswillen – aber ohne Lebenswillen gibt es keinen Glauben."

In der Auseinandersetzung um die zentrale Frage nach dem Wesen und der Identität des Christentums sieht Eugen Biser auch einen Kampf um das Vermächtnis des Konzils. Der Fundamentaltheologe erkennt die Wurzeln der Angst in den Grundbeziehungen des Menschen: zu Gott, zu den Mitmenschen und zu sich selbst. Mit der Absage an den strafenden Gott der Rache und der Hinwendung zu einem vorbehaltlos liebenden Vater habe sich das Gottesbild und das Verhältnis zu Gott gewandelt. Und mit der Berufung zur Gotteskindschaft sei der Mensch zu sich selbst ermutigt worden.

Machtmittel Angst

In totalitären Staaten ist Angst bis heute ein unverzichtbares Herrschaftsmittel und Terror gilt als Angst-Einpeitscher, als eine wirksame Waffe, die Macht aufrechtzuerhalten.

Auch Religionen können der Versuchung nicht widerstehen, Angst als Machtmittel einzusetzen. Aber es grassieren auch so genug Ängste und damit Möglichkeiten der Neurotisierung – ganz ohne religiöse Nachhilfe.

Jean-Paul Sartre zum Beispiel entdeckte, dass die Hölle „die andern" sind, und ein Intellektueller wie Paul Valéry schildert in seinen „Cahiers" Angst als sein „Metier", und dass er in einem nervösen Zustand aufgewachsen sei, in einer „Angst vor ALLEM. Kälte. Sonne ... Hingegen nicht übermäßig vor der Hölle."[9]

Eugène Ionesco wiederum, der französische Dramatiker mit rumänischen Wurzeln und einer der wichtigsten Repräsentanten des absurden Theaters, wird von Angstträumen und Panikattacken gequält. Er sinniert in seinem Tagebuch, wie man den Mechanismus der Angst demontieren könnte, und wird von seinem Psychiater aufgeklärt, „dass wir nicht im Paradiese sind, und dass wir nichts tun können, als ertragen lernen, was für manche, für mich zum Beispiel, unerträglich ist. Ich wusste es, wir wissen es, aber es ist schon recht ärgerlich. Das Paradies will ich wiederfinden ..."[10]

Die Suche nach dem verlorenen Paradies geht also weiter. Wobei auch das Paradies längst kein Ort mehr ist, sondern vielleicht eine Art Heimweh nach etwas anderem. Dieses „Andere" als unsere eigentliche Bestimmung aber verdrängen wir. Und diese Verdrängung erzeugt dann ein Schuldgefühl, das Angst weckt. So versucht jedenfalls der lange in England lebende und in Kirchstetten begrabene Amerikaner Wystan Hugh Auden in seinem „barocken Hirtengedicht" „Das Zeitalter der Angst" (1947) dieses Urphänomen zu erklären.

Religiöser Defätismus

Oskar Pfister hat ausführlich die Spitzenrolle des Christentums als Angsterreger in der Vergangenheit dokumentiert. Er hat aber auch, wie später Eugen Biser, sehr eindringlich auf die wesentliche Seite dieser Religion hingewiesen – auf ihre Frohbotschaft. Das Unbekannte, das zunächst als Bedrohung empfunden wird, erweist sich im Neuen Testament oft als Engel Gottes. Und der beruhigt die Verschreckten und Ängstlichen: „Fürchtet euch nicht".

Gläubige Atheisten sind davon überzeugt, dass die Freiheit von Religion gesellschaftlich gesünder und befreiender sei als jede Freiheit zur Religion. Sie vergessen dabei die beiden auf furchtbare Weise misslungenen Versuche, diese Art von Befreiung in die Tat umzusetzen: Kommunismus und Nationalsozialismus.

Religionen werden also auch weiterhin eine Rolle in der Gesellschaft spielen. Auch das Christentum, das derzeit eine Phase des lähmenden religiösen Defätismus durchmacht. Wie bedeutend diese Rolle in Zukunft sein wird, hängt von den Christen ab, die einen notwendigen Wandel nicht nur dem Heiligen Geist überlassen sollten. Das wäre sicher nicht gottgewollt. Denn Gott braucht die Menschen.

Kurt Wimmer, Dr., geboren 1932 in Linz, Studium der Geschichte in Graz. 1958–1997 bei der Kleinen Zeitung, 1964–1994 Chefredakteur-Stellvertreter, 1994–1997 Chefredakteur. Publikationen: „Liberalismus in Oberösterreich 1869–1909" (Linz 1979), „Damals, 1938. Grazer Zeitgenossen erinnern sich" (1988), „Der Brückenbauer – Hanns Koren und seine Zeit 1906–1985" (2006), zahlreiche Beiträge in diversen Medien.

Anmerkungen

1 Hannelore Sachs – Ernst Badstübner – Helga Neumann, Christliche Ikonographie in Stichworten. München 1975, S. 179f.
2 Katholischer Erwachsenen-Katechismus. Das Glaubensbekenntnis. München et al. 1985, S. 195.
3 Joseph Ratzinger, Einführung in das Christentum. München 1971, S. 218–220.
4 Jacques le Goff, Phantasie und Realität des Mittelalters. Stuttgart 1990, Kapitel: Die Zeit des Fegefeuers (3.–13. Jahrhundert), S. 106–120.
5 Karl Jaspers, Die geistige Situation der Zeit. Berlin – New York 1971, S. 55.
6 Søren Kierkegaard, Der Begriff Angst, Werke Bd. 1. Reinbek bei Hamburg 1960, S. 180. Das Zitat ist eine Zusammenfassung Kierkegaard'scher Gedanken durch die Herausgeberin der Werke Liselotte Richter.
7 Oskar Pfister, Das Christentum und die Angst. Frankfurt am Main – Berlin – Wien 1985, S. 444f.
8 Eugen Biser, Das Christentum als Religion der Angstüberwindung, in: Erwin Möde (Hg.), Leben zwischen Angst und Hoffnung. Regensburg 2000, S. 163–197.
9 Paul Valéry, Cahiers/Hefte, Bd. 1, S. 86 u. 131.
10 Eugène Ionesco. Tagebuch (Journal en miettes). Neuwied/Berlin 1967, S. 88f.

M. KRAMMER

Vor die Hunde

Kathrin Röggla

Plötzlich hatte sie ihre Hundephobie nicht mehr. Wie kommt denn das? Sie gibt an, es sei schon länger so, es sei einfach mit der Zeit immer weniger geworden, und mit einem Mal sei sie weggewesen, die Angst. Er aber widerspricht, es müsse ganz plötzlich gekommen sein. Von einem Tag auf den anderen. „Denn gestern war sie ja noch da, deine Phobie!" – Wieso? – „Gestern hast du doch noch die Straßenseite gewechselt wegen eines kleinen Köters." – Nein ... – Wie konnte sie die nach all den Jahren so plötzlich nicht mehr haben?, fragte er sich, um sich gleich selbst zu unterbrechen: „Das ist doch toll! Ich meine, das ist doch wunderbar, dass du das nicht mehr hast, dass du dich nicht mehr quälst ..." – Naja – „Ich meine, was hast du dich damit rumgequält!" – „Ich habe mich damit nicht rumgequält!" Jetzt wurde sie ärgerlich. Sie habe sich damit immer zurückgehalten, sie habe ihre Phobie niemals in den Vordergrund gestellt, sie habe sich zusammengerissen, und jetzt sei sie eben ganz verschwunden, die Angst, nachdem sie schon eine ganze Weile nur noch ein bisschen da gewesen sei. Einfach fort.

Er möchte sie doch an die Umwege erinnern, „die wir gemacht haben, all die Umwege wegen der Hunde".
– Bitte?
– Alleine letzten Donnerstag. Am Kanal. All die Hunde.

– Welche Hunde?
Entgegenkommende Hunde, plötzlich von links auftauchende Hunde, plötzlich von rechts auftauchende Hunde. Hunde, die irgendwie wie übriggeblieben wirkten in der Szene, es fehlte das Herrchen, es fehlte das Frauchen. Wo ist das Herrchen, habe sie immer schon gleich gefragt, wo ist das Frauchen? Und es habe immer Panik in ihrer Stimme gelegen, immer. Und oft war das Herrchen eben noch gerade dagewesen, das Frauchen, es war nur hinter einen Busch getreten, es war nur mal kurz in den Laden gegangen, sozusagen kurz mal verschwunden, um gleich wieder aufzutauchen, und da war es auch schon wieder und hat gar nicht verstanden, wie man sich so aufregen konnte und wie man imstande war, den Hund so fuchsig zu machen, ihren lieben kleinen Bello, Hasso oder Castor oder wie Hunde heute heißen, der eigentlich niemandem was tue. Der gar nicht in der Lage sei. Das Frauchen hat nicht verstanden, warum man ein Problem mit ihrem Hund haben könne, und dann sei das Problem auch meist schon da gewesen, weil die Hunde wild geworden seien, und die Frauchen seien ratlos geworden, seien ratlos dagestanden oder ärgerlich geworden, begannen zu schreien: „Der tut doch nichts" und „Seien Sie nicht so hysterisch! Sie machen ihn ja ganz verrückt." Wie könne man nur so falsch mit den Hunden umgehen! Alle haben es immer nicht verstanden, wie man ihr eigentlich freundliches Tier zu so etwas anstiften könne, sie hätten uns allesamt attackiert, und die Herrchen hätten sogar mit der Polizei gedroht, „erinnerst du dich nicht?", während sie ihre Hunde mit äußerster Mühe bei sich behalten hätten, die fortwährend geknurrt hätten und die Zähne gefletscht.

„Ja, natürlich", sagt sie, „aber das ist lange her". Jetzt sagten die nichts mehr, weil sie keine Reaktion mehr auf die Tiere zeige. – Was? Kein spontaner Sprung auf die Straße mehr? Kein Stolpern vor einen VW Golf mehr – Bitte? – „Mehrfach habe ich dich abhalten müssen, vor ein Auto zu springen", entgegnet er nüchtern.

„Ich bin doch vor kein Auto gesprungen, also soweit ich mich erinnern kann, war da kein Auto." – „Vor einigen Wochen doch", korrigierte er sie, „oder war es zwei Monate her, da bist du vor ein Auto gesprungen und ich habe dich gerade noch zurückziehen können." Er erinnere sich noch ganz genau an einen Peugeot, einen Volvo und, man stelle sich vor, einen Mercedes.
– Einen Mercedes? Aha, und woher kam dieser Mercedes auf einmal?
– Ganz normal.
– Bei uns in der Gegend ist ein Mercedes niemals normal.
– Es war auch nicht bei uns, wir waren im Regierungsviertel.
– Was bitteschön haben wir in deinem Regierungsviertel gemacht?
– Es ist nicht meines ...
– Regierungsviertel, Regierungsviertel, wie kommst du überhaupt auf so ein Wort.
– Das ist kein Wort.
– Ach.

„Dieser Kläffer, erinnerst du dich etwa nicht?", beginnt er nach einer Weile wieder. – Das ist Monate her. – Sag ich doch, vor ein paar Wochen. Dieser schwarze mittelgroße Kläffer mit dem weißen Fleck, so eine Promenadenmischung, der da einfach frei herumlief. – Im Regierungsviertel? – Ja, das heißt, nein, egal, und da war einfach niemand, dem er zugeordnet werden konnte. Keine Menschenseele. Nur der Köter. Wir haben uns eine Weile gefragt, wem er wohl gehört, das heißt, gefragt habe eher ich, weil du ja panisch meine Hand umklammern musstest. – Und dann? – Er muss uns hinterhergelaufen sein. Zuerst in gebotenem Abstand, eine ganze Weile lang, und du hast dich immer umgedreht, ob er noch da ist. Das hat mich schrecklich genervt, ich habe dir dann immer wieder gesagt, du sollst dich nicht umdrehen, weil er dann umso mehr uns folgen würde, denn das war bisher immer der Fall gewesen, aber du konntest dich ja nicht zurückhalten.

– „Und dann?", fragt sie. „Dann ist er uns natürlich gefolgt. Er hat sich eben seinen Teil gedacht. Und natürlich kam er immer näher. Jedes Mal, wenn du dich umgedreht hast, war er näher dran. Wie sich herausstellte, konnte er ganz plötzlich äußerst aggressiv werden und sprang bald vor uns auf und ab und hat immer so geschnappt."
– Aha. – „Und du bist vor das Auto gesprungen."
– Da war keine Wand.
– Was für eine Wand?
– Ich bin nicht gegen eine Wand gelaufen.
– Habe ich von einer Wand gesprochen? Auto! Auto! Du hast bei wildfremden Leuten geklingelt, die dich erst nicht reinlassen wollten, du hast ihnen deine Geschichte erzählt, und dann haben sie dich reingelassen, und du bist eine ganze Stunde nicht mehr rausgekommen, nur wegen diesem Köter.
– Ich habe denen nicht meine Geschichte erzählt, was wäre überhaupt meine Geschichte? Dass ich Angst vor Hunden habe?
– Nein.
– Wie nein, plötzlich nein, das gibt es doch nicht!
– Du weißt doch mittlerweile, dass dich niemand versteht. Insofern hast du ihnen lediglich von der Verfolgung erzählt, am Ende von einem Regierungsviertel, der Menschenleere dort und dem Mercedes. Jedenfalls nehme ich das an, ich kann das ja gar nicht so genau wissen, ich weiß nur das, was ich nachträglich erfahren habe, und das war nicht schön. Gar nicht schön.

– Und wo warst du bitteschön in jenem Moment?
– Ich war noch im Laden.
– In welchem Laden?
– Ich war noch im Drogeriemarkt und habe die Windeln für die Kleine gekauft.
– Du ... kaufst doch nie Windeln.
– Lenk nicht ab, ich war noch im Laden und du warst draußen.

„Du warst draußen und es kam anscheinend dieser Köter", versuchte er zu sagen, er habe sie ja nachher aus jener Wohnung abholen müssen, die sie ansonsten freiwillig nie betreten hätte. Eine völlige Assi-Szenerie. Überall Müll, Plastiksäcke, es türmte sich der Unrat. Leute schrien durcheinander, lagen in irgendwelchen Ecken, vielleicht unter Drogen, vielleicht wirklich verletzt, wie sie behauptet haben. – Er habe eine lebhafte Fantasie. – Niemals wärest du freiwillig in so eine Wohnung gegangen, aber wegen des Hundes – des Regierungsviertelhundes – wegen dieses falsch verorteten Hundes –
ein Hund am falschen Ort! – Aber dort sei es mit Sicherheit gewesen, wo sie die Adresse bekommen habe.

– Ach, jetzt kommst du wieder mit der Geschichte.
– Na, stimmt doch.
– Das war allerdings schlimm.

Sie werde doch nicht leugnen, dass sie wochenlang herumtelefoniert habe, tagelang, um jenen Spray zu bekommen, den sie gegen die Viecher einsetzen könnte. – Mache sie gar nicht – Gegen die Hunde, für das Sicherheitsgefühl, wie sie gesagt habe. – Ja! – Sie habe eine Onlinerecherche losgetreten – ja! –, die zu diesen Telefonnummern führte – ja! –, denn diese Dinge bekomme man nicht einfach online, da müsse man telefonieren. Da müsse man persönlich vorsprechen. – Ja, ja, ja! – Ja!, ruft er. Erst nach einer Weile: Da müsse man vorbeischauen, vorstellig werden. Man müsse Kontakte knüpfen und sich auch bekennen können, zu dem Gift bekennen. Er sage nur: Darknet, das habe er kennengelernt, auch wenn er sich nicht sicher sei, ob das wirklich das Darknet war.

– Du meinst Reidemeister.

Ja, den meine er. Zumindest glaube er, dass der so geheißen habe.

Mehrfach habe sie den angerufen, habe den getroffen, treffen müssen, um das Mittel endlich zu erhalten, das gegen Hunde wirke. Sie habe den doch mindestens dreimal, also er wisse von drei Mal, getroffen, sei rausgefahren, in jenes Gewerbegebiet, und habe auf diesem Werkstoffhof diesen Typen getroffen, der ihr doch zumindest beim ersten Mal unheimlich erschienen war.

– Sag mal, bist du etwa eifersüchtig?
– Lenk nicht ab.

Die Mauer war schlecht verputzt, merkwürdige Hinweisschilder, das Gatter nicht wirklich zu, als würde man davon ausgehen, dass ohnehin niemand Unbefugter reinwollen würde, drinnen ein merkwürdiger Sender als Türöffner, eine Schrottwarenhändleratmosphäre durchzog das ganze Areal,

– Unglaublich, du bist eifersüchtig! Das ist es!

Sie habe …

– Sie habe seltsame Übungen mitmachen müssen?
– Moment, da bin ich noch nicht …
– Aber ich:
– Nur nicht so schnell …
– Aber ich:
– Nein, nicht so hastig. Warte …
– Immer fängst du damit an!

„Du hast etwas gemacht", rief er plötzlich aus, „erinnerst du dich noch, wie deine Therapeutin gesagt hat, lassen wir die Hundephobie, wo sie ist", das habe sie doch gesagt, sie habe sie vor Jahren gewarnt, denn vielleicht habe sie ja eine schützende Funktion.

– Dass ich nicht lache.

Sie habe die Losung gelernt. Und sie habe die Namen der anderen auswendiggelernt, sie sei plötzlich Teil der Gruppe geworden, sie habe auch nicht gedacht, dass sie noch jemals Teil einer Gruppe werden könnte, mit 45 Jahren kann man nicht mehr Teil einer Gruppe werden, besonders, wenn man ein Neuzugang ist, jemand von außen und dann noch eine Frau –

– bitte!
– Du tust so, als sei das nichts. 45!
– Ich behaupte nicht das Gegenteil.
– Ach ...
– ... nicht das Gegenteil.
– Ach, jetzt behauptest du nicht das Gegenteil.
– Ich gebe dir in diesem Punkt recht.
– Welcher Punkt? Der mit den 50-Jährigen, dem Gewerbehof, oder – allem, was danach kam?

Egal. Sie hatte ja längst begriffen, dass es über die Hunde hinausging, was zu tun war. Sie hatte sozusagen längst den Hundebereich verlassen, in den er sie wieder hineinzwängen wollte. Aber nein, nicht mit ihr. Sie würde nun eben zu ihren Aggressionen stehen, das sei doch die bessere Variante. – Die bessere Variante von was?

Er wisse schon, eines Tages werde sie nicht wiederkommen. Sie wird einfach nicht mehr auftauchen, und er habe dann so ein blödes Bauchgefühl. Irgendwann wird er zu dem Schluss kommen müssen, einfach müssen, es sei ihr doch etwas passiert. Und dann werde er sie suchen lassen, die Polizei werde sie suchen lassen, weil er doch ein Familienangehöriger ist und sie zu suchen berechtigt ist, also das geht ja schon. Aber dann – er sieht sich schon durch den Wald zwischen Z. und G. ziehen. Ein schreckliches Gebiet. Nichts als

Kiefern, alte Russenkaserne. Er weiß genau, wie das aussehen wird. Am Ende werden die Polizisten eine Kette bilden, zusammen mit ihren Hunden. Mit Schäferhunden, mit Windhunden, mit Collies und Bernhardinern, Dobermännern, Rottweilern, Labradors, Settern, Boxern, Doggen und Greyhounds, Pointers, Weimaranern, Golden Retrievern, Hirtenhunden, Huskys, Leopardenhunden, Pudeln, Dackeln, Chihuahuas, Terriern, Affen-Pinschern, Dalmatinern, Ainu-Hunden, Azawakhs, Barsois, Bassetts, Bayrischen Gebirgsschweißhunden, Beagles, Brandlbracken, Chow-Chows, Deutsch-Langhaar, Cocker-Spaniels, Havanesern und Hokkaidos, Italienischen Windspielen, Laikas, Lapphunden, Leonbergern, Löwchen, Mopsen, Neufundländern, Großen Münsterländern und peruanischen Nackthunden, Serbischen Bracken und Steirischen Rauhaarbracken, Staffordshire Bullterriern, Tibet Spaniels, Retuskiern, Permodinern, Marmelonern, Bravunern, Bellevistern, Maurelassern, Mantupaniern, Sporatziern, Warmackeln, Herfredinern – (die haben sie gefunden) –

Kathrin Röggla, geboren in Salzburg, lebt in Berlin. Sie arbeitet als Prosa- und Theaterautorin und entwickelt Radiostücke. Für ihre Bücher erhielt sie zahlreiche Preise, darunter den Italo-Svevo-Preis, den Arthur-Schnitzler-Preis und zuletzt den WORTMELDUNGEN-Literaturpreis. Sie veröffentlichte u. a. die Prosabücher „really ground zero", „wir schlafen nicht", „die alarmbereiten" sowie gesammelte Essays und Theaterstücke unter dem Titel „besser wäre: keine". Zuletzt erschien „Nachtsendung. Unheimliche Geschichten" (2016) sowie der Katalog „Der Elefant im Raum" (2019).

www.sfg.at
www.invest-in-styria.com

SFG
NEUES DENKEN. NEUES FÖRDERN.

Das Land Steiermark
→ Wirtschaft, Tourismus, Regionen
Wissenschaft und Forschung